महाभारत के महारण्य में

महाभारत के महारण्य में

प्रतिभा बसु

अनुवादक

इन्दुकान्त शुक्ल

राजकमल प्रकाशन

ISBN : 978-81-267-1105-5

मूल्य : ₹595

पहला संस्करण : 2005

This book is printed on **Print on Demand** Technology : 2025

प्रकाशक : राजकमल प्रकाशन प्रा.लि.
1-बी, नेताजी सुभाष मार्ग, दरियागंज
नई दिल्ली-110 002

शाखाएँ : अशोक राजपथ, साइंस कॉलेज के सामने, पटना-800 006
पहली मंजिल, दरबारी बिल्डिंग, महात्मा गांधी मार्ग, प्रयागराज-211 001
1, अनमोल सोराबजी संतुक लेन, धोबी तलाव, मरीन लाइंस, मुम्बई-400 002

वेबसाइट : www.rajkamalprakashan.com
ई-मेल : info@rajkamalprakashan.com

MAHABHARAT KE MAHARANYA MEIN
by Pratibha Basu
Translated by Indukant Shukla

दमयन्ती बसु सिंह
को
जिसके लिए इस कृति की प्राण प्रतिष्ठा हुई

कृतज्ञता स्वीकार

यदि मेरे प्रिय मित्र अध्यापक शिवनारायण राय मुझे उद्‌बुद्ध न करते तो यह ग्रन्थ मैं कभी लिख पाती, यह संदिग्ध है। अपनी शंकाओं के विषय में उनके साथ चर्चा के फलस्वरूप मैंने एक प्रबन्ध लिखा 'नायिका सत्यवती', जो बाद में उनके द्वारा सम्पादित पत्रिका *जिज्ञासा* में प्रकाशित हुआ। अपने मतामत को ग्रन्थ के रूप में व्यक्त करने के पीछे उनका प्रोत्साहन ही मेरी सबसे बड़ी प्रेरणा है। उनके प्रति आन्तरिक कृतज्ञता निवेदित करती हूँ।

शान्ति निकेतन में अध्यापक अम्लान दत्त को इस पुस्तक के कुछ अंश पढ़कर मैंने सुनाया। उनकी तीक्ष्ण बुद्धि की कसौटी पर मैंने अपने वक्तव्य की परीक्षा करनी चाही। उन्होंने जो धैर्यपूर्वक मेरी रचना सुनी और मुझे इस पुस्तक को सम्पूर्ण करने के लिए प्रोत्साहित किया तदर्थ मैं उनके प्रति अत्यन्त कृतज्ञ हूँ।

इस ग्रन्थ के सम्बन्ध में एक विशेष प्रोत्साहक थी मेरी छोटी बेटी दमयन्ती। अन्ततः वह स्वयं इस पुस्तक के प्रकाशनार्थ उत्साही होकर अपने प्रकाशन के स्थापन में उद्योगी हुई। इस पुस्तक को उसने बड़े मनोयोग से पढ़ा है, इसका परिमार्जन किया है, संशोधन किया है, प्रूफ़ देखा है, और अपने प्रकाशन की प्रथम कृति के रूप में सर्वांग सुन्दर सज्जा में प्रकाशित करने का प्रयास किया है। इस पुस्तक के प्रति, मुझे लगता है, मुझसे भी अधिक उसकी ममता है। उसका प्रकाशन संस्थान समृद्ध हो। मेरा यही आशीर्वाद है।

—प्रतिभा बसु

प्राक्कथन

पाठकों के प्रति पहले ही सविनय मेरा यह निवेदन आवश्यक है कि मैं पंडित नहीं हूँ, और मेरी विद्या भी सीमित है। तथापि महाभारत के सम्बन्ध में अपना मतामत प्रकाशित करने का मैंने जो साहस किया उसका प्रधान कारण यह है कि, इस महाग्रन्थ के सम्बन्ध में विचार करने का, आलोचना, समालोचना करने का, अधिकार जितना विद्वानों और विज्ञों को है उतना ही साधारण पाठकों को भी।

महाभारत एक सहस्रकोण वैदूर्यमणि है। उसका विच्छुरण अनेक दिशाओं में दिखाई पड़ेगा। किस अंश की द्युति किसके द्वारा रची गई, जैसे हमें यह पता नहीं, कौन द्युति किसे स्पर्श करेगी, यह भी उसी तरह अज्ञात है। केवल इतना ही स्थिर सत्य है कि अनेक विरोधों, अनेक असंगतियों एवं अनेक अलौकिक कथाओं, आख्यानों, उपाख्यानों से भरे इस शाश्वत महाग्रन्थ के पाठ से पाठक के मन में अनेक प्रकार की प्रतिक्रियाओं का होना अनिवार्य है। यहाँ तक कि शिशु भी महाभारत की कथा सुनकर विचलित होते हैं।

पाठक के उसी निजी अधिकार से महाभारत के अध्ययन के बाद मैंने बहुत विचार किया है, विभ्रान्ति-बोध किया है, पुनः पढ़ा है, किन्तु अन्त में अपने व्यक्तिगत दृष्टिकोण को अस्वीकार करने का मैं कोई उपाय न देख सकी। इसीलिए जीवन के अन्तिम सोपान पर आकर अपने मत-अमत को नितान्त अप्रचलित जानकर भी प्रकाशित करने की आवश्यकता मैंने अनुभव की।

मैं संस्कृत नहीं जानती। अतः मुझे मूल ग्रन्थ को पढ़ने का सौभाग्य न हुआ। उसके अलावा, तुलनात्मक व्याख्या के लिए अन्य किसी पौराणिक पोथी या आधुनिक कृति का भी मैंने पारायण न किया। मेरा आधार एकमात्र काली प्रसन्न सिंह की बंग्ला में अनूदित *महाभारत* है। मैंने उन्हीं के अनुवाद को प्रामाणिक माना है क्योंकि उस महामनीषी के पांडित्य पर शंका करने का साहस मुझे नहीं। राजशेखर बसु के संक्षिप्त अनुवाद और भूमिका में मैंने उनके वैयक्तिक पक्षपात का प्रतिफलन देखा है। कई प्रसंगों में मैंने उद्धरणों में काली प्रसन्न और राजशेखर बसु की भाषा या शब्दावली का प्रयोग किया है, किन्तु उन लोगों की भाषा के साथ मेरी अपनी भाषा

एवं भंगी का प्रायः एकीकरण हो गया है। इस अपराध के लिए क्षमायाचना न करूँगी।

परवर्ती युग में बुद्धदेव बसु का असाधारण ग्रन्थ *महाभारत की कथा* एवं उसकी भूमिका पढ़कर मुग्ध हुई हूँ। यद्यपि मेरा मत-अमत उनके बिलकुल विपरीत है, तथापि वैसी पुस्तक किसी अनन्य विरल व्यक्ति की लेखनी से किसी दुर्लभ क्षण में ही जन्म लेती है।

विद्वान मनीषियों के विपरीत मतामत का पोषण कठिन न होने पर भी उसकी अभिव्यक्ति सहज नहीं। और उनके स्तर पर पहुँचना तो और भी कठिन। मैं कभी उनके साथ एक स्तर पर खड़े होने का दावा भी नहीं करती। मेरा वक्तव्य अत्यन्त सरल है, एक पाठिका की स्वतःस्फूर्त प्रतिक्रिया मात्र, जिसे मैं पचास से भी अधिक वर्षों से वहन करती आ रही हूँ।

मात्र उन्तीस साल की उम्र में कहानी, उपन्यास पढ़ने के नशे में मैंने काली प्रसन्न सिंह का महाभारत पढ़ डाला था—चार खंडों में सम्पूर्ण वसुमति साहित्य मन्दिर का महत् अवदान। कहने की आवश्यकता नहीं कि इसे धर्मग्रन्थ जानकर इतनी कम उम्र में पढ़ने नहीं बैठी थी। उन दिनों सन्ध्या में मुझे हलका-सा बुखार हो आता। लक्षण देखकर डॉक्टर ने सन्देह किया टी.बी.। देखने आए डॉ. राम अधिकारी जो हमारे पारिवारिक सुहृद विधान राय के सगोत्र, चिरकुमार एवं धन्वंतरि के रूप में प्रख्यात थे, और अचिकित्स्य, दूरारोग्य यक्ष्मा के प्रधान विशेषज्ञ थे। मेरी अच्छी तरह परीक्षा कर खिड़की से आकाश देखते हुए बोले, "लगता है, खाने-पीने में बहुत अनियम हुआ है ?" चिरकुमार होने के कारण महिलाओं की ओर वे सीधे न देखते थे, भाववाच्य से अपनी बात कहते थे। इसके बाद उन्होंने एक भोजन-चार्ट बना दिया, और बुद्धदेव (मेरे पति) से कहा, "यक्ष्मा से आपकी पत्नी का कोई सम्बन्ध नहीं, ठीक से खानपान करने से ही सब ठीक हो जाएगा। कुछ दिन विश्राम लेना आवश्यक है।"

मेरे उसी बाध्यतामूलक विश्राम के समय ही बुद्धदेव नूतन प्रकाशित चार खंड *महाभारत* लाकर मेरे पास रखकर बोले, "पृष्ठों को उलट-पलटकर देख सकती हो, मेरा अनुमान है तुम्हें पसन्द आएगा।" मैंने भी विवश छात्री के समान पन्ने उलटे, और केवल अच्छा ही न लगा, मैं पूर्णतः मुग्ध हो गई।

ठीक से खान-पान, विश्राम करने पर मुझे अच्छा होने में सचमुच देर नहीं लगी। किन्तु, चार खंड *महाभारत* पढ़ने में समय लगा था। समाप्त कर लेने पर मैं ठीक से यह न समझ पाई कि द्वैपायनकृत यह संग्रह ग्रन्थ मैंने क्यों इतना नशाग्रस्त होकर पढ़ा। हमारे देश में रामायण, महाभारत वृद्धों के पाठ्य हैं, क्योंकि इन ग्रन्थों के

पाठ से या श्रवण से पुण्य होता है। यह बताना अनावश्यक है कि मैंने पुण्याभिलाषी होकर नहीं पढ़ा, वरन् पढ़ने का नशा न छोड़ पाई, इसलिए पढ़ा। पढ़ना समाप्त कर मैं अनेक चिन्ताओं से आक्रान्त हुई। महाभारत का 'मॉरल' क्या है यह सोचकर भी मैं विचलित हुई। केवल इतना ही प्रतीत हुआ जैसे इस ग्रन्थ ने मुझे यह शिक्षा दी हो कि जैसे 'अच्छा' कुछ नहीं, वैसे ही 'बुरा' भी कुछ नहीं। सत्य स्वरूप भी कुछ नहीं, मिथ्यावत् भी कुछ नहीं। धर्म भी कुछ नहीं, अधर्म भी कुछ नहीं। जो है वह केवल सुविधावादी का सुविधाभोग। और, न्याय-अन्याय संज्ञक जो कुछ हमने सीखा था, उन धारणाओं का जन्म महाभारत के महारण्य में हुआ ही नहीं।

तदनन्तर नदी से बहुत जल प्रवाहित हो गया। उन्तीस से अस्सी वर्ष तक पहुँचने पर भी जब महाभारत के विषय में उसी विभ्रान्ति से पीड़ित रहने लगी, तब अपना मत लिपिबद्ध करना ही संगत लगा। मैं कहानी-लेखिका हूँ, औपन्यासिक हूँ। जीवन से संगृहीत रसद किस प्रकार लेखक की कल्पना और पक्षपात द्वारा विवर्तित होती है, इसका ज्ञान मुझे है। महाभारत की विभिन्न घटनाओं, उपाख्यानों, दावों एवं वर्णनों के बीच भी मैंने विभिन्न रचयिताओं के निजी मनोभावों का प्रतिबिम्ब देखा है। अपनी लेखकीय सत्ता के माध्यम से अनेक विवरणों के निहित अर्थों को अनुभव किया है, और अनेक चरित्रों के विषय में भी मनस्तात्विक एवं घटनावली की समाजतात्विक व्याख्या मैंने ढूँढ़ निकाली है।

महाभारत की मूल कथा का जो सर्वजन स्वीकृत परिसर या रूपाकार है, उसी की भित्ति पर मेरा प्रत्येक मतामत प्रोथित है। किन्तु मैंने उसकी अलौकिक व्याख्या ग्रहण न कर वास्तवानुग व्याख्या खोजी है। प्रत्येक दिशा से जो साधारण मनुष्य लोक की कहानी है, जहाँ प्रत्येक चरित्र ही दोषगुण युक्त मनुष्य है, जहाँ प्रत्येक घटना ही अतिपरिचित राजनीति के ऊपर नहीं—लोभ, काम, क्रोध, हिंसा-प्रतिहिंसा, शठता-षड्यन्त्र से संकुलित, वहाँ अवसर विशेष पर अतिप्राकृत व्यवहार को बिना प्रश्न के मान लेने की कोई युक्ति मुझे नहीं दीखती। वरन्, प्रत्येक अवास्तव, अलौकिक घटना की एक सहज वास्तवधर्मी व्याख्या है, मुझे ऐसा लगा है। यह शकुन्तला, सत्यवती, द्रौपदी के जन्म रहस्य के विषय में जितना सच है, कुन्ती-गान्धारी के सन्तति-प्रजनन के क्षेत्र में भी उतना ही। युधिष्ठिर को धर्मपुत्र और विदुर को धर्म कहने के भीतर जो वास्तव निहित है, वही कृष्ण को अलौकिक क्षमता के अधिकारी स्वयं ईश्वर का मानव रूप कहने में भी। युधिष्ठिर विदुर जैसे धार्मिक एवं ईश्वर के प्रतिभू कूट-दक्ष कृष्ण आज भी बहुसंख्यक होकर हमारे चारों ओर विराजमान हैं। फिर भी, युधिष्ठिर के प्रकृत पिता विदुर हैं, और कुन्ती-विदुर का सम्बन्ध अत्यन्त गम्भीर था, यह मेरा दृढ़ विश्वास है। इस प्रसंग में यद्यपि बुद्धदेव

बसु ने महाराष्ट्रीय लेखिका इरावती कर्वे की युक्तियों के अग्राह्य माना है, तथापि इरावती कर्वे के तर्कों में मैंने अपने विचार का समर्थन पाया है।

पाठकों की जानकारी के लिए मैं बुद्धदेव बसु के उद्धरण से (*महाभारतेर कथा,* पृ. 76-77) इरावती के तर्कों को प्रस्तुत करती हूँ। "प्रथम, विदुर कुन्ती के देवर हैं, अतएव नियोग के लिए विशेष रूप से उपयोगी; द्वितीय, अणी मांडव्य मुनि के शाप से धर्मराज (यम ?) ने शूद्रयोनि में विदुर बनकर जन्म लिया (आदि : 108); तृतीय, मृत्यु के पूर्व विदुर अपनी समस्त प्राणशक्ति और आत्मा को युधिष्ठिर के शरीर में संचालित कर देते हैं (आश्रमवासिक : 26) और यह है (श्रीमती कर्वे हमें बताती हैं) मुमूर्षु पिता का पुत्र के प्रति करणीय एक उपनिषदुक्त संस्कार; एवं चतुर्थ—और यही लेखिका का अपने पक्ष में सबसे सबल तर्क है—विदुर के निधन के थोड़े ही समय बाद व्यास आकर धृतराष्ट्र से कहते हैं कि जो विदुर 'कवियों द्वारा (धर्म के नाम से) वर्णित हैं उन्हीं शम-दमादि गुण सम्पन्न महात्मा ने ही योगबल से' युधिष्ठिर का उत्पादन किया था।"

मेरा वक्तव्य है, महाभारत में विवृत घटनावली से विदुर-युधिष्ठिर का वास्तविक सम्बन्ध क्या था यह प्रमाणित हो या न हो, वास्तववादी मनस्तात्विक दृष्टिभंगी से मानवीय व्यवहार का कार्यकारण खोजने पर, विदुर-युधिष्ठिर का रहस्यावृत सम्बन्ध पिता-पुत्र के अतिरिक्त और कुछ नहीं लगता। सच तो यह है, विदुर के पितृत्व को अस्वीकार करने पर आदि से अन्त तक उनका 'एक चक्षु' (असम) व्यवहार पूर्णतः अर्थहीन लगेगा। युधिष्ठिर को विदुर का पुत्र न मानने पर महाभारत के मूल घटना समूह की कोई तर्कसंगत व्याख्या पाना असम्भव है।

इस व्याख्या का सूक्ष्म विश्लेषण करने पर विदित होगा कि महाभारत नाम से भरतवंश का इतिहास होकर भी, वस्तुतः सत्यवती-द्वैपायन के वंश का इतिहास है। शायद इसीलिए द्वैपायन ने मूल आख्यान को लोकगाथा में ग्रथित कर अमरत्व देना चाहा था।

सत्यवती द्वारा अपने अवैध अनार्य पुत्र को वंश रक्षा का दायित्व देने के बाद देखा गया कि पुत्रोत्पादन में द्वैपायन अत्यन्त कुशल हैं। धृतराष्ट्र और पांडु द्वैपायन की औरसजात सन्तान होकर भी उनकी माताएँ शुद्ध क्षत्रिय हैं। किन्तु अन्य पुत्र विदुर ने, जिनकी माता एक निम्नवर्ण दासी हैं, जिनके साथ भरतवंश का किसी प्रकार का कोई सम्बन्ध नहीं, दासराजा की बेटी सत्यवती की कृपा से, न जाने कैसे एक महत् स्थान ग्रहण कर लिया। हमने जाना कि वे साक्षात् धर्म हैं; किन्तु हमने देखा कि कार्यक्षेत्र में वे अत्यन्त स्पष्ट रूप से, और अयौक्तिक रूप से, कौरवों के विरोधी हैं (विशेषतः दुर्योधन के) एवं उससे भी अधिक अयौक्तिक एवं निर्लज्ज

रूप से, पूर्णतः अज्ञात, अकस्मात् आविर्भूत, पँचरंगे पंच पांडव बन्धुओं (विशेषतः युधिष्ठिर) के पक्षपाती हैं। इसके बावजूद वे अन्धे धृतराष्ट्र के महामन्त्री पद पर आसीन होकर आजीवन आधिपत्य करते हैं।

दुर्योधन के यौवराज्य-अभिषेक होने के समय सद्यः आए युधिष्ठिर को ज्येष्ठ भ्राता एवं पांडु की क्षेत्रज सन्तान के रूप में उपस्थित करना, एवं उसके पक्ष में क्रमशः लड़ाई करते रहने का कोई तर्क ही विदुर के पास नहीं, यदि इसमें अन्य कोई रहस्य नहीं निहित है। 'धर्माचरण ही इन दोनों के बीच संयोग सूत्र है' बुद्धदेव बसु की यह उक्ति स्वीकारना मेरे लिए घोर कष्टप्रद है जब यह देखती हूँ कि एक मात्र साम्राज्य हड़पने के उद्देश्य कितने ही षड्यन्त्रों की सहायता से विदुर-युधिष्ठिर को परिचालित करते हैं, एवं सम्पूर्णतः अन्यायपूर्वक जन्म के क्षण से ही निरपराध शिशु दुर्योधन के विरुद्ध अथक प्रचार चालू करके उसे एक अविरल शैतान के रूप में प्रतिष्ठित करते हैं। विदुर-युधिष्ठिर के सम्बन्ध की भित्ति धर्म नहीं, वरन् शान्तनु-साम्राज्य को हथियाने की सोद्देश्य दुरभिसन्धि है। किसी साधारण सांसारिक प्रसंग में यदि इस प्रकार सहसा कोई भाई बनकर सम्पत्ति में अधिकार माँगता द्वार पर खड़ा हो (विशेषतः यदि उसका पिता मृत हो) तो उसे स्वीकार कर लेने का प्रश्न ही नहीं उठेगा; राजत्व-दखल के क्षेत्र में तो यह एक अकल्पनीय परिस्थिति होगी। उस दृष्टिकोण से विचारने पर धृतराष्ट्र और दुर्योधन की भद्रता-उदारता उदाहरण योग्य है, यद्यपि यह समझने में असुविधा नहीं कि मूल निर्देश अभ्यन्तर के अन्तराल से सत्यवती ने ही दिया था। व्यास के सूत्र से वे सम्भवतः पूर्ण सत्य जानती थीं।

इस विश्लेषण का अनुसरण करने पर जो बात स्पष्ट होगी वह है, महाभारत के विशाल प्रेक्षापट पर विधृत एक अनस्वीकार्य श्याम-श्वेत का द्वन्द्व। वैध-अवैध का संघात, आर्य-अनार्य का संघात। लक्षणीय है कि जिस भारतवर्ष में आज भी जातिभेद प्रबल है, उच्चवर्ण निम्नवर्ण का विभेद शरीर (त्वचा) के रंगों में प्रतिफलित है, वहाँ क्षत्रियकुल की इस कथा में सर्वत्र कृष्ण वर्ण का आधिपत्य है, अवैध अनार्य एवं मिश्र रक्त की जय जयकार है, शुद्ध रक्त का आमूल पतन और विलोम है। कुरुक्षेत्र का युद्ध—जिसका नाम है 'धर्मयुद्ध'—वह कितनी दूर तक अधर्म के यूपकाष्ठ में बलि हो गया है, कितनी मिथ्या, प्रवंचना, निष्ठुरता, छलना, बर्बरता, हीनता एवं कापुरुषता के निदर्शन से भरा है, यह सोचकर स्तम्भित हो जाना पड़ता है। और जब देखती हूँ कि प्रत्येक अधार्मिक आचरण, अन्याय, आघात, मिथ्याचार और शठत्व आया है पांडव पक्ष से, प्रधानतः स्वयं कृष्ण की कपटासक्तिवश, तब समझ में नहीं आता कि महाभारत का उद्देश्य हमें किस धर्म में उद्दीप्त करना है। क्यों दुर्योधन

बुरा और युधिष्ठिर भला कहा गया है, क्यों द्वैपायन स्वीकृत और कर्ण प्रत्याख्यात हैं, क्यों विदुर धर्म है, क्यों कुन्ती सती है, और क्यों चतुर कृष्ण पर ईश्वरत्व आरोपित हुआ ? क्या श्याम वर्ण होने से वह कृष्ण कहा गया ? विदुर और युधिष्ठिर अवैध ? कुन्ती बहुगामिनी ? रटना (आवृत्ति) से घटना को बदला जा सकता है यह तो हम साम्प्रतिक राजनीति में भी देख सकते हैं। किन्तु महाभारत में धर्म का कवच पहनाकर जिस प्रकार कृष्णांग और अवैधों के प्रति स्पष्ट पक्षपात प्रदर्शन किया गया है, एकमात्र अथक आवृत्ति की सहायता से श्वेत को काला और काले का श्वेत किया गया है, एवं द्वैपायन के पक्षपात के अनुगत कुछ मनुष्यों को अतिमानव चेहरा-चरित्र देकर जिताया गया है, उसकी तुलना इतिहास में विरलता से मिलेगी।

समाजतात्विक दृष्टिकोण से विचार करने पर प्रतीत होगा कि महाभारत की कहानी बहिरागत आर्यशासकों के विरुद्ध अनार्य, कृष्ण वर्ण, वर्णसंकर, जातिवैषम्य से विडम्बित देशवासियों का अन्तिम प्रतिशोध है। शुद्ध शोणित की गरिमालुप्ति का इतिहास। हिन्दूधर्म में जाति विचार का जितना भी प्रचलन हो, भारतवर्ष की मिट्टी से रक्त की शुद्धता अनेक युग पूर्व ही समाप्त हो चुकी है। भरतवंश की यह महिमान्वित कथा उसी का दस्तावेज है। मुनि-ऋषि हों या क्षत्रिय राजा-महाराजा, यहाँ तक कि तथाकथित देवता पर्यन्त, सत्यवती-द्रौपदी जैसी कृष्णांगी, रूप-यौवन सम्पन्न अनार्या रमणी मंडल के चरणों मे सबने अपने को उत्सर्गित किया है। एवं मातृशासित समाज की उन सब प्रबल व्यक्तित्व वाली महिलाओं के सम्मोहन पर आर्यपुत्रों, तपस्वी ब्राह्मणों, ने जाति-शुद्धता को विसर्जित करने में क्षण-भर भी संकोच नहीं किया है। जाति की दुहाई देकर एकलव्य का अँगूठा काट लेना अथवा कर्ण को द्रौपदी का प्रत्याख्यान, स्पष्ट ही अर्जुन के स्वार्थ में उद्देश्य-प्रणोदित घटनाएँ हैं। बहिरागतों के साथ आदिनिवासियों का मिश्रण अत्यन्त निविड़ एवं गम्भीर था। इसीलिए पेशाभित्तिक जाति-विचार की आवश्यकता थी। शोणित की शुद्धता का प्रश्न वहाँ अवान्तर है।

द्वैपायन की कहानी उनके पुत्र पौत्रादि से सम्बन्धित है, किन्तु अतीव पक्षपात-भ्रष्ट। परवर्ती काल में अनेक धर्मों, तत्त्वों, दर्शनों, आलोचनाओं के संयोजन के इस आख्यान ने जब धर्मग्रन्थ महाभारत का रूप लिया, तब भी मूल कहानी की धारा अक्षुण्ण ही रही। तथापि, कोई-कोई रचयिता अन्धरूप से पांडवपक्ष का समर्थन न कर पाया, इसीलिए शायद इस कहानी की एक दूसरी दिशा प्रतिभात हुई है। महाभारत के अध्ययन में मेरी प्रतिक्रिया कोई विरल घटना नहीं, यह मेरा विश्वास है, भले ही वह खुल्लमखुल्ला उच्चारित-मुखरित न हो।

प्रथम पर्व

जिस दिन महर्षि शौनक के आश्रम में पुराण-कथक सौति आकर उपस्थित हुए, उस दिन कृष्ण द्वैपायन व्यास-कृत महाभारत कथा ऋषियों ने उन्हीं के मुख से सुनी। यह ग्रन्थ व्यासदेव का ही 'मनः सागर-सम्भूत-अमृत निर्विशेष-ग्रन्थ' था, जो इतिहास पुराण का अनुसरण एवं भूत-भविष्य-वर्तमान का सम्यक् निरूपण था, और जरा मृत्यु, भय, व्याधि, भाव, अभाव के ही नहीं वरन् इतिहास, भूगोल, दर्शन, पुराण यहाँ तक कि युद्ध कौशल, भूतत्व, नृतत्व इत्यादि सभी विषयों के विवरणों से भी समृद्ध था।

फिर भी मूलतः द्वैपायन ने एक विशेष राजत्व के विशेष वंश को लेकर ही इस उपाख्यान की रचना की है। उस वंश का नाम है भरतवंश। जिस भरतवंश का इतिहास उन्होंने हमारे सामने प्रकट किया है उसकी स्थापयित्री हैं शकुन्तला। वह आश्रमवासिनी थीं। पुण्यसलिला मालिनी नदी से घिरे, अनेक वृक्षों से समाकीर्ण आश्रम के अतिरिक्त उन्होंने कुछ न देखा था। वे कण्व मुनि की पालिता एक अत्यन्त सरल कन्या थीं। शिकार पर आए राजा दुष्यन्त एक अत्यन्त रमणीय वन में आ पहुँचे। अनेक पशुओं का वध करके घूमते-घूमते वहाँ अकेले ही आ गए थे। इसी रमणीय वन के बीच उन्होंने वह अति मनोरम आश्रम देखा। उसे देखते ही वह वहाँ गए और कुटीर के निकट आकर जोर से पुकारा "यहाँ कोई है ?"

लक्ष्मी-सी एक सुन्दर कन्या ने निकलकर राजा दुष्यन्त का स्वागत कर उनसे पूछा, "बताइए क्या कार्य है, मेरे पिता कण्व मुनि फल लाने गए हैं, थोड़ी प्रतीक्षा करें, वे आते ही होंगे।" राजा दुष्यन्त बोले, "आप कण्व मुनि की पुत्री हैं ? किन्तु वे तो ब्रह्मचारी तपस्वी हैं।" शकुन्तला ने तब उन्हें अपना जन्म-वृत्त बताया। तदन्तर बोलीं, "शरीरदाता, प्राणदाता, अन्नदाता को शास्त्र में पिता कहा गया है। महाराज ! मुझे कण्व मुनि की पुत्री ही समझिए।" शकुन्तला जब कुटी से निकली थीं, तब किसी कथावार्ता के पूर्व ही उन्हें देखकर तत्क्षण दुष्यन्त की कामस्पृहा प्रज्वलित अग्नि की तरह लपलपा उठी थी। वे बोले, "तुम्हारे लावण्य सलिल में मैं आकंठ मग्न हूँ। तुम्हारे शरीर पर तुम्हारा अधिकार है, इसीलिए जब तक तुम आत्मसमर्पण नहीं करती मैं तुम्हें पा नहीं सकता, तुम मेरी प्रार्थना स्वीकारो।" तब शकुन्तला जैसी एक सरल, मधुर, निष्पाप आश्रम कन्या के लिए जो अत्यन्त अस्वाभाविक था,

देह-समर्पण करने के पूर्व उन्होंने वैसी एक प्रतिज्ञा दुष्यन्त से करा ली। ठीक सत्यवती की तरह बोलीं, "आपसे मेरे गर्भ में जो पुत्र जन्म लेगा, आपके विद्यमान रहते वह युवराज होगा एवं आपके न रहने पर वह राजा होगा।"

दुष्यन्त बोले, "निश्चय, निश्चय।" इसके बाद ही गन्धर्व विवाह करके शकुन्तला की समर्पित देह से संगमक्रीड़ा कर वे चले गए। कहते गए, "मैं तुम्हें उचित सम्मानपूर्वक ले जाने के लिए चतुरंगिणी सेना भेजूँगा, तुम रानी के सम्मान के साथ राजभवन में प्रवेश करोगी।" लेकिन, वे जो गए तो गए, उन्होंने ख़बर ही न ली।

इस बीच यथासमय शकन्तुला को एक महापराक्रान्त, महाबली, अलौकिक गुणसम्पन्न पुत्र का जन्म हुआ। इसके बाद की घटना तक आने के पहले एक वैशिष्ट्य की ओर ध्यान दिलाना चाहूँगी। महाभारत की सभी विख्यात कन्याओं का जन्म अलौकिकता से आवृत है। इन्द्र की आज्ञा से विश्वामित्र का तपोभंग कर, उनके रतिसंगम से कन्या को जन्म देते ही उसकी माता अप्सरा मेनका मालिनी नदी के तट पर हिस्र जन्तुओं से भरे निर्जन वन में प्रविष्ट होकर चली गई। नदी में स्नान करने गए कण्व मुनि ने देखा—एक सद्योजात शिशु को जीव-जन्तुओं से बचाने के लिए पक्षीगण घेरा बनाकर बैठे हैं। दयावश मुनि कन्या को लाकर अपने आश्रम में अपनी कन्या की तरह पालने लगे। सत्यवती की जन्म-कथा और भी अद्‌भुत है। उनका जन्म हुआ मछली के पेट से। कहानी यह है, राजा उपरिचर बसु आखेट के लिए गए थे, वसन्त की शोभा देखते-देखते नारी के लिए उनकी कामना जगी। फलस्वरूप उनका शुक्र गिर पड़ा। उसी शुक्र को ग्रहण कर एक मत्स्यरूपी अप्सरा गर्भवती हो गई। पुत्री को जन्म देकर वह अप्सरा शापमुक्त होकर आकाश पथ से चली गई। मछली के गर्भ से जन्मी कन्या का पालन किया एक धीवर ने। वहीं से धीवर कन्या के रूप में ही सत्यवती जानी गईं। पंच पांडव-वधू द्रौपदी यज्ञवेदी से निकलीं। कृष्ण द्वैपायन ने क्यों इन सब कन्याओं का जन्मवृत्त रहस्यावृत किया था ? क्या तत्कालीन समाज में इन कन्याओं के प्रकृत जन्मवृत्त को बताने में बाधा थी इसलिए उन्होंने अलौकिक का आश्रय लिया, यह कौतूहल बना रहता है।

शकुन्तला-पुत्र छह वर्ष का हो गया। जब उसके पिता दुष्यन्त ने, पत्नी को साडम्बर ले जाना तो दूर, कोई खोज-ख़बर ही न ली, तब कण्व मुनि ने सपुत्र शकुन्तला को पति गृह भेज दिया। किन्तु राजा ने अपनी पत्नी और पुत्र को ग्रहण न किया। कटु भर्त्सना करके उन्होंने सम्बन्ध अस्वीकार किया। उनसे कहा, "स्त्रियाँ प्रायः झूठ बोलती हैं। दुष्ट तापसी तुम कौन हो ? मैं तुम्हें नहीं पहचानता।"

सभासदों के सम्मुख पति की इस उक्ति से पहले स्तम्भित होकर भी बाद में अपमान से लज्जित, दुःख से विदीर्ण शकुन्तला क्रोध-कषायित रक्त चक्षुओं से अग्निबाण फेंकती हुई बोलीं, "जान-बूझकर भी निःसंकोच क्यों प्राकृत जन के समान बोल रहे हो, मैं नहीं जानती। मैंने जो कहा वह सत्य है या नहीं उस विषय में तुम्हारा अन्तःकरण ही साक्षी है।" तब दुष्यन्त ने शकुन्तला की माता को असती एवं पिता को कामुक कहा। इस पर शकुन्तला जल उठीं और बोलीं, "जन्म के विचार से मैं तुम्हारी अपेक्षा अधिक उत्कृष्ट हूँ। जिस प्रकार सूअर मिठाई त्याग कर मल ग्रहण करता है, उसी प्रकार इतर व्यक्ति सत्य को त्याग कर मिथ्या का आश्रय लेता है। तुम्हारी सहायता के बिना ही मेरा पुत्र पृथ्वी का सम्राट होगा।"

इसी समय स्वर्ग से दैववाणी हुई (जो महाभारत में हर समय होती रहती है, चाहे लोग सुविधानुसार उसे ग्रहण करें या न करें।) "शकुन्तला का अपमान मत करो, उसकी सभी बातें सच हैं। उसके गर्भ से उत्पन्न अपने पुत्र का तुम प्रतिपालन करो। यतः हमारे अनुरोध पर इस पुत्र का भरण किया गया, अतः उसका नाम हो भरत।" इसी नाम से भरतवंश की उत्पत्ति है। इसी वंश को लेकर महाभारत रयचिता ने पूरे आख्यान की रचना की है। दैववाणी सुनकर दुष्यन्त ने कहा, "हाँ, मुझे पता है। किन्तु सहसा तुम्हें यों ही ग्रहण करने पर लोग मुझे क्या कहते ? इसीलिए इतनी देर तक तुम्हारे साथ मैं वितंडा कर रहा था।"

असल में शकुन्तला का उन्नत तेज देखकर दुष्यन्त डर गए थे। इसके अलावा, शकुन्तला ने कहा था, "मेरे पिता कण्व मुनि को यदि यह सब पता लगा तो तुम्हारा मस्तक विदीर्ण होगा।" दुष्यन्त यह भी समझ गए थे कि यह लड़की कलंक के भय से या लज्जावश वापस जानेवाली नहीं है। यह उन्हें आसानी से न छोड़ देगी। किन्तु शकुन्तला यदि आश्रम कन्या न होतीं तो राजा को इस प्रकार आतंकित करने का उन्हें कभी साहस न होता। जो विवाह कामवश सबके अनजाने करके दुष्यन्त 'शुद्ध' होकर बैठे थे, उसे वह किसी प्रकार न मान लेते। किन्तु शकुन्तला आश्रम की स्वाधीनता में पली-बढ़ी थीं, तभी चोट खाने पर प्रतिप्रहार करने का मनोबल उनमें था। तभी राजसभा में खड़ी होकर सभासदों के सामने पति और उस प्रकार के एक पराक्रमी राजा को इस प्रकार लगातार खुल्लम-खुल्ला मिथ्यावादी दुराचारी पापिष्ठ ही उन्होंने न कहा वरन् उनके मिथ्याचार की शूकर के विष्ठा भोजन से भी तुलना कर उनका तिरस्कार कर सकीं।

2

शकुन्तला की कई पीढ़ियों बाद फिर जो रमणी उस वंश में विवाहित होकर ख्याति के आसन पर आ बैठीं वह हैं सत्यवती। शकुन्तला-पुत्र भरत से जो वंश भरतवंश नाम से ख्यात हुआ उसकी एकछत्र सम्राज्ञी सत्यवती का मानस भी शकुन्तला का सगोत्र है, और उनका ज़न्म भी वैसा ही रहस्यपूर्ण। सत्यवती में साहस और व्यक्तित्व की कोई कमी न थी। उन्होंने जो चाहा था उसे सम्पन्न करके ही उन्होंने संसार छोड़ा था। यद्यपि द्वैपायन ने इस पात्र पर यथासम्भव कम प्रकाश डाला है तथापि वे जानते थे कि इस आख्यायिका की असली नायिका हैं सत्यवती, और वे स्वयं ही इसके प्रधान पुरोहित। नाम से भरतवंश की कहानी होकर भी, असली आख्यान के केन्द्रविन्दु सत्यवती-द्वैपायन ही हैं।

राजा शान्तनु सत्यवती को देखते ही मुग्ध होकर उनके पाणिप्रार्थी हुए थे। और ऐसा वे कर ही सकते थे। फिर भी शान्तनु ने उन्हें धीवरपाड़ा में नहीं देखा था। धीवरपाड़ा (मल्लाह बस्ती) कभी राजा-महाराजाओं का भ्रमण स्थल नहीं हो सकता। यहाँ रचयिता ने फिर एक परीकथा या अलौकिता का आवरण प्रयुक्त किया। उन्होंने कहा है, एक बार पराशर मुनि नौका पार होते समय सत्यवती की देह पर आकृष्ट हुए। उन्होंने धीवरकन्या से सम्भोग करने के पूर्व उसके शरीर से मछली का गन्ध दूर कर लिया था। तब सत्यवती का शरीर सुगन्ध-प्लावित हो उठा। और यह सुगन्ध चिरस्थायी हुई। सुगन्ध ऐसी कि बहुत दूर से भी वायु में तैरती रहती।

एक दिन शिकार पर निकले महाराजा शान्तनु ने यमुना तट पर आकर वायु में तैरती एक महती सुगन्ध से आकृष्ट होकर सहसा सत्यवती को देखा, और उस सुगन्ध से जितना आकृष्ट हुए थे उससे भी अधिक आकृष्ट हुए सत्यवती को देखकर। शान्तनु जैसे एक सच्चरित्र राजा, जो अपनी प्रथम पत्नी गंगा को खोकर, सर्वस्व त्याग कर, छत्तीस वर्ष वनों में घूमते रहे, जो परम प्राज्ञ, परम धार्मिक, परम धीमान के रूप में वर्णित थे, जो देवर्षि-राजर्षिगण के सम्मानभाजन थे, जिनकी धार्मिकता देखकर अन्य नृपतियों ने उन्हें सम्राट पद पर अभिषिक्त किया था, जो समस्त पृथ्वी के अधिपति होने योग्य थे, उन विशुद्ध कुलीन कुरुपति का क्षण-भर में सत्यवती के प्रति आकृष्ट होना जितने आश्चर्य की बात है, उससे भी अधिक आश्चर्य की घटना है उस कन्या का पाणिप्रार्थी होकर धीवर के कुटीर-प्रांगण में उनका जाकर खड़ा हो जाना। धीवर माने निषाद। अतः अन्त्यज और अस्पृश्य। नीच जाति और अन्त्यजों के प्रति उच्च जाति का मनोभाव कैसा था वह शास्त्रों, महापुराणों, महाकाव्यों में, कहीं भी छिपा नहीं है। इसीलिए चकित होना पड़ता है कि केवल सुगन्ध ने

धीवर के आँगन में उन्हें लाकर खड़ा कर दिया था ?

जैसे भी हो, सत्यवती उन्हें यथेष्ट सम्मोहित कर सकी थीं इसमें कोई सन्देह नहीं। एक धीवर की नाविक कन्या के लिए स्वयं सम्राट आकर खड़े हैं इससे बड़ा सौभाग्य वह परिवार क्या सोच पाता ! किन्तु वह परिवार वृहत्तर सौभाग्य-कामना कर पाया। और, सत्यवती के पिता ने तत्क्षण एक शर्त रख दी।

उस शर्त के पालन में शान्तनु के राज़ी न होने पर धीवर ने उनका प्रत्याख्यान भी किया। पिता को विषण्ण देखकर और उसका कारण जानकर, पिता का प्रिय करने की इच्छावाले देवव्रत, सभी शर्तों का पालन स्वीकार कर सत्यवती को पिता के पास ले आए। प्रारम्भ से ही सत्यवती की दूरदर्शिता असीम है। इसीलिए, वे केवल इसी शर्त पर न रुकीं कि एकमात्र उनके गर्भ से जन्मा पुत्र ही सिंहासन पर बैठेगा, वरन् उन्होंने देवव्रत से यह प्रतिज्ञा भी करा ली कि देवव्रत की सन्तति सिंहासन की हक़दार न हो सकेगी। देवव्रत ने वह शर्त मानकर धोषणा की कि वे कभी विवाह न करेंगे।

वहीं से उन्हें 'भीष्म' आख्या मिली। किन्तु इसका अर्थ क्या यह नहीं कि शान्तनु के परिवार में, शान्तनु की मृत्यु के बाद, सत्यवती अपने वंश के अलावा अन्य किसी रक्त का चिह्न न रखेंगी ?

वही हुआ। पूरी तैयारी से वह आई थीं इस महल की सर्वेसर्वा होकर। रूप-गुण में ईर्ष्या के पात्र, महाभारत के श्रेष्ठ आर्य युवक को इसी कारण से सत्यवती की स्वार्थसिद्धि के लिए बलि होना पड़ा। महाभारत के अजस्र घटना प्रवाह में यह एक ऐसी घटना है जिसे भले ही द्वैपायन ने उचित गुरुत्व न दिया हो, तथापि उसका फलाफल सुदूरप्रसारी, एवं तात्पर्य गम्भीर है।

हमने देखा, जिस सत्यवती ने देवव्रत के जीवन को हर तरह पंगु कर सभी सुखों के स्वर्णद्वार को बन्द कर दिया, परवर्ती काल में देवव्रत उसी सत्यवती के पूर्ण अनुगत और आज्ञापालक मात्र बनकर रह गए। इन सब अकल्पनीय घटनाओं को पढ़ते-पढ़ते ऐसा लगता है जैसे भाग्य और पुरुषार्थ के बीच भाग्य ही प्रधान है। भाग्यचक्र के चलायमान चक्र को ही बड़ा आसन देना पड़ता है। विभिन्न घटनाओं के माध्यम से हमने देखा कि इस कहानी की नायिका सत्यवती की इच्छा नाम्नी नौका को जिन्होंने अविराम-अनुकूल वायुप्रवाह में बहने का सुयोग दिया है उनका नाम है 'भीष्म' की आख्यावाले देवव्रत। वे अपने भाग्य और औदार्य के बदले इस निषाद रमणी को महारानी के सिंहासन पर बिठाकर पिता को सन्तुष्ट कर ही शान्त न हुए, वरन् उनके सुख के लिए अपने को भी उत्सर्ग कर दिया। वस्तुतः, सत्यवती ने जिन कार्यों को सम्पन्न करने का संकल्प किया था, उन सबका निर्विवाद समापन

करने में वे सक्षम हुईं—देवव्रत को आगे करके।

महाराज शान्तनु के साथ सत्यवती के विवाह के थोड़े समय बाद अवश्य देखा गया कि देवव्रत जैसे सब कुछ से विरत हो गए। अपने सुख के भविष्य को तिमिरग्रस्त देखकर ही उन्होंने स्वतः अपने को किनारे कर लिया, अथवा द्वैपायन ने अब उनके उल्लेख की आवश्यकता नहीं समझकर उन्हें त्याग दिया, मालूम नहीं। किन्तु शान्तनु की इहलीला समाप्ति के कुछ ही समय बाद दिखाई पड़ा कि वे पुनः रंगमंच पर अवतीर्ण हैं। और उसका कारण भी सत्यवती ही है।

शान्तनु से सत्यवती के गर्भ में जिन दो पुत्रों ने जन्म लिया था, उनमें से एक तब भी बालक, दूसरा अयोग्य था। बच्चों को इसी अवस्था में रखकर शान्तनु दिवंगत हो गए। सत्यवती ने अपने बड़े पुत्र को राजगद्दी पर बिठाया। चित्रांगद अत्यधिक बलवान और अत्यन्त दाम्भिक भी थे। सबको नगण्य समझते थे। एक दिन गन्धर्व राज बोले, "तुम सबको निकृष्ट मानते हो, हम दोनों का नाम एक है। तुम भी चित्रांगद, मैं भी चित्रांगद। मेरे साथ युद्ध करो, देखें कौन जीतता है।" उद्धत होकर गन्धर्वराज के साथ युद्ध करते ही उनकी मृत्यु हुई। उनके अहंकार ने ही उन्हें मार डाला। अपने पुत्र को पहचानने में सत्यवती को देर न लगी, इसीलिए उन्होंने समझ लिया कि इस पुत्र की परिचालना यदि कोई दक्ष शासक न करेगा तो राज्य तहस-नहस हो जाएगा। स्वभावतः ही, देवव्रत के अतिरिक्त सुचारु रूप से राज्यशासन और किसी के द्वारा सम्भव नहीं। अतएव बाध्य होकर सत्यवती ने पीछे से राज्य संचालन का गुरुभार उनके हाथ में सौंपा। चित्रांगद की मृत्यृ के बाद नाबालिग़ विचित्रवीर्य को सिंहासनासीन कर, उस कठपुतली को लेकर, सत्यवती की अनुज्ञानुसार, भीष्म राज्य-परिचालन करने लगे।

सत्यवती ने अपने स्वार्थवश देवव्रत का भले ही आह्वान किया, किन्तु देवव्रत का विवश होना आवश्यक न था। राजत्व किसी प्रकार गंगापुत्र देवव्रत अथवा उनके किसी वंशज के हाथ में न जाए, तदर्थ सत्यवती ने देवव्रत से अनेकशः प्रतिज्ञाएँ करा ली थीं। उसके बाद देवव्रत ने क्यों नतमस्तक होकर सत्यवती का आदेश शिरोधार्य कर लिया, इसका कोई कारण नहीं दिखाई पड़ता। तो क्या जिस मोहिनी माया में महाराज शान्तनु आबद्ध हुए थे, उसी में सत्यवती ने उनके पुत्र देवव्रत को भी बन्दी किया था ? सत्यवती ने जिस प्रकार उनका उपयोग किया, एवं उन जैसा कंचनकान्ति अनुपमेय वीर युवक जिस प्रकार मन्त्रमुग्धवत् व्यवहृत हुआ, दोनों के चेहरे परस्पर परिपूर्वक हैं। जिज्ञासा होती है कि सत्यवती के सम्बन्ध में देवव्रत के अन्तर में कौन चेतना कार्यरत थी ! क्यों उन्होंने अपना जीवन, यौवन, क्षमता इस हस्तिनापुर के अन्तःपुर में खपा दिया ? उसके अलावा, उन्होंने पिता की मृत्यु

होने तक क्यों इस प्रकार आत्मगोपन कर रखा ?

कुरुकुल के भाग्यदोषवश अन्त तक सत्यवती की सभी आकांक्षाओं को पूर्ण करने में प्रधान सहायक हुए देवव्रत। यदि सत्यवती यन्त्री (चालक) हैं तो देवव्रत यन्त्र हैं। और इस यन्त्र की यन्त्री होकर सत्यवती अब से जो सुर बजाने में सक्षम हुई हैं, उसी सुर में रचित हुई है यह कहानी, यह पुस्तक। जिसका नाम है महाभारत। जिसे पंचम वेद कहा जाता है। तपोवन में सनातन वेदशास्त्र का सार संग्रह कर इस ग्रन्थ का जन्म हुआ। जिस ग्रन्थ के युद्ध को धर्मयुद्ध कहा जाता है। और जिसके समान असत्य और कुछ हो ही नहीं सकता।

पति की मृत्यु से सत्यवती अत्यन्त कातर हो गई थीं, ऐसा नहीं लगता। महाभारत के नियमानुसार किसी सुदीर्घ विलाप से पूर्ण कोई शोकचित्र सत्यवती के आचरण में नहीं दिखाया गया है। यहाँ तक कि दो पुत्रों को खोकर उनका मातृ हृदय विदीर्ण हो गया था, ऐसा चित्र भी रचयिता व्यास ने हमारे सामने नहीं रखा। वह जिस कारण से विचलित हुईं वह है अपने वंश की रक्षा। दो पुत्रों में एक तो विवाहपूर्व ही मारा गया। छोटा पुत्र दो रानियों का पति होकर भी किसी के गर्भ में कोई बीज वपन न कर सका।

विचित्रवीर्य की मृत्यु के बाद उनकी पत्नियों के गर्भ से जब सत्यवती ने पुत्रोत्पादन का प्रश्न उठाया, तब उन्होंने पहले यह अनुरोध भीष्म से ही किया था। वह मात्र लोकाचार था। वह अच्छी तरह जानती थीं कि जो प्रतिज्ञा करके देवव्रत भीष्म बने थे उसका उल्लंघन वे कभी न करेंगे। अपने विवाहित जीवन के प्रारम्भ से ही वे भीष्म को सन्देह की आँखों से देखती थीं। किन्तु उनका वह भय शीघ्र ही मिट गया। इस व्यक्ति को पहचानने पर इस श्रमजीवी निषादपुत्री को अधिक देर न लगी। विश्वास न कर पातीं तो अपने पुत्रों की ओर से साम्राज्य संचालन का भार वे उन पर न देतीं। भीष्म बोले, "आपने मुझसे सन्तानोत्पादन विषयक जो प्रतिज्ञा कराई थी वह अवश्य आपको याद होगी और विवाह (दार परिग्रह) विषयक भी जो संकल्प पहले आपने कराया था उसे भी आप भूली न होंगी।"

भीष्म ने यह भी कहा था, "परशुराम ने जब इक्कीस बार पृथ्वी को निःक्षत्रिय किया था, तब क्षत्रिय नारियों ने ब्राह्मणों के सहयोग से ही पुत्रवती होकर पुनः क्षत्रियकुल की वृद्धि की थी। उस प्रकार भी आप वंश रक्षा कर सकती हैं।" भीष्म को प्रतीत हुआ कि वंश रक्षा का वही एकमात्र उपाय है। तभी उन्होंने वह परामर्श उन्हें दिया था। उस उपाय को सत्यवती ने ग्रहण किया। शीघ्र ही उन्होंने अपने कौमार्य के पुत्र कृष्ण द्वैपायन को बुलाया। अपने बेटे से विधवा बहुओं का रतिसंगम उन्हें स्वीकार्य था।

पुत्र भी तत्क्षण आ गया और माँ की आज्ञा के पालन में उसने देर न की। उस समय स्वामी-वियोग से शोकार्त दोनों वधुएँ द्वैपायन की विकट मूर्ति देखकर और वीभत्स गन्ध से, एक ने भय से दोनों आँखें बन्द कर, और दूसरी ने भय से पीली होकर, मृतकवत् लेटकर, सास की आज्ञा-पालन के लिए विवश हुईं। सत्यवती ने अपनी पुत्रवधुओं का गर्भोत्पादन अपने बेटे से कराया। इतने दिन क्यों वे इधर-उधर कर रही थीं, वह कारण स्पष्ट हुआ। यह उत्पादन रुचिसम्मत नहीं, शास्त्रसम्मत नहीं, और धर्मसंगत भी नहीं। इसके अलावा, पति की इच्छा से उसकी स्त्री के गर्भ से अन्य के औरस से उत्पन्न सन्तान क्षेत्रज पुत्र के हिसाब से तत्कालीन समाज में स्थान पाती तो थी, किन्तु सास की इच्छा से पुत्रवधुओं के गर्भ से पुत्रोत्पादन का उदाहरण महाभारत में अन्यत्र कहीं नहीं। और किसके द्वारा उत्पादन ? जो उनका कोई नहीं। जिस (पुरुष) की माता ने उन (वधुओं) की सास होने के बहुत पहले इस पुरुष-सन्तान को जन्म दिया था। द्वैपायन स्वयं काले, उनकी माँ काली, उनके पिता काले। अतः इन तीनों में एक भी आर्य नहीं, यह अतर्क्य है। ऊपर से, द्वैपायन अपनी माँ की वैध सन्तति भी नहीं।

जो दो स्त्रियाँ सत्यवती के पुत्र को आत्मदान करने में विवश हुई थीं, वे दोनों भी शान्तनु के रक्त सम्पर्क की कोई नहीं। सत्यवती शान्तनु के वंश के लिए चिन्तित न थीं। सत्यवती के अनुरोध पर भीष्म का अपना ब्रह्मचर्य-विसर्जन अस्वीकार करने पर भी द्वैपायन ने अपना ब्रह्मचर्य विसर्जित करने में संकोच न किया। दो असहाय शोकार्त बहुओं पर उन्होंने तथा उनकी माता ने कोई सुविचार किया, ऐसा नहीं लगता। धर्मतः, अनिच्छुक नारी के साथ सम्भोग बलात्कार है। सत्यवती ने अपने अवैध पुत्र द्वारा विचित्रवीर्य की दो पत्नियों पर वही कराया है। दो वधुओं के गर्भ में दो पुत्र विकलांग क्यों हुए ? उसका कारण बताने में भी बहुओं को ही दोषी ठहराया गया। कहा गया, एक भय से पीली हो गई थी, अतः पांडु पीले होकर जन्मे। दूसरी ने आँखें मूँद ली थी, अतः धृतराष्ट्र अन्धे जन्मे।

इन दो वधुओं की वेदना के सम्बन्ध में कहीं कोई हाय-हाय नहीं। अन्य पुत्र विदुर, द्वैपायन के ही बेटे हैं, किन्तु माता राजमहल के अन्तःपुर की दासी है। दासी के लिए द्वैपायन, द्वैपायन होने से नहीं, सत्यवती का पुत्र होने से बहुमूल्य हैं। दूसरी ओर, दासी होकर रानी के बेटे को शय्या में पाना, जो रानी की वधुओं के भी शय्यासंगी थे उन्हें पाना, कम सम्मान की बात नहीं है। चेहरा (द्वैपायन का) जैसा भी हो, उस दासी ने वह सम्मान सोत्साह ग्रहण किया था। उस मिलन के फलस्वरूप एक स्वस्थ सन्तान का जन्म हुआ, जिसकी पितामही हैं स्वयं सत्यवती।

कहना न होगा शान्तनु-पुत्र विचित्रवीर्य की दो पत्नियों के गर्भ से दो विकलांग

पुत्रों को जन्माकर द्वैपायन ने अपने को उनका पिता न समझा। क्योंकि वे विचित्रवीर्य के क्षेत्रज पुत्र थे। उन पुत्रों के साथ उनका कोई सम्बन्ध रहे, ऐसा नियम नहीं। उन दो विकलांग पुत्रों के पिता का नाम द्वैपायन नहीं, वरन् विचित्रवीर्य है। तभी उनका स्नेह भी राजकन्याओं के दो पुत्रों की अपेक्षा दासीपुत्र के प्रति अधिक था, और फिर, दो राजकन्याओं ने उन्हें अतिशय अनिच्छा एवं घृणा के साथ ग्रहण किया था, उन्हें यह भी ज्ञात था। और, धृतराष्ट्र के पुत्रों की अपेक्षा पांडु के क्षेत्रज संज्ञावाले पुत्रों के प्रति ही उन्हें विशेष अनुराग था। उनमें जो बड़ा था, जिसका नाम युधिष्ठिर था, वह लड़का विदुर के औरस से कुन्ती के गर्भ से जन्मा अवैध पुत्र था। यह अन्यों के लिए रहस्य रहा हो, किन्तु वे स्वयं यह जानते थे, यह स्पष्ट है।

प्रत्यक्ष है कि, अश्वेतांग और अवैध सन्तान के प्रति द्वैपायन का कुछ विशेष आकर्षण है। जैसे भी हो उन्हें जिताने के वे आग्रही हैं। अपने संकलन (ग्रन्थ) में वे ही समाज के नियामक हैं। उनकी उक्ति चरम, आप्त उक्ति है। उनका दिया विधान ही विधान है। स्वयं को उन्होंने स्वतः स्रष्टा-रूप में दिखाया है। अनेक समयों पर ग्रीक नाटकों के विवेक की तरह सहसा उपस्थित होकर वे सत्य का उद्घाटन करते हैं। किन्तु उनके विधान में कर्ण अपांक्तेय हैं। कर्ण को जन्म सम्बन्धी कलंक की लज्जा से उन्होंने मुक्त नहीं किया। पुत्रवधू कुन्ती को इस प्रसंग में उन्होंने अभयदान न दिया। वे केवल कर्ण के प्रति निर्मम हैं, यही नहीं, वे भीष्म के प्रति भी बहुत स्नेहशील नहीं लगते। भीष्म को अन्त तक हम एक वृद्ध राजकर्मचारी के सिवा विशेष कुछ नहीं समझते। यह चित्र भी सचेतन भाव से उन्हीं ने बनाया। उन्होंने ही इस चित्र की कहानी विभिन्न अवसरों पर बार-बार दिखाकर इसी से हमें इतना अभ्यस्त कर दिया है कि पिता के प्रकाम्य पर अपने जीवन-यौवन के उत्सर्ग-माहात्म्य ने उन्हें महात्मा में परिणत न होने दिया। वह उत्सर्गित असाधारण व्यक्तित्व अन्ततः हमारे तईं एक स्मरणातीत सामान्य मनुष्य में परिणत हुआ।

सत्यवती की दूरदर्शिता के दर्पण में प्रारम्भ से अन्त तक के चित्र की छाया प्रतिबिम्बित हुई थी। उनका यह अवैध पुत्र (द्वैपायन) राजा न होगा, यह तो सच है। किन्तु उनके पुत्र पौत्रादि तो हो सकेंगे ? वही क्या कम है ? इसलिए उन्होंने वही व्यवस्था पक्की कर डाली—राजपुत्रों की अकाल मृत्यु के बाद। पर्वत-वन-समाकीर्ण, ससागरा पृथ्वी का अधीश्वर होकर, धर्मानुसार जो प्रजापालन में सक्षम हैं, यश, सत्य, दम, दान्त, तपस्या, ब्रह्मचर्य, दान, ध्यान में जो अप्रतिद्वन्द्वी हैं, उन्हें ही होना पड़ा अनेक अयोग्य लोगों का आज्ञावह दास। शान्तनु के औरस से सत्यवती के जो दो पुत्र थे, एक चित्रांगद, द्वितीय विचित्रवीर्य, क्रमशः आस्फालन और

कामुकता में पूर्ण पटु। सारा यौवन भीष्म ने अपनी कलम से राज्य शासन का दायित्व निभाया, लेकिन नाम से वे ही राजा थे (सत्यवती के पुत्र)। संकट उनका (भीष्म का) उपभोग उन लोगों (सत्यवती-पुत्रों) का। जब तक चित्रांगद जीवित थे, वे राजा थे। उनकी मृत्यु के बाद सत्यवती ने भीष्म की सहायता से कनिष्ठ पुत्र विचित्रवीर्य को सिंहासन पर बैठाया। ठीक पहले की तरह भीष्म अपनी प्राज्ञता, विचक्षणता से राज्य-संचालन के चक्के को तैलाक्त रखने लगे।

विचित्रवीर्य के लिए दो रानियों को भीष्म ही संग्रह कर लाए थे। जब विचित्रवीर्य अविवाहित थे और युवक हो गए थे, तभी संवाद आया कि काशीराज ने अपनी पुत्रियों का स्वयंवर आयोजित किया है। उसी क्षण सत्यवती के अनुमोदनपूर्वक उन कन्याओं को जीत कर लाने चले गए भीष्म। क्या एक बार भी उनके मन में यह बात न आई कि जो पाणिप्रार्थी हों उन्हें ही ऐसे अवसर पर जाना उचित है ? स्वयंवर सभा में कन्या अपने मनोनीत वर को ही माल्यदान करती है, इसीलिए पाणिप्रार्थीगण ही उसमें जाते हैं। इसके विपरीत भीष्म वहाँ जा पहुँचे। इस वयस्क पाणिप्रार्थी को देखकर अन्य राजाओं ने परस्पर एक-दूसरे को देखते हुए कुटिल हँसी हँसकर कुछ व्यंग्य भी किया। इस उम्र में विवाह के शौक पर कटूक्ति भी की।

प्रश्न यह है कि भीष्म जैसा प्राज्ञ, वयस्क व्यक्ति, श्रेष्ठ क्षत्रिय योद्धा, जिन्होंने कहा था, "मैं त्रैलोक्य त्याग सकता हूँ, इन्द्रत्व त्याग सकता हूँ, और उससे भी बढ़कर कुछ हो तो उसका भी परित्याग कर सकता हूँ, किन्तु कभी सत्य का त्याग नहीं कर सकता। भले ही पृथ्वी गन्ध त्याग दे, सूर्य प्रभा त्याग दे, जल माधुर्य रस त्याग दे, ज्योति रूप त्याग दे, वायु सर्पिल गुण त्याग दे, तब भी मैं सत्य का परित्याग नहीं कर सकता", जब वे ही वर न होकर कन्याओं को रथ में चढ़ाकर बोले, "कुछ लोग कन्याओं को विचित्र भूषणों से सज्जित कर धनदान पूर्वक गुणवान पात्र के हाथ सौंपते हैं। कुछ लोग दो गाय देकर कन्या वर को देते हैं, कोई-कोई प्रतिज्ञा किए गए धनदानपूर्वक कन्या सम्प्रदान करते हैं, और कुछ लोग बलपूर्वक विवाह करते हैं। कुछ लोग प्रिय सम्भाषण से नारी का मनोरंजन कर उसका हाथ दबाते हैं। विद्वानों ने आठ प्रकार के विवाहों का निर्देश किया है। स्वयंवर की विवाह विधि उत्तम विवाहों में मानी जाती है। राजा लोग स्वयंवर विवाह की ही अधिक प्रशंसा करते हैं। धर्मवादी लोग उससे अधिक प्रशंसा करते हैं पराक्रम प्रदर्शनपूर्वक अपहृत कन्या के साथ विवाह की। अतएव मैंने इन्हें बलपूर्वक हरण किया। मैं युद्ध के लिए प्रस्तुत हूँ। इच्छानुसार तुम लोग युद्ध या अन्य उपाय से इन्हें छुड़ाने का प्रयत्न कर सकते हो।" यह आचरण क्या उनके योग्य है ?

भीष्म स्वयं विवाहेच्छु नहीं, तथापि इस प्रकार की उक्ति उनके चरित्र में मिथ्या भाषण के समान असंगत है। यह उक्ति सुनकर, यह कर्म देखकर, अन्य राजा क्रोध से काँपते शरीरों से आभूषण निकालकर, दाँत पीसते हुए राजसभा में भीषण गर्जन कर उठे। अनेक राजा घोर संग्राम में लिप्त हुए। चारों ओर से विरोधियों ने भीष्म को घेरकर उन पर अनवरत बाण वर्षा की। किन्तु रणकौशल में सबको परास्त कर भीष्म राजकन्याओं (अम्बा, अम्बिका, अम्बालिका) को लेकर प्रस्थान कर गए। मार्ग में शाल्व ने सामने आकर, ईर्ष्या और क्रोध से पागल होकर, 'रुको' 'रुको' कहकर फिर भीष्म को युद्ध के लिए उत्तेजित किया और परास्त राजा साधु-साधु कहकर शाल्व को उत्साह देने लगे। पुनः प्रज्वलित भीष्म ने उनकी ओर दौड़कर उन्हें पराजित किया। काशी नरेश की ये तीनों पुत्रियाँ सम्भवतः भीष्म का युद्ध-कौशल देखकर मोहित हुई थीं। सोचा था, उम्र जो भी हो, ऐसा वीर पाणिग्राही अवश्य वरणीय है। किन्तु जब उन्होंने देखा कि वे विवाहेच्छु नहीं, तब तीनों बहनों में ज्येष्ठा ने कहा, "मैंने मन-ही-मन शाल्व को वरण किया है।" यह सुनकर देवव्रत ने उन्हें स्वेच्छानुसार कार्य करने के लिए मुक्त कर दिया। तदनन्तर विमाता (सत्यवती) से परामर्श कर अन्य दो राजकुमारियों—अम्बिका, अम्बालिका का विवाह विचित्रवीर्य के साथ कर दिया। विचित्रवीर्य राज्य संचालन में अक्षम होकर भी राजा हैं, स्वयंवर सभा में न जाकर भी विजयी ! अन्य के शौर्य से विजित राजकुमारियों के साथ विवाहित होकर महानन्द में सात वर्ष निरन्तर विहार कर, यौवन में ही यक्ष्मा रोग से आक्रान्त होकर, नियतिवश उन्हें यमलोक जाना पड़ा। तदनन्तर कुछ समय तक सिंहासन पर कोई राजा न बैठा। उस शून्य सिंहासन को शून्य रखकर ही भीष्म राज्य चलाए जा रहे थे।

शून्य सिंहासन को पूर्ण होते कम समय न लगा। शिशुओं ने जन्म लिया, बड़े हुए, तभी तो हस्तिनापुर के राजा हुए। किन्तु वहाँ भी बाधा। बड़ा बेटा अन्धा, छोटा पीलियाग्रस्त। अतः एक और स्वस्थ पुत्र न जन्माने से काम न बनेगा। अतः पुनः व्यासदेव का आविर्भाव एवं स्वस्थ शिशु को जन्माने का आमन्त्रण, और विदुर का जन्म। रानियों की चालाकी के फलस्वरूप विदुर ने जन्म लिया महल की एक सुन्दर दासी के गर्भ से। वह अवश्य स्वस्थ सन्तान, और उसके पिता विचित्रवीर्य नहीं, पूर्णतः स्वयं व्यास। कौए के घोंसले में कोयल का अंडा डालने की तरह होकर भी व्यास ने विदुर के पितृत्व को अस्वीकार न किया। विचित्रवीर्य के पुत्र उनसे (व्यास से) जन्म पाकर भी क्षेत्रज थे। प्रकृत्या जो स्नेह-ममता सन्तान के प्रति पिता के वक्ष में जन्म लेती है, वह इन क्षेत्रजों के प्रति द्वैपायन में अनुपस्थित। क्षेत्रज पुत्र

भी अपने को विचित्रवीर्य की सन्तान बाल्यकाल से ही मानते आए थे। अतः कृष्ण द्वैपायन को पिता समझने का कोई कारण न था। किन्तु राजकार्य तो थमा नहीं रहता। थमा भी नहीं।

हस्तिनापुर के अधिवासी भीष्म को यथोचित मर्यादापूर्वक सम्मान देने के अभ्यस्त थे। अतः उनकी दृष्टि में भीष्म का कोई कार्य प्रतिवाद योग्य नहीं। भीष्म जो करते थे वही उनके लिए ग्रहणयोग्य था, इसमें उन्हें रंच भी सन्देह नहीं। इधर सत्यवती भी जानती हैं कि वे जो करेंगी उसी को भीष्म मान लेंगे। चाहे वे सशब्द बोलें या निःशब्द, उनकी किसी इच्छा का प्रतिरोध करने में भीष्म अक्षम हैं। अन्यथा अपने कौमार्य काल की सन्तान को राजपुरी में बुलाने का साहस उन्हें न होता। प्रतीत होता है कि इस धीवर पुत्री को महल में लाकर पिता के हाथ समर्पित करने के बाद वे भी उस पर समर्पित हो गए थे। महाराज शान्तनु के एकमात्र कुलतिलक देवव्रत को हमने जब तक देवव्रत रूप में ही देखा है, हर प्रकार से विचारने पर उन जैसा सर्वगुणसम्पन्न महत् चरित्र महाभारत में दूसरा नहीं। जिस मुहूर्त में वे भीष्म हुए तभी से उनका दुर्वार आकर्षण स्तिमित हुआ। क्यों हुआ ? क्या समूल उखाड़कर उस अनन्य व्यक्ति को सत्यवती ने कुक्षिगत कर डाला ? अन्यथा इतने विचित्र विशाल महादेश में तो एक ही सिंहासन तो देवव्रत के लिए नहीं रखा हुआ था। जिन्हें युद्धोद्यत देखकर शत्रुपक्ष सिंहभीत ग्वाले की तरह भय से उद्वेग-कम्पित होता था, जिनके क्रुद्ध होने पर किसी भी वंश का व्यक्ति शीघ्र ही पंचत्व प्राप्त करता था, जिनका शौर्य वीर्य परशुराम की अपेक्षा भी श्रेष्ठ था, नीति और मेधा में जो अप्रमेय थे, क्यों वे ऐसी निश्चेष्टता से वर्ष पर वर्ष निष्क्रिय होकर बैठे रहे ? कभी कोई युद्ध जीतने न गए, शिकार पर न गए, भ्रमण पर न गए, कुछ न किया। और नहीं तो पहले की तरह मातामह (नाना) जह्नुमुनि के आश्रम में ही लौट जाते। जीवन का उत्कृष्ट समय तो उन्होंने वहीं काटा था। पिता के पास जितने दिन रहे, उससे कई गुना अधिक माता के पास समय काटा था। आश्रम जीवन तो उनके लिए अचिन्तनीय नहीं। अन्ततः अन्य का वशवर्ती होकर रहने से तो यह अधिक सम्मानजनक था। सत्यवती के वंशजों के लिए सिंहासन अक्षुण्ण रखने का दायित्व उनका तो नहीं। लगता है, सत्यवती कब क्या कराएँगी, क्या बोलेंगी, इसी अपेक्षा में वे सदा सजग थे। कह सकते हैं कि वे सत्यवती के अंगुलि-संकेत पर उठते-बैठते थे। क्या उनकी अपनी कोई आशा, आकांक्षा, वांछा, वासना अलग से कुछ भी न थी ! जिस महिला ने उन्हें संसार के सभी सुखों से वंचित किया, उसके लिए ऐसा आत्मविसर्जन कैसे सम्भव है ? जिसके अधीन कुरुकुल का यह श्रेष्ठ व्यक्ति था उसे फिर किसका भय ? किसकी लज्जा ? उनकी इच्छा ही चरम इच्छा। तभी

द्विधाहीन होकर सत्यवती अपना कलंक इस राजपुरी में बुला लाईं। तिल-भर भी लज्जा ने उन्हें कुंठित न किया। यदि उसे न लातीं तो क्या विदुर जैसे धूर्त, अवैध परोपजीवी का प्रवेश इस संसार में सम्भव होता ?

सबसे अधिक विस्मय की बात यह कि सत्यवती के प्रति मुग्धतावश भीष्म का आनुगत्य जितना सीमाहीन है, उतना ही वह कार्यकारण से मुक्त है। केवल इसी कारण से उन्होंने अपना सर्वनाश बुलाकर समग्र कुरुकुल को ही निश्चिह्न न किया वरन् सारे देश को ही प्रायः जनहीन कर डुबा दिया। अवश्य पुस्तक तो अनेक स्थलों पर असंगति के दोष से युक्त है। निषाद बालक एकलव्य को निषाद होने के कारण द्रोण शिष्य रूप में ग्रहण न कर सके। और, जो राज्य के प्रभु हैं उन्होंने विवाह किया एक धीवर कन्या से ! धीवर सभी निषाद हैं। साथ ही यह तथ्य जानकर भी कौतूहल होता है कि द्वैपायन के पिता पराशर मुनि जब सत्यवती के पाणिप्रार्थी हुए थे तब किस कारण से सत्यवती ने उनका प्रत्याख्यान किया था ? पराशर अयोग्य नहीं। उन्हें ग्रहण करने पर अवैध पुत्र को अवैधता के कलंक से चिह्नित न होना पड़ता। सत्यवती के चरित्र में भी कोई काला दाग़ न रहता।

3

विशेष ध्यान से देखने पर एक और विषय विस्मयजनक लगता है। महाभारत में जिन घटनाओं के समावेश से जिन व्यक्तियों को पापी या महात्मा की संज्ञा दी गई है, एवं सहस्रों वर्षों से अनेकशः प्रचारपूर्वक हमारे मन में जिस विश्वास को हृदय के निगूढ़ निवास में गूँथ दिया गया है, और जिस युद्ध को धर्मयुद्ध कहा गया है, वह अत्यन्त भ्रान्तिजनक है। चार दशकों से भी अधिक समय से मनोयोगपूर्वक काली प्रसन्न सिंह के सम्पूर्ण महाभारत का पाठ कर मैंने उसे साहित्य के रूप में जितना मनोमुग्धकर पाया है, उतना ही उद्भ्रान्त हुई हूँ धर्माधर्म का अविचार देखकर। युद्ध जिस प्रकार आया, तब जो सारी घटनाएँ घटीं, युद्धपूर्व जो घटनाएँ घटीं, युद्ध के मध्य जो घटनाएँ घटीं, उन सब घटनाओं के बीच जो निहित है किन्तु वर्णित नहीं, और जो स्पष्टतः वर्णित है, वह सब घटना समग्र कालक्रम पूर्वक विन्यस्त कर यदि पाठक के समक्ष प्रस्तुत कर दूँ तो वे विचक्षण तथा परम्परा-मुक्त विवेचना करने पर मेरे विचार को अग्राह्य करेंगे, ऐसा नहीं प्रतीत होता।

मनोयोग के साथ महाभारत के समस्त घटनाप्रवाह में अवगाहन करने पर तट की उच्छ्वसित फेन राशि के पार, मध्य समुद्र में पहुँचते ही दिखेगा कि वंश की स्थापयित्री भरतमाता शकुन्तला के बाद ही इस वंश में जो रमणी प्रधान पात्र के

रूप में सगौरव सामने आकर खड़ी है वह है सत्यवती, इस कहानी की नायिका। महायुद्ध की सूचना वे ही दे गई हैं। पौत्र विदुर ने जासूस का कार्य कर उसे अव्याहत रखा, द्वैपायन ने पुरोहित बनकर उसका प्रतिविधान किया है, और सत्यवती अपने असाधारण चातुर्य से पतंग की डोरी उन लोगों के हाथ में थमाकर लटाई अपने हाथ में रक्खे हैं। प्रारम्भ से देखें तो तो नम्बर एक की घटना है विदुर का जन्म। ठीक उसके बाद पांडु और उनकी कनिष्ठा पत्नी माद्री की मृत्यु।

इतने दिनों में सत्यवती वयस्क हुई हैं, भीष्म के संचालन में धृतराष्ट्र मर्यादा के साथ राजत्व कर रहे हैं। पांडु और धृतराष्ट्र के बीच धृतराष्ट्र ही ज्येष्ठ हैं। वह अन्धे हैं, अतः पहले पांडु ने ही राज्यभार ग्रहण किया था। किन्तु कुछ समय बाद ही अपने को निष्फल जानकर, मनोव्यथावश राज्यभार धृतराष्ट्र को सौंपकर, अपनी पत्नियों कुन्ती और माद्री को लेकर वे हिमालय की पर्वत श्रेणियों में विहार करने चले गए। बीच-बीच में वहाँ विदुर जाते थे। खोज खबर रखते थे, पांडु को भी बताते थे। विदुर अवश्य पांडु के लिए न जाते थे। जाते थे कुन्ती के लिए। कुन्ती के साथ उनका गोपन सम्पर्क था। विदुर का लोभ अपरिमित था और स्पर्द्धा थी समुद्र सहश अतल। सभी जानते हैं, सत्यवती के कौमार्य के कलंक, विकटगन्ध विकटाकृति द्वैपायन के साथ, द्वितीय बार शय्याग्रहण की अनिवार्य अनिच्छा से ही, अम्बा और अम्बालिका ने स्वयं न जाकर, एक सुन्दरी दासी को रानी सजाकर भेज दिया था उनके साथ सम्भोग के लिए।

द्वैपायन यह समझ गए थे। समझकर भी वे दासी के साथ संश्रव से विरत न हुए। क्रुद्ध होकर वहाँ से चले न गए, अपमानित होकर अभिशाप भी न दिया। इसी रतिसंगम की फलश्रुति हैं विदुर। विदुर को भी भीष्म ने पांडु और धृतराष्ट्र के साथ समान रूप से पाला-पोसा था, वह निश्चय ही सत्यवती की अनुज्ञानुसार। क्योंकि सत्यवती के निर्देश न देने तक भीष्म स्वतन्त्र रूप से कुछ नहीं करते, या कर नहीं सकते। शायद वह नियम भी नहीं। भीष्म अपनी विमाता के निर्देश से ही चलते हैं। अन्यथा विदुर किस अधिकार से राजपुत्रों के साथ एक समान बड़े हो गए ?

इसके बाद, कह सकते हैं कुछ विलम्ब से सही, पांडु के राज्यत्यागपूर्वक चले जाने के काफी बाद, यौवनप्राप्त धृतराष्ट्र के एक सबल स्वस्थ पुत्र ने जन्म लेकर वंश रक्षा की बत्ती प्रज्वलित की। हमें पता नहीं यह पुत्र किसके गर्भ से उत्पन्न है। प्रासाद के अन्तःपुर के किस भाग के किस प्रसूतिगृह में उसने जन्म लिया। मात्र इतना पता है कि, माँ जो भी हों, पिता प्रकृत रूप से धृतराष्ट्र हैं। अर्थात्

यही पुत्र धृतराष्ट्र का ज्येष्ठ पुत्र है और धृतराष्ट्र के बाद महाराज शान्तनु के सिंहासन पर अधिष्ठित होने का प्रथम अधिकारी।

धृतराष्ट्र को पुत्र हुआ है यह जानते ही सहसा विदुर पागल हो गए। हमने तो उल्टा ही सोचा था। सन्तान का पिता और चाचा दोनों जहाँ विकलांग हों वहाँ एक ऐसे सर्वांग सुन्दर बलिष्ठ शिशु का जन्म निश्चय ही अत्यन्त सुखप्रद घटना है। गर्भ किसी का हो, बीज तो धृतराष्ट्र का ही है ! धृतराष्ट्र सत्यवती के पुत्र के पुत्र हैं, और यह शिशु है द्वैपायन के पुत्र का पुत्र। सत्यवती का रक्त अवश्यमेव उसके शरीर में प्रवहमान है। सत्यवती की क्या प्रतिक्रिया हुई यह अविदित रह गया। रचियता (ग्रन्थकर्ता) हमें अन्यत्र ले आए। महिला महल का दृश्य हम न देख पाए।

कोई भी घटनावली, कोई लिखकर व्यक्त करे या बोलकर व्यक्त करे, रचयिता उसमें अपने स्वकीय अभिलाषा और मतामत को ही विशेष रूप से प्रकाशित करता है। यहाँ भी उसका व्यतिक्रम न घटा। ये, अर्थात् धृतराष्ट्र और पांडु, द्वैपायन के रक्त से जन्म लेने पर भी उनके कोई नहीं। दोनों ही विचित्रवीर्य के पुत्र हैं। क्षेत्रज ही सही। किन्तु जिस पुत्र ने जन्म लिया वह तो विचित्रवीर्य का ही पौत्र है। द्वैपायन के साथ उसका कोई सम्बन्ध नहीं। उनके जो एकमात्र पुत्र हैं उनका नाम है विदुर। विदुर को वह प्यार करते हैं। विदुर का कल्याण चाहते हैं। दासी के गर्भ से सम्भूत अवैध पुत्र होने से जो वह शान्तनु के सिंहासन का अधिकारी न हो सका, सम्भवतः इस बात ने पिता-पुत्र दोनों के हृदयों को व्यथित और रुष्ट किया। शायद इसीलिए महाभारत नामक ग्रन्थ का पूर्वापर आत्यन्तिक पक्षपात के दोष से दूषित है। इसीलिए भरतवंश के पुत्रों, पात्रों, मित्रों सभी को दोषी ठहराकर तथाकथित पांडवों को लाकर जिता देने की अक्लान्त चेष्टा की गई है।

धृतराष्ट्र से विदुर ने कहा, "यह पुत्र जन्म लेते ही अत्यन्त कर्कश स्वर से रो पड़ा। चारों ओर अमंगल के चिह्न दिख रहे हैं। महाराज ! यदि राज्य का मंगल चाहते हैं तो इसी क्षण इस पापात्मा दुर्योधन की हत्या कर दें।" सद्योजात शिशु का नाम उसी समय 'पापात्मा दुर्योधन' हो गया। यह श्रेय विदुर को है जिन्होंने सद्यः जन्मे शिशु के विरुद्ध निरन्तर धृतराष्ट्र को उकसाया और बार-बार कहने लगे, "इस दुरात्मा का इसी क्षण वध कीजिए।" विदुर ने कब कहाँ शिशु का वह कर्कश क्रन्दन सुन लिया, पता नहीं। तत्कालीन नियमानुसार सन्तान जन्माने के लिए रखा गया पृथक कक्ष पुरुषों के आवास से बहुत दूर होता था। वह एक अलग संसार था।

शिशु का क्रन्दन कर्कश है या कोमल यह नालिश परिवार के अन्य किसी सदस्य ने तो न की। एकमात्र विदुर शिशु के तत्क्षण वध के लिए अत्यन्त अस्थिर हो उठे।

धृतराष्ट्र अन्धे हैं, किन्तु बहरे नहीं। उन्होंने सुना है, ऐसा नहीं प्रतीत होता। न हो, विदुर ने तो सुना है, वही सत्य है। जिन्होंने सुना है ऐसे दो-चार लोगों को भी वह बाहर से संग्रह कर ले आए। लेकिन अधिक लोगों को न पा सके। सत्यवती के निकट से भी यह खबर न ला सके। और ऐसा लगने लगा जैसे विदुर ने कोई आकाशवाणी सुनी है कि इस शिशु का यदि वध न किया गया तो इसी क्षण सारा संसार ध्वंसग्रस्त हो जाएगा। धृतराष्ट्र सम्भवतः तब तक इतने सम्मोहित न हुए थे कि विदुर का यह निर्देश स्वेच्छा से मान लेते। अथवा, जो भी हो शिशु तो उनका प्रथम पुत्र, अति कामना का धन है, अतः इस एक स्थान पर वे अपना पितृत्व न कलंकित कर सके। एवं विदुर के ऐसे नृशंस हो उठने का वस्तुतः क्या कारण है, हम भी न समझ पाए। समझ में आया बहुत बाद में।

उसी समय कुन्ती भी गर्भवती थीं। उस पुत्र का नाम है युधिष्ठर। युधिष्ठिर का जन्म तब तक न हुआ था इसीलिए विदुर दुर्योधन की हत्या कराने के लिए इतने अस्थिर अधीर थे। महाभारत में यह बात स्पष्ट नहीं कही गई। तथापि एक के बाद एक घटना हमें यह विश्वास करने पर बाध्य करती है कि यह पुत्र विदुर के औरस से कुन्ती के गर्भ से उत्पन्न है। वह पुत्र यदि अभी तक नहीं जन्मा तो ज्येष्ठ के नाते उसकी सिंहासन-प्राप्ति की आशा दुराशा मात्र होगी। इसके अलावा, वह पुत्र केवल ज्येष्ठ हो इतना ही यथेष्ट नहीं, उसे पांडु का क्षेत्रज प्रमाणित कराना भी जरूरी है। जिस कारण से द्वैपायन का पुत्र होकर भी विदुर राजा न हो सके, वही कारण तो उनके पुत्र पर भी बरसेगा। धृतराष्ट्र और पाडुं चूँकि विचित्रवीर्य की पत्नियों के गर्भ से जन्मे हैं इसलिए वे विकलांग होकर भी राजा हुए, और विदुर स्वयं स्वस्थ पुत्र होकर भी किसी अधिकार से स्वामी न हो सके। और बाल्यावस्था से उन्हें भीष्म ने राजपुत्रों के साथ एक समान संवर्धित किया है। सभी एक पिता की सन्तति होकर भी विचित्रवीर्य के क्षेत्रज नहीं, इसीलिए उनकी दासीपुत्र की संज्ञा न मिटी। ईर्ष्या के दंश ने उन्हें दग्ध किया। द्वैपायन द्वारा उत्पादित विषवृक्ष के इस अंकुर ने तब पूर्ण वृक्ष हो उठने में और अधिक देरी न की।

धृतराष्ट्र सौ पुत्रों के पिता हुए, किन्तु प्रथम और द्वितीय ही थे कुरुकुल के प्रधान पात्र। यहाँ भी एक बात लक्ष्य करने की है। पहले पुत्र का नाम हुआ दुर्योधन, दूसरे का दुःशासन। कोई किसी सन्तान का नाम क्या दुर्योधन या दुःशासन रख सकेगा ? विशेषतः उनका जो आकांक्षित सन्तान और युवराज हो ? परवर्ती जीवन में शायद कोई दुर्जन हो जाए, लेकिन जन्म लेते ही यह बात प्रत्यक्ष हो, असम्भव है। इस मामले में सम्भव असम्भव का प्रश्न ही नहीं। जो है वह है इच्छा। अतः नामकरण में सर्वदा 'दु' के बदले 'सु' रहता है। इस बार दुर्योधन को हम यदि सूर्यधन

समझें, और दुःशासन को सुशासन, क्या वही स्वाभाविक प्रतीत न होगा ? 'सु' को 'दु' के रूप में प्रचार विदुर द्वारा साधित हुआ है। फिर भी, 'सु' हो या 'दु', विदुर को हताश करके दुर्योधन चन्द्रमा की कला की भाँति बढ़ने लगे, देश की भी कोई क्षति न हुई। उनकी श्यामल देह में चन्द्रवंशी रक्त न होने पर भी, पितामही अम्बिका के कारण, अन्ततः कुछ क्षत्रिय रक्त प्रवाहित था। उसके ऊपर, बचपन से गंगापुत्र देवव्रत की शिक्षा में रहने से राजोचित विधि-व्यवहार के साथ उनका पूर्ण परिचय हुआ था। विद्या, बुद्धि, अस्त्रक्षेप में वे वस्तुतः पारदर्शी हो गए थे। साहस, स्वास्थ्य, विचार, विवेचना, आचरण—प्रत्येक दृष्टि से वे भावी राजा के प्रतीक रूप में अत्यन्त उपयुक्त थे। उन्हें उसी रूप में मान्य कर समग्र देशवासी अत्यन्त उल्लसित हुए थे। सबकी सम्मति से दुर्योधन के यौवराज्य पर अभिषिक्त होने का प्रस्तुति पर्व जब पूर्ति के पथ पर था, उसी समय, हठात् इतने दिनों बाद, कुन्ती पाँच जटावल्कलधारी पुत्रों के साथ आ पधारीं। पता चला, जटावल्कलधारी ये किशोर पांडु के क्षेत्रज पुत्र हैं ! तीन कुन्ती के गर्भ से, दो माद्री के गर्भ से जन्मे। ज्येष्ठ युधिष्ठिर की उम्र सोलह, मध्यम भीम की उम्र पन्द्रह, कनिष्ठ अर्जुन चौदह। ये तीन कुन्ती के, अन्य दो नकुल, सहदेव की उम्र तेरह, वे माद्री के यमज (जुड़वाँ) पुत्र।

पांडु के साथ कुन्ती का विवाह कुल-प्रथा के अनुसार न हुआ था। कुरुवंश के नियमानुसार माल्यदान पूर्वक कन्या को अपने घर ले आने पर अनुष्ठान करना पड़ता था। कुन्ती ने स्वयं स्वयंवर सभा में पांडु के गले में माला डाली थी। बाद में शान्तनु पुत्र भीष्म ने प्रथानुसार मद्रपुत्री माद्री को लाकर पांडु का द्वितीय विवाह कराया। सन्तान को जन्म देने की क्षमता पांडु में न थी। उसी दुख से, वे कब धृतराष्ट्र के हाथों समस्त सम्पद् समर्पित कर चले गए, कुछ पता नहीं। इतने दिनों बाद पाँच किशोरों को देख कर, और उन्हें पांडु का क्षेत्रज सुनकर, जिस प्रकार नगरवासी विस्मित हुए, उसी प्रकार परिवार के लोग भी कम विस्मित न हुए। पहले सोचा, ये कौन ? तदनन्तर, पांडु के क्षेत्रज पुत्र हैं, यह सुनकर सोचा, इतने बड़े-बड़े लड़के ? किन्तु इनकी बात इतने दिनों तक उन्हें घुणाक्षर मात्र भी क्यों पता न लगी ? उनकी मृत्यु के बाद जान पाए ? नगरवासी बोलने लगे, पांडु तो बहुत समय पहले ही दिवंगत हो गए। उनका कोई पुत्र है, यह तो न सुना था। तो ये कैसे कुरुवंश के होंगे ? साक्षी कौन है ? पांडु भी मृत, माद्री भी मृत।

पांडु कब मरे इसका कोई निर्दिष्ट समय ज्ञात नहीं। हिमालय से कुछ मुनि कुन्ती प्रभृति को पहुँचाने आए थे। उन्होंने कोई आतिथ्य ग्रहण न कर, संक्षेपतः दो-एक बात कहकर प्रस्थान कर दिया। वे ही पांडु और माद्री के शव ढोकर लाए थे। वहाँ उन्होंने जल तक स्पर्श न किया।

कुन्ती ने कहा, ज्येष्ठ युधिष्ठर धर्म के पुत्र, मँझले भीम पवन के, कनिष्ठ अर्जुन इन्द्र के, और नकुल, सहदेव अश्विनी कुमार की जुड़वाँ सन्तान हैं। पति के अलावा तीन और प्रार्थित पुरुषों की अंकशायिनी होकर कुन्ती ने इन तीनों को जन्म दिया है, और सूर्य की शैयासंगी होकर कौमार्यकाल में जन्म दिया था कर्ण को। इन रहस्याविल पाँच जटावल्कलधारी किशोरों को लेकर कुन्ती जब हस्तिनापुर में आ पहुँचीं, एवं अनेक लोग अनेक प्रकार की बातें बोलने लगे, तब कुछ क्षण बाद ही दिखता है कि उस आलोचना पर यवनिका उतर आई है। प्रत्येक तर्क-वितर्क को अवसन्न कर, सब निन्दा अग्राह्य कर, उन पाँच बालकों को राजमहल से ही पांडु के क्षेत्रज पुत्र घोषित कर, राजोचित शिक्षा-दीक्षा के लिए धृतराष्ट्र के पुत्र जिन गुरु से पढ़ते हों उन्हीं के सुपुर्द इन पाँचों को भी किया जाए, यह आदेश जारी किया गया। इसके बाद ये पाँच भाई कुरुवंश के वंशधर के रूप में ही गण्य होकर राजसी शिक्षा-दीक्षा एवं शील के अन्तर्भुक्त हुए। हस्तिनापुरवासियों ने जाना कि पांडु के ये क्षेत्रज पुत्र उनके ही पुत्र-मित्र-शिष्य-सुहृद और भ्राता स्वरूप हैं। अन्ध धृतराष्ट्र ने भी यही जानकर उन्हें पुत्रवत् ही स्वीकार किया।

यहाँ बात उठती है कि इतनी जल्दी इतना सुदूरप्रसारी निर्णय इतनी सहजता से लेना किसके द्वारा सम्भव हुआ ? कार्य जो भी करे, जो भी बोले, प्रश्न यह नहीं। प्रश्न यह है कि सबका मुँह बन्द करनेवाला मुख्य व्यक्ति कौन है ? ग्रन्थकार ने उस नाम की घोषणा न की। वह नाम अघोषित रहने पर भी यह समझने में किसी को असुविधा नहीं कि जितनी इच्छा से द्विधाहीन होकर द्वैपायन ने आकर इस प्रासाद में प्रवेश किया था, उन्हीं का हुक्म तामील किया भीष्म ने। सत्यवती तब रानी संज्ञा से भूषित न थीं तथापि सभी आदेश-निर्देश वही देती थीं। कर्मचारीगण उसका पालन करते थे। उनमें प्रधान व्यक्ति थे भीष्म। द्वैपायन ने सत्यवती का नामोल्लेख न किया, तब भी हुक्म तो उसी तरफ से आया है, इस विषय में सन्देह का अवकाश नहीं। युधिष्ठिर विदुर के पुत्र हैं यह खबर निश्चय ही उन्हें थी। वे प्रच्छन्न रहीं। सबने इसे भीष्म का आदेश समझकर मान लिया। भीष्म जो कहते हैं उसको सब निःसंशय होकर मान लेने के अभ्यस्त हैं। यह बात भी वे जानते हैं कि सत्यवती के असहमत होने पर, एवं जो उन्हें अग्राह्य हो, ऐसा कुछ भीष्म न कहेंगे। अतएव उसी वाक्य को ध्रुववाक्य के रूप में ग्रहण करने से सन्देह की सारी कानाफूसी मूक हो गई।

किन्तु सबके मन से वह बात नहीं लुप्त हो गई। विशेषकर जब कुन्ती बोलीं, "दुर्योधन की उम्र पन्द्रह, किन्तु युधिष्ठिर की उम्र सोलह है। अतः इस कुल में पांडु के क्षेत्रज के रूप में युधिष्ठिर ही ज्येष्ठ हैं।" तब अनेक लोग इस आकस्मिक

घटना को सन्देह के परे स्थान न दे पाए। अन्धे धृतराष्ट्र विदुर की बुद्धि को ही सर्वाधिक समझते थे। अतएव इस मामले में विदुर की जो राय वही उनकी भी। ऊपर से, सत्यवती और भीष्म ने जो मान लिया उसके अतिरिक्त और किसी के मत-अमत का प्रश्न ही नहीं उठता। लेकिन स्वाधीनचेता दुर्योधन, मातृस्नेह वंचित दुर्योधन, भीष्म के आदर्श पर गठित दुर्योधन ने इस निर्णय को अच्छी दृष्टि से न देखा। इन पाँच पुत्रों के आचरण में कुरुकुलोचित संस्कृति का एक विन्दु भी उन्हें न दिखाई पड़ा। कुन्ती का उन्होंने यह प्रथम दर्शन किया। विदुर के कारनामे ने उन्हें सर्वाधिक विस्मित किया। वे कुन्ती को लेकर जितने व्यस्त, उससे अधिक उसके पुत्रों को लेकर। दुर्योधन को विदुर कभी सह्य न कर पाते थे। किन्तु इन पाँचों के प्रसंग में वे एकदम भिन्न मनुष्य दिखाई पड़े। दुर्योधन न समझ सके कि इतना स्नेह इस मनुष्य के हृदय में इतने दिन कहाँ छिपा था ! किसी मनुष्य के दो चेहरे कैसे हो सकते हैं ? वे कुन्ती को जिस प्रकार सदा सुखी रखने में व्यस्त हैं, वह व्यस्तता भ्रातृवधू गान्धारी के प्रति कभी न दिखी, जिसके वे प्रतिदिन सम्पर्क में हैं। यहाँ तक कि इतनी घनिष्ठता स्वयं अपनी पत्नी के प्रति भी नहीं दिखाई पड़ी।

कुन्ती ने कहा है युधिष्ठिर सोलह साल के हैं। इसका प्रमाण क्या है ? इसके अलावा इन लड़कों को क्यों पांडु की मृत्यु के बाद कुरुवंश का पुत्र-मित्र-भ्राता कहकर प्रकट किया गया ? इतने वर्ष बीत गए, तब क्यों न जाना गया कि पांडु एक दो नहीं बल्कि पाँच क्षेत्रज पुत्रों के पिता हो गए हैं ! तो क्या पांडु की मृत्यु न होने से क्षेत्रज कहना सम्भव न था ?

इतने सम्भाव्य असम्भाव्य ऊहापोह को रंचमात्र ग्राह्य न कर, एवं पारिवारिक नियम की उपेक्षा कर, कुछ जाने सुने बिना, सत्यवती का यह तात्कालिक निर्णय विस्मयजनक है। इसके माध्यम से उनके चरित्र का कठिन कर्त्रीत्व और उद्घाटित होता है। सत्यवती इस समय रानी तो क्या, राजमाता भी नहीं। कह सकते हैं, साधारण नियम से तो कोई नहीं। पति की मृत्यु के बाद तत्कालीन महिलाओं का धर्म था वाणप्रस्थ लेना। वह उन्होंने लिया नहीं। इसे न लेने में भी उनकी लक्ष्यपूर्ति का संकेत है। असल में उन्हें किसी की परवाह नहीं। उनके मन का पर्दा इन सब क्षुद्र निन्दा-प्रशंसा के बहुत ऊपर बँधा है। उनकी इच्छा उनकी, उनका धर्म उनका, उनका निर्णय भी उन्हीं का। वे स्वकीयता में अनन्य हैं। कुछ लोग इस प्रकार का व्यक्तित्व लेकर ही जन्म लेते हैं। और फिर, सत्यवती तथाकथित बड़े वंश की पुत्री नहीं हैं, यही उनका कवच है। लज्जा, संकोच, कुंठा, विलास इस सुन्दरी कृष्णांगी मज़दूर निषादपुत्री को हों, यह अस्वाभाविक है।

यदि कहूँ कि दुर्योधन स्वभाव से ही कुछ संयत एवं सहिष्णु चरित्र के व्यक्ति थे, तो सौ में सौ व्यक्ति शायद अट्टहास कर उठेंगे। क्योंकि मात्र सुन-सुनकर, प्रचार की महिमा से, ठीक इसकी उल्टी बात ही पर हम सभी सहस्त्रों वर्षों से विश्वास किए आ रहे हैं। जन्म के मुहूर्त से ही विदुर कहते आ रहे हैं, क्यों दुर्योधन को मार न डाला गया। पांडव आ पहुँचते ही कहने लगे हैं, दुर्योधन राज्यलोभी, पापात्मा, असूयाविष से आच्छन्न, दुर्मुख हैं। अर्थात्, जिसे हम सब तरह से एक घृण्य चरित्र के रूप में समझते हैं। उन सब विशेषणों से द्वैपायन ने विदुर के मुख से दुर्योधन को विभूषित किया है। जितने दिन दुर्योधन अबोध बालक थे, इन सब उक्तियों का अर्थ उन्हें बोधगम्य न हुआ। बड़ा होने पर जब समझ पाए, कैसे उन्होंने सहा, यह सोचकर विस्मय होता है। विदुर दासी पुत्र हैं, वे राजपुत्र हैं। विदुर की स्पर्धा और ईर्ष्या की कोई तुलना न थी। जब ये सब विशेषण उन्हें समझ पड़े, प्रकृत क्षत्रिय होकर इन सब बदनामियों के उत्तर में विदुर की जीभ वे तत्काल तलवार से सदा के लिए स्तब्ध कर देते। अकारण इतनी मिथ्या आख्याओं को सहने जैसा संयम किसी मनुष्य के पास नही होता, होना सम्भव नहीं। जन्मते ही क्यों मार न डाला गया, ऐसा तीक्ष्ण वाक्य किसी भी व्यक्ति को विकृत कर सकता है। दुर्योधन के पिता धृतराष्ट्र ने ही क्यों प्रतिवाद न किया, कौन जाने ! धृतराष्ट्र अन्ध हैं, लेकिन वधिर तो नहीं। तथापि अपने बेटे के विषय में ये सारी आख्याएँ उन्हें क्यों न छू गईं ? नहीं तो विदुर इस अपप्रचार को चलाने का साहस कभी पाते ही नहीं। धृतराष्ट्र प्रायः निर्बुद्धि के समान विदुर की बुद्धि के अनुसार चलते बोलते हैं। शायद पिता पर, अभिमानवश, विदुर को उचित शिक्षा देने के बदले उनकी उपेक्षा करना ही दुर्योधन को संगत लगा।

इस प्रसंग में एक और प्रश्न का संवरण नहीं कर पा रही हूँ। वह है, धृतराष्ट्र ही तो ज्येष्ठ भाई हैं, अन्ध होने भर से कुछ समय के लिए पांडु राजा हुए थे। कई वर्ष तक वे न लौटे। राजा रहते समय भी उनकी मृत्यु नहीं हुई। तो किस कारण से उनके ज्येष्ठ क्षेत्रज नामधारी युधिष्ठिर राजा होंगे ? राजत्वभार धृतराष्ट्र के ऊपर है, उनके पुत्रों को ही जनपदवासी राजपुत्र के रूप में मानते हैं। और, वे पुत्र उनके औरसजात हैं, क्षेत्रज नहीं।

परिवार में महाराज शान्तनु भी ज्येष्ठ न थे। उनके ज्येष्ठ भ्राता ने भी राजत्व-भार शान्तनु को सौंपकर गृह त्याग किया था। तीन भाइयों में शान्तनु मँझले थे। कनिष्ठ भ्राता वल्मीक अपने पुत्र-पौत्रों के साथ राज परिवार में ही रहते थे। देवव्रत गंगा के अष्टम गर्भ की सन्तान थे। निश्चय ही परिवार के ज्येष्ठ पुत्र नहीं। किन्तु वहाँ कनिष्ठ भ्राता के ज्येष्ठ पुत्र को सिंहासन का अधिकारी नहीं दिखाया

गया। किन्तु यहाँ वह प्रश्न क्यों उठा ?

शान्तनु और उनके पुत्र देवव्रत के सम्बन्ध में भी द्वैपायन ने एक गल्प तैयार किया। शान्तनु जब गंगा के प्रणय में मोहाच्छन्न होकर उसके पाणिप्रार्थी हुए, तब गंगा ने भी विवाहपूर्व एक शर्त रक्खी थी। उन्होंने कहा था, ''मैं जो करूँ वह शुभ हो या अशुभ तुम कभी तद्विषयक प्रश्न न कर सकोगे। प्रश्न करते ही मैं तुम्हें छोड़कर चली जाऊँगी।'' शान्तनु इस पर राज़ी हो गए थे। विवाह के बाद गंगा जब पुत्रवती हुई, जन्मते ही वे बच्चे को अपने ही हाथ से गंगा में फेंक आईं। द्वितीय पुत्र की बार भी ऐसा ही किया। तृतीय पुत्र के समय भी यही। एक-एक कर जब सात पुत्रों को उन्होंने जलांजलि दे दी, आठवीं बार शान्तनु अपने को न सँभाल सके। बोले, ''तुम मानवी हो या और कुछ ? माँ होकर इस प्रकार इतने बच्चों को मार डाला ?''

उनके इतना कहते ही गंगा उन्हें त्यागकर चली गईं। कहती गईं, ''तुम्हारी आठवीं सन्तान को मैं जल में न फेंकूँगी, वचन देती हूँ।''

असली उपाख्यान यह है कि एक बार वसुगण सपत्नीक वशिष्ठ के तपोवन में विहार करने आए थे। उनकी कामधेनु नन्दिनी को देखकर कोई वसुपत्नी उसे लेती गई। आश्रम में लौटने पर वशिष्ठ ने देखा नन्दिनी नहीं है। उन्होंने रोषवश शाप दिया, जो मेरी गाय ले गए हैं वे मृत्युलोक में मनुष्य योनि में जन्म लेंगे। व्याकुल वसुगण ने तब बहुत अनुनय-विनयपूर्वक वशिष्ठ को प्रसन्न किया। तब उन्होंने कहा, ''ठीक है, तुम एक वर्ष बाद शाप मुक्त होगे, किन्तु पत्नी की ज़िद पर जो वसु नन्दिनी को ले गया वह अपने कर्मफल से दीर्घकाल तक मनुष्यलोक में वास करेगा।''

गंगा ने कहा, ''महाराज, अभिशप्त वसुगण के अनुरोध पर मैंने तुमसे विवाह किया है और उन्हें जन्म देकर पानी में फेंका है। लेकिन यह आठवाँ पुत्र बच जाएगा और मर्त्यलोक का अधिवासी होगा। मृत्यु के बाद स्वर्गलोक पाएगा।'' देवव्रत ही आठवें वसु हैं।

यह गल्प यहाँ अवान्तर है। तथापि तत्कालीन लोग अतिशय सरल थे, यह बताना है। अवश्य अशिक्षा के अन्धकारवश अब भी इन सब विश्वासों से अनेक लोगों ने मुक्ति पा ली हो, ऐसा नहीं है। ताबीज है, कवच है। और मनुष्य को ईश्वर बनाकर उसके पाँवों पर अपने को उत्सर्ग करना। महाराज शान्तनु की पत्नी गंगा को जो चुपचाप सात पुत्रों को जलनिक्षेप करना पड़ा उसकी वास्तवानुग व्याख्या करने पर प्रकृत अर्थ यह है कि सम्भवतः किसी शारीरिक कारण से गंगा की सन्तति मृत अवस्था में ही जन्मती थी। उसे छिपाने के लिए यह गल्प। उन दिनों पुत्र के लिए जो हाहाकार था (अब भी कम नहीं) उससे यदि किसी महिला की सभी सन्तान

नष्ट हो जाती, तो निश्चय ही उसे मानवी न कहकर पिशाची या डाकिनी-योगिनी कहकर उसकी हत्या कर दी जाती थी, अथवा भगा दिया जाता था। निम्नवर्ण में एवं आदिवासियों में अब भी यह प्रथा समाप्त नहीं हो गई है।

4

इस बीच विदुर भीष्म के हाथ से धृतराष्ट्र को बहुत कुछ खिसका लाए हैं। धृतराष्ट्र विदुर को बहुत स्नेह करते थे। तीनों भाई एक साथ एक ही शिक्षा से बड़े हो गए हैं। धृतराष्ट्र सबसे बड़े हैं, प्रेम ही स्वाभाविक है। इसके अलावा, व्यास की रचना में विदुर को धर्मात्मा एवं परम बुद्धिमान के रूप में वर्णित किया गया है। विदुर वस्तुतः धर्म हैं, इस विषय में द्वैपायन ने एक गल्प भी पाठकों को उपहार दी है। मांडव्य नामक एक मौन तपस्वी थे। एक दिन कुछ चोरों ने चोरी करके सिपाहियों के भय से भागते हुए मांडव्य के आश्रम में घुसकर सब माल वहीं छिपा दिया। खोजते-खोजते सिपाही उसी आश्रम में आए। वहाँ सारा अपहृत धन देखकर मांडव्य से उन्होंने बहुत पूछताछ की। किन्तु मौनव्रती होने के कारण उन्होंने कोई उत्तर न दिया। तब चोरों के साथ सिपाहियों ने मांडव्य को पकड़ ले जाकर शूल पर चढ़ा दिया। लेकिन इससे मांडव्य की मृत्यु न हुई। अन्त में राजा ने उनका परिचय पाकर उन्हें शूल पर से उतरवाया। किन्तु शूल का अग्रभाग उनके शरीर में रह गया। एक दिन उन्होंने धर्मराज से पूछा, किस कर्म के फल से आपने मुझे यह दंड दिया है ? धर्म बोले, आपने बाल्यकाल में एक पतंग की पूँछ में तृण डाला था, यह उसी का फल है। मांडव्य बोले, आपने छोटे अपराध पर मुझे यह भारी दंड दिया है। मेरे शाप से आप शूद्र होकर जन्म लेंगे।

उसी शाप के फल से धर्म विदुररूपेण दासी के गर्भ में जन्मे। अतः उस धर्म के प्रति भक्ति का होना, विश्वास का होना, आश्चर्य की बात नहीं। विदुर यदि सचेष्ट हों तो भीष्म के प्रभाव से धृतराष्ट्र को बाहर खींच लाना कुछ कठिन नहीं। वस्तुतः धृतराष्ट्र भी बहुत अनिच्छुक न थे। वे राजा हैं, तथापि राज्य चलाते हैं भीष्म। यह स्थिति सम्भवतः उन्हें काँटे-सी चुभती थी। प्रजा भीष्म के अधीन है, भीष्म के प्रति ही उसकी अविचल श्रद्धा है। यह प्रेम सिंहासन-आसीन अपने राजा के प्रति प्रेम नहीं है। क्रमशः धृतराष्ट्र हीनमन्यता से ग्रस्त हुए। धूर्त विदुर इसी सुयोग का लाभ उठाकर, क्षण-भर भी देरी न कर, तत्काल इस विषय में जल सिंचन करने लगे। धृतराष्ट्र भीष्म के साथ परामर्श करने की अपेक्षा विदुर की बुद्धि को ही प्राधान्य देते थे। विदुर ने भी अनवरत कुपरामर्श देते-देते नेत्रहीन व्यक्ति को पूर्णतः दुर्बल

बना डाला। निजी स्वार्थ के लिए उनका जिस प्रकार चलना आवश्यक था, बोलना आवश्यक था, चुम्बक की तरह विदुर धृतराष्ट्र को उसी प्रकार चलाते थे। तो चित्र वस्तुतः यह है कि कुरुवंश की प्रधान शत्रु सत्यवती, अर्थात् चाभी उन्हीं के हाथ में है, और उस शत्रुता को अव्याहत रखने का प्रधान सहायक है उनके अवैध पुत्र का अवैध पुत्र विदुर। और भीष्म का सत्यवती के प्रति यह अन्ध आनुगत्य क्यों, यह बात अवश्य गहरे अन्धकार में लुप्त रह गई।

कुरु राज्य के एक स्वस्थ वंशधर के विषय में हत्या-सा भयंकर शब्द किस दुस्साहस से विदुर उच्चारित कर पाए उसका कारण भी धीरे-धीरे बोधगम्य हुआ। कोई भी अवैध सन्तान, आर्य या अनार्य, प्रत्येक समाज में अपांक्तेय है। उसका अधिकार सीमित है। उन्होंने जो सिंहासन न पाया उस ज्वाला को शान्त करने का विदुर के पास एकमात्र उपाय युधिष्ठिर को दुर्योधन से बड़ा दिखाना, और युधिष्ठिर पांडु के क्षेत्रज पुत्र हैं यह सबको समझा देना। अन्य चार पुत्र किसके द्वारा जन्मे, यह न जानने पर भी, ये ही युधिष्ठिर की सब तरह रक्षा करेंगे, विदुर अच्छी तरह जानते हैं। इस प्रकार, स्वयं न राज्य पाया तो क्या हुआ, उनका पुत्र तो पाएगा। और पाएगा—इन चार भाइयों की सहायता से ही। तब वे राजा के पिता होकर सम्मानित होंगे और कुरुवंशी होंगे उनके ताबेदार। लेकिन यह पांडु-माद्री की मृत्यु के बिना सम्भव नहीं।

यदि ऐसा है, तो यह होना क्या असम्भव है कि इन पुत्रों के विषय में पांडु कुछ भी न जानते थे। अर्थात् उन्होंने क्षेत्रज पुत्र ग्रहण ही न किया था ? इसीलिए उनका अस्तित्व प्रकाशितव्य न था ? दुर्योधन-जन्म के बाद से विदुर को जिस ज्वाला, यन्त्रणा, प्रतिहिंसा ने प्रायः उन्मत्त की तरह उसकी हत्या करने के लिए दिग्भ्रान्त कर डाला था, वही अनुभूति फिर उनके मन को ग्रस गई। कुन्ती कुमारी जीवन में जैसे कर्ण की जन्मदात्री हुई थीं, ठीक उसी प्रकार युधिष्ठिर की भी जन्मदात्री हुई थीं। युधिष्ठिर के बाद कुन्ती ने जिन और दो पुत्रों को जन्म दिया था उनका कोई पितृ-परिचय अनुमित करना कठिन है। फिर भी यह अनुमान किया जा सकता है कि पांडु अपनी प्रथम पत्नी की अपेक्षा अधिक समय माद्री के साथ ही काटते थे। कुन्ती के भी पास पति को साहचर्य देने का अधिक समय न होता था। उस समय विदुर की आँख, विदुर के कान, विदुर की बुद्धि ही धृतराष्ट्र के आँख, कान, बुद्धि थे। दुर्योधन पर उन्हें प्रकृतिगत स्नेह होने पर भी वह भी समझते थे कि उनका बेटा अत्यन्त दुरन्त है। दुर्योधन की माँ कौन हैं, जैसे हम यह नहीं जानते, प्रतीत होता है, वैसे ही दुर्योधन भी नहीं जानते। अतः मातृस्नेह, पितृस्नेह दोनों उनके लिए शून्य। पाँच पुत्रों के लिए कुन्ती का मातृस्नेह देखकर, ऐसा हो सकता है, यह अभाव

बोध उन्हें कष्ट देता रहा हो। तो भी भाई लोग उन्हें श्रद्धा करते हैं, प्यार करते हैं, उसी से उनका अभाव बहुत कुछ मिट जाता था। धृतराष्ट्र पिता हैं यह सही है, किन्तु किसके गर्भ से जन्मे थे यह यथार्थतः न समझ पाए। एक सौ भाई, कौन किस माँ की गर्भजात सन्तान, इसे निश्चिह्न कर दिया गया है शैशव से ही। बीज जिसका वृक्ष भी उसका, यही नीति वहाँ प्रचलित है। पुत्र की आवश्यकता है, तो पुत्र हो गया। किस खेत का वृक्ष है यह बड़ी बात नहीं, किसके खेत का बीज है यही असली बात है। माताएँ आवश्यकता बीत जाने पर, अनावश्यक समझी जाकर, परित्यक्त होतीं। सत्य घटना अनुद्घाटित रह जाती। वह गुप्त रहती।

बताने का प्रयोजन न होने से ही वह गुप्त रहती। राजा-महाराजा सुखेच्छा पूर्वक नारी सम्भोग कर सकते थे। समाज ने इसे स्वीकृति दी है। अवश्य यह स्वीकृति नरजातीय सभी मनुष्यों के सन्दर्भ में अटूट थी, अब भी अटूट है। फिर भी राजाओं के सन्दर्भ में थोड़ा पार्थक्य यह कि पति चाहे जिसके गर्भ से सन्तान उत्पादन करे, लेकिन माँ होगी विवाहिता पत्नी। अर्थात् परमगुरु पतिदेव की इन सब दुष्कृतियों को भी अभागी महिला को सहना पड़ेगा। उसी हिसाब से गान्धारी उनकी माँ हैं। अनुमान है कि गान्धारी जब पेट में ट्यूमर लिए दो वर्ष अस्वस्थ थीं, तभी धृतराष्ट्र विभिन्न नारी संगम कर इतनी मानव सन्तति धराधाम पर ले आए थे। हम गान्धारी को ही धृतराष्ट्र की एकमात्र रानी जानते हैं, किन्तु महाभारत में अनेक स्थूल उल्लेख हैं धृतराष्ट्र की 'पत्नियों' के। फिर भी उन सबको हम नहीं देखते। दुर्योधन भी नहीं। पैतृक अधिकार से गान्धारी को ही माता रूप में ग्रहण करने पर भी, पुत्रों के प्रति कुन्ती का जो स्नेह एवं मातृभाव है, उसे वे गान्धारी से नहीं पाते।

अवश्य धृतराष्ट्र को लेकर मस्तिष्क को स्वेदसिक्त करने से लाभ नहीं। महाराज शान्तनु का महल इस समय अनार्य और अवैध रक्त से नहाया हुआ है। यह कठिन कार्य माता सत्यवती ने अत्यन्त सुचारु रूप से सम्पन्न किया है। सत्यवती का दुर्दान्त साहस और अनमित इच्छाशक्ति लौह सदृश है। तथापि, विचित्रवीर्य के क्षेत्रज पुत्र, द्वैपायन के औरस से जन्म लेने पर भी कुरुवंश की सन्तान रूप में ही ख्यात होंगे। उसी परिचय को निर्मूल करने के लिए तथाकथित पांडवों के रंच भी अनिष्ट की सम्भावना से विदुर और उनके पिता द्वैपायन घबरा जाते हैं। अनेक तथ्य भी सायास बचा (छिपा) जाते हैं। अवश्य उस रन्ध्र को हर बार अत्यन्त सुन्दर रूपकथा (परीकथा, अलौकिक गल्प) से भर देते हैं। कोई अभावबोध नहीं होता (पाठक को)। उस समय उन सब उपाख्यानों को अविश्वास करने की इच्छा नहीं होती। ये उपाख्यान जैसे अलंकार हों। पढ़ते-पढ़ते ऐसा लगता है जैसे किसी स्वप्नलोक में आ गए हैं।

उदाहरणार्थ गान्धारी का गर्भधारण। हमें बताया गया है कि उन्होंने दो वर्ष गर्भ धारण किया था। तदनन्तर दिखाई पड़ा गर्भ में कोई सन्तान नहीं। उसके बदले एक सख़्त मांस पिंड बाहर निकल पड़ा। व्यासदेव के आदेश पर ही गर्भच्युत मांस खंड को उन्होंने घी से भरे सौ घड़े प्रस्तुत कर किसी गुप्त स्थान में रखकर पानी से सींचना शुरू कर दिया। कुछ क्षणों में ही वह मांसपेशी सौ खंडों में विभक्त हो गई। फिर वे खंड अँगूठे के बराबर हो गए। गान्धारी उन्हें पूर्व प्रस्तुत घड़ों में सुदृढ़ रूप से स्थापित कर, अत्यन्त सावधानी से उनकी रक्षा करने लगीं। अन्त में और दो वर्ष बीतने पर, उन घड़ों को खोलने पर, पहले दुर्योधन जन्मे। बाद में और निन्यानवे पुत्र जन्मे। एक बेटी भी हुई। अर्थात् इन सब मानव सन्तति को पृथ्वी पर पदार्पण करते कुल चार वर्ष लगे।

यह गल्प निश्चय ही कल्पना जगत का एक विशिष्ट अवदान है, इसमें सन्देह नहीं। ऐसी घटना क्या कभी प्रकृति घटा सकती है ? सारे कारबार का मूल अर्थ जैसे-तैसे ज्येष्ठ प्रमाणित करना। इतना ही नहीं, इसके लिए यदि षड्यन्त्र पूर्वक पांडु-माद्री की हत्या करनी पड़े, तो उसे भी छिपाने में द्वैपायन को चिन्तित होने की ज़रूरत न पड़ी। सतता की भी जरूरत न पड़ी। भले ही हम पाठकगण जानते हैं कि वे एक महत्, निष्काम, निरपेक्ष ब्रह्मचारी हैं, जो ब्रह्मचर्य के मस्तक पर पदाघात कर किसी भी नारी के शैयासंगी होने में क्षण-भर संकोच नहीं करते। पांडु विचित्रवीर्य के क्षेत्रज (अन्य पुरुष-प्रसूत) पुत्र हैं। लेकिन विदुर किसी प्रकार कुरुवंश के साथ नहीं जुड़े हैं। एक दासीपुत्र के सिवा उनका और कोई परिचय नहीं। लेकिन युधिष्ठिर विदुर के पुत्र हैं। इन्हीं युधिष्ठिर को शान्तनु की गद्दी पर बिठाने के लिए उन्हें पांडु के क्षेत्रज के रूप में परिचित-प्रस्थापित करने की आवश्यकता है। जिस कारण से विदुर ने राजत्व न पाया, उसी कारण से युधिष्ठिर भी राजत्व के अधिकारी न हो सकेंगे। इसीलिए पांडु की इहलीला समाप्त करने की आवश्यकता थी। यदि यह वे स्वाभाविक ढंग से न करें तो विदुर उसकी व्यवस्था भी करेंगे। किन्तु साक्षी और प्रमाण लुप्त करने के लिए माद्री को इस पृथ्वी से हटाए बिना कैसे काम चलेगा ? पति वियोग से कुन्ती रोईं नहीं। रोईं, जब सबके सामने दो शव भस्म में परिणत हुए। और वे निर्दोष मान ली गईं। ग्रन्थकार ने हमें बताया कि कुन्ती के क्रन्दन से वन के पशु-पक्षी भी व्यथित हो गए थे। और, अकस्मात् जब दो मनुष्य मृत्यु-कवलित हुए, स्वतः जब मनुष्य के वक्ष से अन्तड़ियों को विदीर्ण करनेवाला क्रन्दन उठता है, तब वे निःशब्द। क्यों ? इस जिज्ञासा का भी क्या हमें कोई उत्तर मिलता है ?

5

भीष्म के आदेशानुसार कुन्ती के पाँच पुत्र जब पांडु पुत्रों के रूप में स्वीकृत होकर भीष्म के ही प्रयत्न से राजमहल के भोग-उपभोग द्वारा परम सुख से दुर्योधनादि भाइयों के साथ एक समान वर्धित होने लगे, तब कभी न सुना गया कि दुर्योधन उन पाँच आगन्तुकों के साथ किसी कलह में पड़े हैं। दोष निकालने की अनेक कोशिशें करके भी यह असत्य व्यासदेव न लिख पाए। लेकिन भीम के असह्य, अकथ्य, निष्ठुर आचरण और उसके अन्य चार भाइयों द्वारा उस अमानविक निष्ठुरता का समर्थन देखकर दुर्योधनादि स्वभावतः क्षुब्ध और उद्विग्न हो उठे थे। महाभारत के एक अंश का उल्लेख करूँ। "धार्तराष्ट्रगण जब आह्लादित होकर खेलते, भीम हमेशा उनके सिरों को पीटकर खून बहा देते, ज़ोर से उन्हें भूमि पर पटककर बाल पकड़कर इतनी ज़ोर से खींचते कि वे क्षतजानु क्षतमस्तक होकर आर्तस्वर से चीत्कार करते। जल में तैरते समय उन्हें डुबाकर अधमरा करके छोड़ते। जब वे वृक्ष पर चढ़ते, तब पेड़ हिलाकर उन्हें धराशायी कर देते।"

इस अद्भुत हिंस्र आचारण को वह केवल कुरुबन्धुओं पर ही करता। अपने भाइयों पर नहीं। युधिष्ठिर, अर्जुन, नुकुल, सहदेव के साथ भी यदि भीम ऐसा ही खेल खेलता तो प्रतीत होता कि अतिकाय, बलवान जीव के चेहरे और चरित्रवश यह खेल ही उसके लिए स्वाभाविक है। लेकिन जब एकमात्र दुर्योधनादि के प्रति ही ऐसा शत्रुसुलभ अत्याचार करता, तब प्रतीत होता कि ये पार्वत्य पंच पुत्र ही, इस राजप्रासाद के आजन्म अधिकारी, धृतराष्ट्र के बेटों की गद्दी ज़बर्दस्ती हथिया बैठे हैं। अतः जैसे भी हो उनका उच्छेद करना ही (पांडवों का) एकमात्र उद्देश्य था। किसे पता कुन्ती-विदुर उन्हें क्या समझा-बुझाकर यहाँ ले आए हैं। इन सबकी प्रतिहिंसा-परायण जिघांसा कभी-कभी ऐसे भयंकर रूप में व्यक्त होती, जो इस नगरी, इस वंश के किसी भी लड़के के लिए एक विभीषिका होती। ये यहाँ के किसी व्यक्ति से मिलते-जुलते नहीं, भाई कहना जानते थे कि नहीं यह भी नहीं समझा जा सकता था। तो भी (कौरवों को) भाई न मानते थे, यह सच है। परन्तु, विदुर की शिक्षा से शिक्षित होकर सम्भवतः सदैव सोचते थे कि इस शत्रु-निधन कार्य के लिए ही वे अपने गिरि-गुहा-निर्झर के स्वाधीन स्वच्छन्द विहार से आकर यहाँ बन्दी हो गए हैं। अन्ततः पाशविक चरित्रवाले पर्वत-प्रमाण मनुष्याकृति भीम यही सोचते थे, इसमें कोई सन्देह नहीं। भीम का चरित्र भी उसकी आकृति के समान ही भयंकर। वह न क्षमा करना जानता था, न शत्रु को भूलता था। परिहास के बहाने भी न हँसता था। वक्र दृष्टि से देखता और अस्पष्ट बोलता था। वह उद्धत और बहुभोजी, उसकी

आँख का रंग पीला, मुखमंडल मूँछ-दाढ़ी विहीन। असल में पहाड़-पर्वत, जल-जंगल में शैशव-कैशोर काटकर स्वभाव से ही ये लड़के कुछ हिंस्र चरित्र के साथ बड़े हुए हैं। उसके अलावा, पिता की मृत्य से वे जरा भी विचलित नहीं। पिता के लिए वे रोए नहीं, एक बार भी उनके मुख से पिता का नाम नहीं उच्चारित हुआ। पांडु यदि इनके पिता होते, यदि ज्ञानोन्मेष के साथ-साथ ये पांडु को पिता के रूप में जानते, तो उनके पितृशोक पर ग्रन्थकार एक-दो लाइन लिखकर ही अपना कर्त्तव्य न सम्पन्न कर लेते। नकुल, सहदेव यदि माद्री के पुत्र होते तो उनका मातृशोक भी मात्र सत्रह दिनों में समाप्त न होता। कुन्ती-विदुर के अतिरिक्त वस्तुतः कभी उन्होंने पांडु-माद्री नाम के व्यक्तियों को देखा है, ऐसा नहीं लगता। कुन्ती-विदुर नाम से पहचाने गए दो मनुष्य उन्हें खूब समझा-बुझाकर लाए हैं और अनवरत समझाते हैं कि इस सिंहासन के अधिकारी वे हैं, अतः इसे दख़ल करने के लिए धार्तराष्ट्रों के साथ लड़ाई के सिवा अन्य कोई रास्ता नहीं। इसीलिए भीम के अत्याचारों की कोई सीमा न थी, और अन्य चार भाइयों का उसके अत्याचार-उपभोग का आनन्द असीम था। आक्रोश का बीज विदुर इनके प्रत्येक रन्ध्र में डालकर इन्हें यहाँ ले आए हैं।

भीम का अत्याचार सहन न कर पाने पर दुर्योधन ने अन्त में इस रोज़ की यन्त्रणा से निस्तार पाने के लिए भीम के मिष्ठान्न में नींद की दवा मिलाकर, लता-पत्रावली से हाथ-पाँव बाँधकर उसे जलधारा में फेंक दिया। हिंसा के बदले यह उनकी प्रथम प्रतिहिंसा। नहीं तो वे इन अपरिचित आगन्तुकों के साथ अत्यन्त आह्लादपूर्वक खेला करते थे। भीम का निष्ठुर व्यवहार जब असह्य हो उठा तब उसे रोकने का कौशल यदि वे न ढूँढ़ निकालते तो वे बचते कैसे ? अन्य चार–युधिष्ठिर, अर्जुन, नकुल, सहदेव–ये भी तो भीम का यह अत्याचार देखकर आमोदित होते हैं। सबसे बड़े युधिष्ठिर अन्ततः अपने छोटे भाई को इस आचरण से विरत कर सकते थे। महाभारत में भीम के शरीर और शक्ति का जो वर्णन है उससे केवल एक हाथी की तुलना हो सकती है। अवश्य हाथी भी शायद उनके निकट बच्चा ही हो। भीम चाहे तो विराट वृक्ष को उखाड़ फेंके। जब वह घूमता तो उसकी जाँघों की वायु से सारा जंगल कम्पित हो जाता। उसकी शक्ति का समतुल्य होना किसी मनुष्य-सन्तान के लिए असम्भव था। इसके अलावा, धार्तराष्ट्रगण राजपुत्र हैं, जन्म से सुख-सम्पदा में पले-बढ़े हैं। नियमानुवर्ती युद्ध में वे वीरता दिखाने में सक्षम हैं। लेकिन उनमें यह अशिक्षित पटुता नहीं है। परवर्ती जीवन में दुर्योधन ने इसका प्रमाण दिया है। गदायुद्ध में भीम हमेशा दुर्योधन से पराजित होता था। वस्तुतः, प्राकृतजन की सी अभव्य मारामारी में, एक सुख में पला, गृह में रक्षित-शिक्षित सन्तान कैसे

विजयी होगा ? ये कोई शिशु नहीं, बालक भी नहीं, कह सकते हैं कैशोर भी प्रायः पार कर गए हैं। अतः यौवन की ड्योढ़ी पर पाँव रख चुके हैं। इस प्रकार के खेल की उम्र अब उनकी न रही। दुर्योधन दुःशासन इत्यादि भाई इन्हें शत्रुपक्ष के सिवा और क्या समझ सकते हैं ? उन पाँचों भाइयों ने तो स्वयं ही अपने को दुर्योधनादि के सामीप्य से अलग कर रखा है। यह जो भीम आक्रमण करता है और चार भाई उसका आनन्द लेते हैं, वहीं तो दो पक्षों के बीच एक बड़ी खाईं पड़ गई। उसे और बड़ा किया विदुर ने। वे यह कहते फिरे कि दुर्योधन जैसा क्रूर पापाचारी और ऐश्वर्यलुब्ध पापात्मा, भीम के अपरिमित पराक्रम को देखकर अत्यन्त उद्विग्न हो उठा है। वृकोदर (भीम) का शौर्य देखकर उसने सोचा है कि भीम का वध कर सकने पर ही अर्जुन और युधिष्ठिर को कब्जे में किया जा सकता है। प्रकृत रूप से, अल्पवय की अपरिपक्व बुद्धि से, उन्हें लगा की आपदा हटाने का यही अमोघ अस्त्र है। इसमें राज्यप्राप्ति-अप्राप्ति का कोई कूट-कौशल था कि नहीं था यह विवेचन विदुर के लिए निरर्थक था। जो छिद्र अजस्र बार अन्वेषण करके वे हताश हो गए हैं, वही उन्हें मिल गया। बिजली के वेग से प्रचार कार्य पर निकल पड़े। निन्दा करते फिरे कि दुर्योधन दुरात्मा ने (बेचारे दुर्योधन ने कैसे यह दुरात्मा आख्या पाई उसका कोई कारण अब तक नहीं मिला) युधिष्ठिर को राज्याधिकार देने के भय से भीम को विष खिला दिया।

लड़कों की देख-रेख का भार सम्भवतः तब विदुर को सौंपा गया था। भीष्म को उन्होंने केवल धृतराष्ट्र के जीवन से ही अलग न किया, लड़कों से भी उच्छिन्न किया। इस निरपेक्ष व्यक्ति के पास पाँच लड़कों को अधिक दिन छोड़ रखना उन्हें निरापद न लगा। दुर्योधनादि की अपकीर्ति का संवाद धृतराष्ट्र और भीष्म दोनों को सुनाया गया। उन्होंने इस पर विश्वास किया। दुखित हुए। विदुर सबके लिए धर्म की ध्वजा। विदुर का यह छद्मवेश सबके लिए अभ्रान्त। किन्तु किसी ने यह प्रश्न न उठाया कि दुर्योधन का प्रतिपक्ष भीम तो नहीं, युधिष्ठिर है। युधिष्ठिर को मारने की चेष्टा न करके, भीम को क्यों मारा गया ?

द्वैपायन ने फिर एक चमत्कारी गल्प पाठकों को भेंट की। विष खाकर भी न मरने पर, भीम जब लम्बी नींद पूरी कर, जँभाई लेकर, हाथ-पाँव के बन्धनों को काटकर घर लौटे, तब विदुर के पिता ने फिर एक काल्पनिक कथा रची। भीम विष खाकर पानी में डूबकर एकदम नागलोक पहुँच गया था। वहाँ विषधर सर्पों के भीषण दंश से भीम के शरीर की विष क्रिया सर्पविष से तिरोहित हुई। और नागराज वासुकी ने, भीम को कुन्तिभोज के दौहित्र (नाती) रूप में पहचानते ही, प्रीतिप्रसन्न चित्त से आदरपूर्वक प्रभूत धनरत्न तो दिया ही, ऊपर से अमृत भी पिला दिया। तब भीम

जलतल से उठकर घर लौट आए।

कैसा आश्चर्य ! भीम प्रभृति सब इतने पुण्यवान हैं कि वे पानी में डूबते नहीं, विष से मरते नहीं। मात्र पन्द्रह-सोलह साल के एक किशोर की इस बालकोचित प्रतिहिंसा को लेकर विदुर कुन्ती के साथ षड्यन्त्र पकाने बैठे जैसे कोई हत्या हुई है। और सचमुच दो प्रकृत हत्यारे स्त्री-पुरुष ने युधिष्ठिर को एकान्त में ले जाकर क्या कहा, क्या दुरभिसन्धि की, वह प्रत्यक्ष हुआ युधिष्ठिर के चाल-चलन में, बातचीत में, सब कुछ विदुर-निर्देशानुग। झगड़ा हुआ भीम के साथ, सावधान किया युधिष्ठिर को। जो घटाना चाहते हैं, जो प्रचार करना चाहते हैं, सारे नगर के घर-घर में बता दिया। राजधानी के पार्षदों को भी बताना न भूले।

विदुर के पिता ने अपनी रचना (महाभारत) द्वारा बताया है कि विदुर स्वयं धर्म हैं। सामान्य अपकर्म के फलवश मर्त्यलोक में जन्मे हैं। और दुर्योधन धर्महीन असूयाप्रमत्त अत्यन्त पापी मानव है। दूसरी ओर, विदुर एवं द्वैपायन द्वारा युधिष्ठिर को महात्मा प्रतिपन्न करने का प्रयत्न भी नियमित चलने लगा, क्योंकि दुर्योधन ही युधिष्ठिर का प्रधान प्रतियोगी है, उसकी शिक्षा-दीक्षा भीष्म के प्रतिफलन से समृद्ध है। दुर्योधन को विदुर अविश्रान्त, अविराम अभिशप्त कर रहे हैं, प्रचार द्वारा राज्यवासियों के मन में विष भरते जा रहे हैं, जिसके फलस्वरूप हजारों वर्ष बीत जाने पर भी आज भी लोगों के मन से वह भ्रान्त विश्वास निर्मूल न हुआ। भाग्य की करुणा कब किस पर बरसेगी, यह समझना कठिन है। कपट का चेहरा (मुखौटा) पहनकर जनगण को धोखा देकर मूर्ख बनाने में सभी पॉलिटीशियन (राजनीतिक) पटु हैं। विदुर शीर्षस्थानीय राजनीतिक हैं, क्षमतालोभी, चतुर महामन्त्री।

एक बार विदुर को लगा कि भीष्म ही होंगे उनकी स्वार्थसिद्धि के प्रधान विघ्न। अवश्य उनकी यह चिन्ता नई नहीं। अपने पुत्र युधिष्ठिर और अन्य चार तरुणों को लेकर (अर्थात् जो चार तरुण हर कार्य से युधिष्ठिर की रक्षा करेंगे) जब से कुन्ती राजमहल में प्रविष्ट हुईं, तभी से यह चिन्ता शुरू। केवल भीष्म ही नहीं, अपनी पितामही सत्यवती का रहना भी तब उन्हें अच्छा न लग रहा था। उन्हें लगता था कि जिस कार्य के लिए वे (विदुर) इस समय अतिशय उत्सुक हैं, उस अभिलाषा में शायद सत्यवती भी बाधा बनें। क्योंकि, जन्मसूत्र से सत्यवती उनकी पितामही भले हों, वे सत्यवती-अनुमोदित नहीं। भले ही उन्होंने अपने अवैध पुत्र द्वैपायन को लाकर इस वंश का समस्त रक्त धो-पोंछकर परिष्कृत कर दिया है, उन्हें पाला-पोसा है विचित्रवीर्य के क्षेत्रज पुत्रों के साथ, और राजा शान्तनु के एकमात्र पुत्र देवव्रत के सिवा किसी आर्य सन्तान को उन्होंने अपने संकल्पलोक में घुसने नहीं दिया है,

तथापि विदुर दासीपुत्र हैं—यह वे न भूलेंगी। कूट बुद्धि के स्वच्छ दर्पण में विदुर स्पष्ट देख रहे थे राजत्व की कुंजियों का गुच्छा अब से सत्यवती के हाथ में न रहे तभी उनकी असाध्य साधन की साध एक दिन पूर्ण हो सकेगी। नहीं तो, कुरुकुल का सिंहासन विदुरकुल के हाथ आने के मार्ग में बाधा आनी सम्भव है।

किन्तु सत्यवती को वन भेज दें, भीष्म को मात्र एक वृद्ध राजकर्मचारी में परिणत कर दें, ऐसी क्षमता विदुर में नहीं। जिनमें है, उनका नाम है द्वैपायन। इसके अलावा पतंग की डोर इस समय आकाश में उड़ रही है, इस बार हाथ में लटाई पाना आवश्यक है। जब तक सत्यवती स्वेच्छया वन नहीं जातीं, वह लटाई वे किसी और को देंगी, यह आशा दुराशा मात्र है। उसे वह जिनके हाथ दे सकती हैं, अथवा देने को उत्सुक हैं, वे हैं उनके अवैध पुत्र द्वैपायन। अतः खबर शीघ्र ही द्वैपायन के कानों में जा पहुँची, और शीघ्र ही द्वैपायन आ पहुँचे। माता से बोले, ''समय अत्यन्त दारुण हो गया है, कौरवों की दुर्नीति-प्रयुक्त राजश्री उन्हें त्याग देगी। अत्यन्त अल्प समय में ही ये सवंश यमपुरी चले जाएँगे। यह सब देखने के बदले वनगमन कर योगानुष्ठान कीजिए।''

वस्तुतः संसार में सत्यवती के रहने का और कोई औचित्य न था। उन्होंने जो करना चाहा था, वह कार्य उन्होंने सम्पन्न कर लिया है। इस प्रासाद के सभी पुत्र-पौत्र बने हैं उनके अवैध पुत्र द्वारा। उनकी सफलता का यान अब स्टेशन छोड़कर, सीटी बजाकर, अत्यन्त द्रुतगति से चलमान है। फिर भी उन्होंने जो पुत्र के कहने के पूर्व संसार परित्याग न किया, उसका क्या कारण हो सकता है ? पति गवाँ चुकी हैं, दो बेटों को खो चुकी हैं, पौत्र को भी गँवाना पड़ा तो संसार उन्हें किसके आकर्षण से पकड़े था ? कौन है वह ? इतने मृत्युशोक सहकर भी सत्यवती संसार न छोड़ पाईं, क्या उसका कारण है देवव्रत ? जिसके सान्निध्य ने उन्हें उस अपरिमित शोक में भी सान्त्वना दी है, उनके प्रति जिसके आनुगत्य की कोई सीमा न थी। जब उनके गर्भजात अवैध पुत्र ने उन्हें वन गमनार्थ विवश किया, तब क्या अपनी सौत के पुत्र के जीवन से एवं राज्य की निश्चल प्रतिष्ठा से वियुक्त होते, वेदना से उनका वक्ष विदीर्ण हुआ था ? पति की मृत्यु के बाद भी, आजीवन जिसकी अनुकूलता से इतना सुख, इतनी मर्यादा, इतनी समृद्धि, स्वाधीनता, स्वेच्छाचारिता मिली, उन्हीं सौ पुत्रों से भी श्रेष्ठ, महाराज शान्तनु के कुल प्रदीप, निखिलशास्त्रविशारद सत्यव्रत देवव्रत एवं जितेन्द्रिय गांगेय—विरहित जीवन को शान्त भाव से स्वीकार करने में उनके मन ने विद्रोह किया था ? अनन्यकर्मा होकर सौत के जिस पुत्र देवव्रत ने उनके सब पुत्र-पौत्रों का समभाव से प्रतिपालन किया है, दारपरिग्रह से पराङ्मुख, पितृ-हितैषी होकर, आमरण ब्रह्मचर्य वरण कर सत्यवती के दासानुदास हो गए हैं,

जिनके दाक्षिण्य से द्वैपायन इस आर्यपुरी में प्रवेश पा सके हैं, अपने बेटे के एक इंगित पर ही घर छोड़कर वन जाते-जाते, दीर्घश्वास छोड़ते, गेरुआ वस्त्र से आँसू पोंछकर, क्या एकबार पलटकर उन्होंने उन्हीं की ओर देखा था ? इसके सिवा, अम्बिका के पौत्र के दौरात्म्य का वृत्त तो उन्होंने इसके पहले कुछ सुना नहीं ? भीष्म ने भी कुछ न कहा। तब द्वैपायन किससे यह खबर पाकर अत्यन्त द्रुत आए और अत्यन्त शीघ्र चले गए ? उसी के साथ सत्यवती को दोनों पुत्रवधुओं के साथ वन जाना पड़ा।

अब जैसे सत्यवती की उम्र अधिक हुई है, भीष्म की भी उम्र वैसे ही बढ़ी है। उनके आर्यसुलभ स्वर्णाभ केश अब श्वेतशुभ्र हैं। मधु सी पिंगलवर्ण उनकी त्वचा, अनेक ऋतुओं के हस्ताक्षरों से रेखांकित है। इतने दिनों पर उन्होंने अपने राजकार्य से विश्राम लिया। इतने दिनों में वे सचमुच परिणत हुए मात्र एक राजकर्मचारी में। विदुर ने जो चाहा था वही सर्वतोभावेन घटित हुआ। एवं थोड़े ही दिनों में खबर मिली कि सत्यवती का निधन हो गया। वृद्ध कर्मचारी पितामह भीष्म ने शायद सोचा, काल कितनी भयानक वस्तु है ! विद्वज्जन कहते हैं, सूर्य की अग्नि में दिवारात्रि के ईंधन से मास और ऋतु की कलछी से हिलाकर काल महामोहमय कड़ाह में प्राणियों को भून रहा है। प्रतिदिन प्राणियों की मृत्यु हो रही है फिर भी मनुष्य चिरकाल तक बचा रहना चाहता है। इससे अधिक आश्चर्य और क्या होगा ? किन्तु वे अब भी बचे हैं। अब भी वे काल-कवलित नहीं हुए। और उनके वक्ष स्थल में केवल शून्यता का हाहाकार है।

6

असल में 'पांडु के क्षेत्रज पुत्र' परिचय देकर, साक्षी-प्रमाणहीन परिस्थिति में पाँच बड़े-बड़े पहाड़ी पुत्रों को लेकर कुन्ती जिस दिन पुनर्वार कुरुराज्य में वापस आईं, उसी दिन से वहाँ शनि प्रविष्ट हुआ। कुरुकुल में आश्रित-पालित विदुर नामक जासूस, विशेषतः दुर्योधन के साथ, ऐसे पुष्कल प्रतिकूल आचरण में लिप्त हुआ जिसकी कोई सीमा न रही। वैराग्नि तभी प्रज्वलित हुई। दुर्योधन के अत्याचार से नहीं, विदुर के कुचक्र से।

प्रतीत होता है, कुमारी काल से ही कुन्ती का नैतिक चरित्र बहुत शुद्ध न था। प्राक्-विवाह काल में जब सूर्य-संगत होकर उन्होंने कर्ण को जन्म दिया (यह सूर्य निश्चय ही आकाश का नहीं, कुन्ती का ही कोई प्रेमी आर्ययुवक) तब कुन्ती छिपकर निभृत कक्ष में तथाकथित सूर्य को अवश्य ही एक दिन समय और सुयोग के अनुसार

आह्वान कर लाई थीं। निर्जन कक्ष में सूर्य ने उन्हें आत्म समर्पण करने के लिए कहा। कुन्ती डर गईं। कौमार्य में यदि सन्तान-सम्भवा हुईं तो पिता-माता और समाज को क्या कैफ़ियत देंगी ? सूर्य विरत न हुआ। उनके चरित्र के विषय में उसने कटाक्ष किया। तब कुन्ती उनसे सम्भोग कर गर्भवती हुईं। गर्भावस्था में खूब होशियारी से रहती थीं, कोई भाँप न पाया। केवल उनकी एक धात्री (दाई) को सत्य अवगत था। यथा समय उन्हें एक अत्यन्त रूपवान पुत्र मिला। कुन्ती ने उस धात्री से राय लेकर मोम जामा से ढँककर, अति विस्तीर्ण और बिछौने से सम्पन्न एक पेटी में रक्षित करके, उस पुत्र को अश्वनदी में डाल दिया। विचित्र चेहरों के अन्य पुत्रों को भी अज्ञातकुल होने से स्वर्ग के देवताओं को पिता रूप में मर्त्यलोक में उतार लाना पड़ा था। धारणा होती है, जिन दो पुत्रों को उन्होंने माद्री की सन्तान कहकर परिचय दिया, वे दोनों भी उन्हीं के थे। इस दृष्टि से उन्हें स्वैरिणी कहना भी ग़लत न होगा। वस्तुतः उन्होंने अनेक पुरुषों से सम्भोग कर अपनी रतिस्पृहा निवृत्त की है। यह अवश्य कहा गया कि कुन्ती की सेवा से सन्तुष्ट होकर एक मुनि ने उन्हें वर दिया था कि कुन्ती इच्छा करते ही जिस देवता को स्मरण करेंगी वे आ जाएँगे। सम्भवतः कुन्ती की बहुगामिता को ढँकने के लिए इस वरदान की गप्प तैयार की गई थी।

जिन पाँच वल्कलधारी पुत्रों को लेकर कुन्ती राजभवन में प्रविष्ट हुईं वे किससे उत्पन्न थे, जैसे यह भी हमें पता नहीं, वैसे ही वे पांडु के क्षेत्रज पुत्र हैं कि नहीं (अर्थात् कुन्ती गर्भोत्पन्न) यह भी अज्ञात है। यह भी विश्वास करना सम्भव नहीं है कि किसी पशु ने पांडु को अभिशाप दिया था कि पत्नी के प्रति अनुरक्त होकर उससे रतिक्रीड़ा करते ही उन्हें मृत्यु की गोद में जाना होगा। यह सब अप्राकृत गल्प, एकदम गप्प है। सत्य से इसका कोई सम्बन्ध नहीं। सत्य इतना ही है कि पांडु अक्षम (नपुंसक) थे।

जो कई बालक कुरुकुल के भाई बनकर आए उनमें सबसे बड़े युधिष्ठिर थे। कुन्ती ने कहा, पांडु ने उन्हें बताया था, विशेष परिस्थिति में कानीन पुत्र, अर्थात् पत्नी के कौमार्य का भी यदि कोई पुत्र वर्तमान है तो वह पुत्र भी आवश्यकता पर पति के ही पुत्ररूप में स्वीकार्य होता है। कुन्ती का अर्थ यह कि पांडु पुत्राकांक्षी हुए थे। कुन्ती के कौमार्य कालीन पुत्र कर्ण तो विद्यमान ही थे और कुन्ती यह भी जानती थीं कि कर्ण किसके घर में, किस माता-पिता के घर में प्रतिपालित हो रहे हैं। वह बात पांडु को क्यों न बताया ? क्यों छिपाया ? विदुर के साथ संगत होकर जो वह एक और अवैध सन्तान की माँ हुई हैं, निश्चय ही उस सत्य के प्रकट हो जाने के भय से। इसके अलावा, कर्ण को प्रकाशित करें तो कर्ण ही होंगे

ज्येष्ठ। तब तो राजा का पिता होने की विदुर की साध समूल नष्ट हो जाएगी। क्या यह विदुर जैसा मनुष्य आसानी से मान लेगा ? कभी नहीं।

अनुमान है, युधिष्ठिर के साथ अन्य पुत्र ऐसे किसी गुप्त स्थान में बढ़ रहे थे जहाँ लोग विदुर को अच्छी तरह जानते थे। तदनन्तर एक ऐसा समय आया जब विदुर ने देखा अब युधिष्ठिर को प्रकट न करने से दुर्योधन ही राजा होकर गद्दी पर बैठेंगे। और पांडु जितने दिन जीवित हैं, विदुर ने जो पांडुपत्नी के साथ गुप्त रूप से प्रणयासक्त होकर सन्तानोत्पत्ति की है, वह बात वे प्रकट नहीं कर सकते। पुत्रों को पांडु के क्षेत्रज रूप में ही तो प्रकाशित करना होगा। और, पांडु के न मरने से यह उद्देश्य सिद्ध कैसे होगा ?

महाराज पांडु की मृत्यु का जो कारण बताया गया है वह एक अविश्वास्य परीकथा मात्र है। वास्तव सत्य के रूप में अग्राह्य है। फिर भी, यह इतिहास, अर्थात् यह अति प्राचीन इतिहास, अनेक स्थलों पर रूपकथा के सहयोग से सम्पादित है। इन रूप (परी) कथाओं में स्वर्ग के देवतागण अनायास मृत्युलोक में आते हैं, मानवों से मिलते-जुलते हैं। मनुष्य के जन्म के लिए एकमात्र आधार नारी गर्भ ही नहीं। मनुष्य मत्स्य के पेट से भी जन्म ले सकता है, कलसी भी जरायु हो सकती है, और झाड़ी में भी शुक्रपात होने से उससे मनुष्य पैदा हो जाता है। इन सब अप्राकृत घटनाओं को छोड़कर वास्तवानुग असली अंश को लेकर ही हमारी भावना, चिन्ता, और विश्लेषण है। उस दृष्टि से विचारने पर पांडु-माद्री की आकस्मिक मृत्यु अवश्य ही रहस्यमय है। फिर भी मान लें कि जैसे भी हो पांडु अकस्मात् मृत हुए। किन्तु माद्री ? उनकी मृत्यु कैसे हुई ? मनुष्य इच्छा करने भर से तो मर नहीं सकता। उसका भी एक कारण होना चाहिए। तदुपरि, महाभारत काल में सहमरण (सती) का प्रचलन बिलकुल न था।

कुन्ती ने कहा है, पति की मृत्यु से जब माद्री आर्तनाद कर उठीं, उसे सुनकर कुन्ती रोते-रोते वहाँ गईं। क्यों ? माद्री का आर्तनाद सुनते ही क्या वे समझ गईं कि पांडु की मृत्यु हुई है ? नहीं तो वे रोती हुई क्यों जाएँगी ? कुन्ती स्वयं तब कहाँ थीं ? क्या इस आर्तनाद की प्रतीक्षा कर रही थीं ? क्षण-भर पूर्व जो स्वस्थ-सबल पति घूमने निकले हैं, उनकी मृत्यु हुई है, यह बात कुन्ती के मन में आनी हर्गिज सम्भव नहीं। मनुष्य अनेक कारणों से आर्तनाद कर सकता है। पहाड़ में, जंगल में आर्तनाद कर उठने जैसी अनेक भयावह घटनाओं के सम्मुखीन होना विचित्र बात नहीं। 'क्या हुआ', 'क्या हुआ' कहकर अवश्य ही वे उठकर दौड़ी जा सकती हैं। माद्री को लेकर तब तो पांडु घूमने निकले थे। अतः घर से दूर होना ही स्वाभाविक है। जब आर्तनाद सुनकर रोती-रोती कुन्ती घटनास्थल पर जा पहुँची, उसी क्षण दोनों

का आर्तनाद बन्द हो गया। बन्द क्यों हुआ ? पांडु तो उनके भी पति थे। माद्री की ही तरह उनके कंठ से भी वह शोक और अधिक तीव्र होकर उठने का औचित्य है। फिर भी उनके जाते ही क्यों सब स्तब्ध हो गया ? वे पड़ोसी तो नहीं कि सान्त्वना देकर माद्री को चुप कराएँगी। और स्वयं भी चुप रहेंगी। यद्यपि कुन्ती ने कहा है, उन्होंने कई क्षण विलाप किया है। यह विलाप इस कारण से कि पति के साथ वह भी मृत्यु वरण करना चाहती थीं, क्योंकि वे ज्येष्ठा थीं। माद्री बोलीं, कामभोग में अतृप्तिवश वे ही पति का अनुसरण करेंगी। कुन्ती की व्याख्या से प्रतीत होता है, जो व्यक्ति चला गया उसके लिए कोई वेदना नहीं। कुन्ती ज्येष्ठा होने से अनुसरण करना चाहती थीं, और माद्री कामभोग में अतृप्त रहने से अनुसरण करना चाहती थीं। इस अवसर पर आँसुओं में न डूबकर, दो स्त्रियाँ विलाप कर, अधीर होकर लोगों को इकट्ठा न करके, शान्त भाव से ऐसा तर्क करें, क्या यह स्वाभाविक है ? वहाँ से मृत शरीर भी तो हटाना पड़ेगा ? पुत्रों के सिवा और कौन उस पहाड़ी जंगल की जन विरल बस्ती में जाकर लोगों को बुला लाएगा ? किन्तु कुन्ती कहती है, उन्होंने बेटों को वहाँ न जाने दिया, अन्य किसी को भी नहीं। सम्भवतः एकमात्र व्यक्ति जो प्रकृत रूप से किसी गुप्त षड्यन्त्र की साक्षी हुई थीं, वे हैं माद्री। इसीलिए इस चित्र से माद्री को भी पोंछ देना पड़ा।

कुन्ती ने कहा है, उनके तर्क के अन्तिम निर्णय पर माद्री ही सहमरणार्थ गईं। तदन्तर माद्री और पांडु के सत्रह दिन के गलित शव लेकर पाँच पुत्रों के साथ कुन्ती हस्तिनापुर आईं। माद्री सती न हुईं, यह बात यहाँ आकर दो मृत देहों का संस्कार होने से ही प्रमाणित है। पति के चितानल में जीवित अवस्था में कूद पड़ने को ही सहमरण कहा जाता है। तो माद्री किस प्रकार मरीं ? या तो उन्हें आत्महत्या करनी पड़ी, या किसी और के हाथ से निहत होना पड़ा। इन दो व्यक्तियों की मृत्यु इतने अविश्वसनीय ढंग से लिखी गई है कि प्रतीत होता है कि ये मृत्युएँ षड्यन्त्र द्वारा संघटित थीं। जिन लोगों द्वारा यह षड्यन्त्र साधित हुआ था, माद्री उन्हें पहचानती थीं। इसलिए उन्हें मरना पड़ा। कुन्ती ने जो अपने सिवा वहाँ अन्य किसी को उपस्थित न होने दिया उसका कारण था अत्यन्त गोपन एवं निश्शब्द रूप से वह (कार्य) सम्पूर्ण करना। जो अभी थे, और अब नहीं, यह अकाल मृत्यु ऐसी अविश्वास्य और सांघातिक घटना थी जो कुन्ती के लिए भी सह्य होनी सम्भव न थी। पांडु की मृत्यु से जिस प्रकार माद्री आर्तनाद कर उठीं, कुन्ती के कंठ से भी वही आर्तनाद निकल पड़ना स्वाभाविक था। लेकिन दौड़ी जाकर कुन्ती ने स्वयं भी आर्तनाद न किया, और माद्री का आर्तनाद भी स्तब्ध कर दिया। और जो पितृहीन हुए, उनको भी रोने का अवसर न मिला। क्यों कुन्ती ने उन्हें भी वहाँ न जाने दिया ? उस

स्वजनहीन पर्वतशृंग पर जिसके पाँच पुत्र विद्यमान हैं, क्या उनसे भी यह मृत्यु गुप्त रखने की आवश्यकता थी ? क्यों थी ? वे भी उस हत्यारे को पहचानते थे, इसलिए ? अथवा वे पांडु के क्षेत्रज पुत्र थे ही नहीं, अन्यत्र बड़े हुए थे कुन्ती-विदुर की छाया में ? युधिष्ठिर का वय सोलह, भीम का पन्द्रह, अर्जुन का चौदह, नकुल, सहदेव का तेरह। ये क्या कोई निर्बोध शिशु थे कि पिता-माता की यह मृत्यु देखकर भय के सिवा और कोई अनुभूति इन्हें न होगी ? इस महासंकट में इन्हीं पुत्रों को तो महासहायक होना स्वाभाविक था। क्षेत्रज होने के कारण शीघ्र वहाँ उन्हें जाने का अधिकार भी है। तब यह गोपनता क्यों?

यहाँ समस्त घटना ही 'क्यों' से कंटकित है। जैसे, पति की इस आकस्मिक मृत्यु से कुन्ती के कंठ से क्रन्दन का रोल क्यों न उठा ? क्यों दो व्यक्तियों की मृत्यु इस प्रकार दबाकर निश्शब्द कर दी गई ? क्यों इन मृत्युओं को पूर्णतः साक्षीहीन रखा गया ? क्यों साक्षीहीन रखने के लिए माद्री को भी पृथ्वी नामक ग्रह से मिटा दिया गया ? इतने 'क्यों' का कोई उत्तर व्यास ने न दिया। 'जिसका जो मन हो, सोच ले', अथवा 'मान ले' इस प्रकार रचित है सारी घटना। अतः कुन्ती के सिवा और जो साक्षी थे वे थे पर्वतशृंग के निःशब्द निर्जन निविड़ अरण्य और मस्तक के ऊपर अनन्त नील महाकाश। एक प्रश्न और : जैसे ही धृतराष्ट्र के बेटा जन्मा वैसे ही क्या पांडु का क्षेत्रज सन्तान लेना आवश्यक था ? उसके पहले भी नहीं, बाद में भी नहीं। क्षेत्रज लेकर भी यह बात इतने दिनों गुप्त रखने की क्या आवश्यकता थी ? पांडु तो निर्वासित न थे, घर से सम्पर्कच्युत भी न थे, तथापि यह क्षेत्रज पुत्रों वाली बात पांडु-माद्री की मृत्यु न होने तक गोपन क्यों रही ?

7

दुर्योधन विदुर के लिए स्थायी दुरात्मा, लेकिन क्यों दुरात्मा, इसका कोई प्रमाण तब तक वे न दे पाए। लेकिन प्रचार में किसी प्रमाण की आवश्यकता नहीं। आवश्यकता है केवल असत्य बोलने की। दुर्योधन को जैसे भी हो पीस देना विदुर की आवश्यकता है। इस विषय में उनकी एकाग्रता का भी अभाव न था।

ये पाँच पार्वत्य पुत्र जानते हैं, कुरुकुल के विपक्षी जन को जैसे भी हो, पाप-पुण्य का प्रश्न दूर हटाकर, सम्पूर्ण उच्छेदकर, सर्वस्व ग्रास करना ही उनका एकमात्र कर्तव्य है। इस प्रासाद के इन प्राणियों के प्रति उन सबका जैसे कोई आत्मीयताबोध भी नहीं, भ्रातृत्वबोध उससे भी अधिक दूर। किसी के साथ अच्छा व्यवहार करने का प्रश्न ही नहीं उनके मन में। इस विशाल राजधानी में जिन दो व्यक्तियों को वे

जानते-पहचानते हैं, प्यार करते हैं, उनमें से एक हैं उनकी माता, दूसरे हैं विदुर। विदुर क्यों ? वहीं एक प्रश्नबोधक चिह्न रहता है। धार्तराष्ट्रों पर अत्याचार करने से विदुर प्रसन्न होते हैं। धार्तराष्ट्रगण यदि उस अत्याचार के बदले, अर्थात् हिंसा के बदले प्रतिहिंसा में प्रवृत्त हों, बस तभी वे हाय-हाय कर उठते हैं। पूरे नगर में आलोड़न खड़ा कर देते हैं।

दो वर्ष बाद, समय आने पर धृतराष्ट्र ने युधिष्ठिर को यौवराज्य पद पर अभिषिक्त किया। विदुर का प्रचार फिर शुरू हो गया। पांडवों के प्रति धृतराष्ट्र के कर्त्तव्य में कोई अवहेलना न थी। अतः उन्होंने कभी पांडवों के प्रति कोई अन्याय न किया। दुर्योधन ने भी कभी कोई द्वेष या वैरिता प्रकाश की हो या मन्तव्य किया हो, ऐसी कथा महाभारत में कहीं भी नहीं। केवल विदुर के मुख से निकले वाक्य हैं। अर्थात् दुर्योधन अपने कार्य द्वारा अपनी बदनामी का कोई प्रमाण तब तक न दे सके थे। युधिष्ठिर अपने कार्य या आचरण द्वारा हमें जानने नहीं देते कि वे महात्मा हैं या पापात्मा। धैर्यवान या असहिष्णु। स्थिर या अस्थिर। ऋजु या वक्र। सहृदय अथवा हृदयहीन। धर्मपरायण या अधार्मिक। अनृतवादी या सत्यवादी। जो समस्त गुणावली सुनकर हम पाठक मुग्ध होते हैं, वह सभी विदुर का भाष्य और द्वैपायन व्यास की रचना है।

युधिष्ठिर सदैव पर्दे के पीछे हैं। तथापि सभी ने जाना कि यौवराज्य पर अधिष्ठित होते-न-होते ही युधिष्ठिर विविध सद्‌गुणों द्वारा अतिशीघ्र ऐसे प्रिय हो गए, ऐसे पराक्रमशाली हो गए कि परम प्राज्ञ, परम धार्मिक, परम राजनीतिविद, रागद्वेषशून्य, भीष्म-शासित वह प्रजा कहने लगी कि हमें यही राजा चाहिए। और युधिष्ठिर जैसे पहले आड़ में थे उसी तरह अब भी आड़ में हैं, किसी कर्म द्वारा अपना गुणागुण प्रतिष्ठित नहीं किया है, वे भले हैं या बुरे यह किसी ने देखा-जाना नहीं। युधिष्ठिर का महत्त्व केवल मुखर आवृत्ति से प्रचारित हुआ है। यह भी प्रचारित किया गया कि यह सब सुनकर धृतराष्ट्र के मन से सारी भलाई दूर चली गई और वे अत्यन्त कातर और पूर्णतः चिन्तित हो गए हैं। विदुर ने जैसे यह खबर उड़ाई वैसे ही यह भी कि दुर्योधन, शकुनि, कर्ण मिलकर पंच पांडव को जलाकर मार डालने की योजना बना रहे हैं। उन्होंने यह जाना है कुछ लक्षणों, कुछ संकेतों से, इसलिए एक नौका प्रस्तुत कर रखी है उन्हें अज्ञातवास के लिए भेजने के निमित्त। विदुर बिलकुल एक सियार हैं इसमें सन्देह का अवकाश नहीं। इस प्रसंग में महाभारत की एक कथा का उल्लेख करूँगी।

एक सियार किसी वन में बाघ, चूहा, भेड़िया और नेवला इत्यादि के साथ रहता था। सियार अत्यन्त धूर्त और स्वार्थी था। एक दिन वन में यूथपति ने एक हिरन

को देखकर बलपूर्वक आक्रमण करने की चेष्टा की। लेकिन हिरन बड़ा बली था। इसलिए अपने अभीष्ट साधन में एकदम असमर्थ होकर सियार बोला, "हे बाघ, यह हिरन बड़ा जवान और वेगवान है। अतः बार-बार प्रयत्न करके भी इस पर आक्रमण न कर सकोगे। अतः जिस समय यह मृग सोता हो, तभी चूहा जाकर इसके दोनों पाँवों को दाँतों से खूब काटे। तब तुम आसानी से उसे पकड़ सकोगे। तब हम सब एकत्र होकर प्रफुल्लचित्त से उसे खाएँगे।" सियार की बात सबको पसन्द आई। तब उन सबके आदेश से चूहे ने जाकर मृग के दोनों पाँवों को खाया और बाघ ने उस पर आक्रमण कर उसे मार डाला। तब सियार बोला, "तुम लोग जाओ, सब लोग स्नान कर आओ, मैं बैठकर इसकी रक्षा करता हूँ।" तब वे सब स्नान करने चले गए।

महाबली बाघ सबसे पहले स्नान कर आया। सियार को चिन्तित देखकर उसने कहा, "क्यों भाई जम्बूक, इतनी चिन्ता किस बात की ? आओ हम यह मृग मांस खाकर आनन्द करें।" तब शृंगाल बोला, "हे महाबाहो, चूहे ने क्या किया है, सुनिए। आप जब स्नान करने गए तब वह अहंकारवश मुझसे बोला, मैंने ही आज इस मृग को मारा है। बाघ के बलविक्रम को धिक्कार है। आज मेरे ही भुजबल से तुम लोगों की तृप्ति सिद्ध होगी। क्या कहूँ, अहंकारपूर्वक वह ऐसा गर्जन-तर्जन कर रहा था। इसलिए, मुझे अब मृग मांस खाने में रुचि नहीं।" तब व्याघ्र सक्रोध बोला, "हे सियार, यदि उसने सचमुच ऐसा कहा है तो ठीक है। तुमने उचित समय पर मुझे उत्तेजित किया है। आज मैं बाहुबल से वनचरादि को विनष्ट करूँगा।"

फिर चूहा आया उसका स्वागत कर सियार ने कहा, "हे मूषिक, कुशल से हो न ? सुनो, व्याघ्र ने जो कहा। तुम जब स्नानार्थ गए थे तब उसने कहा, मृग मांस में मुझे अभिरुचि नहीं। अब यह मांस मुझे विषवत् लग रहा है। यदि तुम्हें आपत्ति न हो तो मैं अभी जाकर चूहे को खाता हूँ।"

यह सुनकर चूहा घबराकर, प्राणभय से शीघ्र बिल में घुस गया। इस बीच भेड़िया स्नान करके आ गया। उसे देखते ही सियार बोला, "भाई, बाघ तुम पर बहुत क्रुद्ध है, अतः तुम्हारा अनिष्ट होने की भारी आशंका है। वह अपनी स्त्री के साथ शीघ्र यहाँ आ रहा है। अब जो उचित हो, करो।" तब भेड़िया भीत और संकुचित होकर दौड़ता हुआ भाग गया। इसी समय नेवला आ पहुँचा। उसे आया देखकर शृगाल बोला, "अरे नकुल, मैंने अपने बाहुबल से सबको परास्त किया है; हारकर वे सब अपने-अपने घर गए। अब यदि मुझ पर विजय पा सको तभी तुम यथेच्छ मृग मांस खा सकोगे।" तब नेवला बोला, "हे सियार, जब तुम उन लोगों को पराजित कर सकते हो, तब तो सबसे अधिक बलवान तुम्हीं हो। अतः तुमसे युद्ध करने की मेरी

इच्छा नहीं। चलता हूँ।'' इस प्रकार झूठ बोलकर प्रत्येक को भगाकर सियार ने परम सुख से मृग मांस खाया।

विदुर नामक सियार भी ठीक वैसे ही युधिष्ठिर को राजगद्दी पर बिठाने के लिए रास्ता साफ़ करने लगा। जब तक धृतराष्ट्र जीवित हैं, तब तक इस राज्य के सर्वस्व का अधिकारी होकर सिंहासन को स्वायत्त कर पाना असम्भव है। उसके भी बाद है दुर्योधन। वह भी बिना युद्ध के समस्त अधिकार न छोड़ देगा। कौरवों का धनबल, जनबल सभी सुदृढ़ है। युद्ध विद्या में दुर्योधन पारदर्शी है। जो इनके कर्मचारी हैं, जैसे भीष्म और द्रोण से अप्रतिद्वन्द्वी वीर, वे भी इनके साथ रहेंगे। कर्ण तो हैं ही। सो, राजा का पिता होने के लिए उन्हें बैठे-बैठे जितने दिन गिनने होंगे, उतने दिन उन्हें उनकी आयु क्या इस लोक के सुखभोग करने देगी ? कुरुवंश के प्रति आक्रोश की यह आग क्या बुझेगी ? जिस उद्देश्य से उन्होंने एक नाव तैयार कर, बहुत पहले से ही 'दुर्योधन ने जलाकर मार डाला' अफ़वाह उड़ाकर, पांडवों को अज्ञातवास में भेजने का बन्दोबस्त कर रखा था, एवं समस्त घटना द्वैपायन को भी बता रखा था, विधि-विधान से वह अपने आप सिद्ध हो गया।

विदुर से पांडवों की जनप्रियता का वर्णन सुनकर धृतराष्ट्र थोड़ा विचलित न हुए हों, ऐसा नहीं। विदुर ही उनके परामर्शदाता, उनके विश्वस्त मन्त्री। धृतराष्ट्र के कानों से शायद विदुर ने ही यह सब प्रचार सुनकर, भीत-विह्वल होने का अभिनय कर उन्हें अस्थिर किया है। धृतराष्ट्र ने स्वभावतः चिन्तित होकर नीतिनिपुण मन्त्री कणिक को बुलवाकर कहा, ''पांडव अत्यन्त वर्धनशील हो गए हैं, तुम राय दो मैं क्या करूँ।'' इसी कणिक ने ही तब उन्हें सियार की कहानी सुनाई थी। और जो मन्त्रणा दी थी उसे पढ़ते हुए लगता है, राजनीति नामक पदार्थ में और जो भी हो नीति नाम की कोई वस्तु नहीं। कणिक ने उन्हें राजा के जो भी करणीय हैं, कह सुनाया। संक्षेपतः यह : एक, राजा को निरवच्छिन्न दंड देना या हमेशा शक्ति प्रदर्शन करना उचित नहीं। दो, ताकि प्रतिपक्ष कोष-बल आदि का कोई पता न पा सके, इस मामले में निरन्तर सतर्क रहने की आवश्यकता है। तीन, वे यथाशक्य विपक्ष के छिद्रान्वेषण में तत्पर हों। चार, राजा का आत्मच्छिद्र, गोपन परिच्छिद्र का अनुसरण करना आवश्यक है। पाँच, अपकारी शत्रु का वध करना ही सर्वथा प्रशंसनीय है। छः, शत्रु दुर्बल हो तब भी किसी प्रकार अवज्ञा (अनवधानता) का पात्र नहीं। सात, विद्वानों ने कहा है, जब तक उचित समय न आए तब तक शत्रु को कन्धे पर ढोना। बाद में, निर्दिष्ट समय आने पर, जिस प्रकार मिट्टी का बर्तन पत्थर पर फेंककर चूर्ण किया जाता है, उसी तरह अपकारी शत्रु का विनाश विधेय है।

यहाँ मैंने मात्र कुछ पंक्तियाँ प्रस्तुत की हैं। धृतराष्ट्र की भ्रदतावश वे सारे उपदेश फलप्रद न हुए हों, तो भी वे निरापद हैं, उनका यह विश्वास खंडित हुआ। यह नीति, जिसका नाम है राजनीति, इसके विषय में कणिक ने कुछ और कहा। जैसे, शत्रु को शपथ, अर्थदान, विष प्रयोग, या मायापूर्वक विनष्ट करना विहित है। अत्यन्त मर्म-विदारक दारुण कर्म-सम्पादन, और सैकड़ों शत्रुओं का संहार किए बिना, मनुष्य कभी महती श्रीलाभ नहीं कर सकता। दंडायत्त शत्रु को जो राजा धन मानादि देकर अनुग्रह करते हैं, वे अपनी मृत्यु बुलाते हैं। शत्रुपक्ष संख्या में अल्प होकर भी कभी उपेक्षणीय नहीं। क्योंकि वे ही पुनः परवर्ती समय में शत्रुभाव सुदृढ़ कर सकेंगे।

इन उपदेशों का अनुसरण न कर सकने पर भी धृतराष्ट्र को इस पर सन्देह न होना चाहिए था कि विदुर के नेतृत्व में पांडव पक्ष के लोग उसी पथ पर पाँव रखे हुए चल रहे हैं। किन्तु यह बात उन्होंने न समझी। लेकिन जनगण को विदुर जो समझाएँ या न समझाएँ, दृष्टिहीन धृतराष्ट्र को अपनी दो आँखों द्वारा जो दिखाएँ या न दिखाएँ, भीष्म-चालित राष्ट्र में प्रजा-विद्रोह कराना, तैरकर समुद्र पार करने के समान ही असाध्य काम था। यदि इसी क्षण इस राज्य को हस्तगत करना है तो अन्य किसी शक्तिमान राजा की सहायता के बिना यह सम्भव नहीं। विदुर अपनी सतर्क बुद्धि, दृष्टि और कान सजग रखकर राजसभा में बैठे रहे। कोई कल्पना भी नहीं कर सकता कि कुरुवंश के सौभाग्य से उनका कुटिल हृदय किस भीषण यन्त्रणा-अग्नि से दप-दपकर जल रहा है। भीतर और बाहर विदुर पूर्णतः दो भिन्न व्यक्ति हैं।

8

पांडवों के विषय में दुर्योधन ने पहली बार मुँह खोला। पिता से कहा, "पिताजी, पौरगण क्या आपको त्याग कर युधिष्ठिर को ही राजा बनाना चाहते हैं ? यह अश्रद्धेय बात सुनकर मुझे बड़ी मनोवेदना होती है। अन्ततः क्या हम जनगण में राजवंश से हीन और अवज्ञात होकर रहेंगे ? परपिंडोपयोगी लोग नरक भोग करते हैं। अतः हे राजन्, जिससे हम उस नरक से मुक्त हो सकें, कोई ऐसी सलाह दें।"

बढ़ते युधिष्ठिर को कैसे रोका जाए, क्या करने से धृतराष्ट्र के जीवन काल में प्रजाविद्रोह न हो, इस विषय में पिता-पुत्र ने सुरक्षा सम्बन्धी एक निर्णय लिया।

जहाँ राजत्व को लेकर पिता-पुत्र में ही संघर्ष होता है, जहाँ शायद कुन्ती विदुर मिलकर पांडु-माद्री की हत्या कर सकते हैं, जहाँ कुछ पर्वत निवासी जो सचमुच पांडु के क्षेत्रज हैं कि नहीं, और वस्तुतः युधिष्ठिर दुर्योधन की अपेक्षा एक वर्ष बड़े हैं

कि नहीं, यह प्रमाणित तथ्य नहीं, वहाँ सावधान होना ही क्यों निन्दनीय होगा ?

दुर्योधन ने कहा, ''कुछ दिनों के लिए पांडव यदि सपरिवार अन्यत्र कहीं कालक्षेप कर आएँ तो मैं विद्रोहियों को समुचित धन-सम्मान देकर उन्हें सन्तुष्ट करूँगा। आप यदि किसी प्रकार उन्हें वारणावत भेज सकें, तो उसी समय के बीच हम सारा कार्य सम्पन्न कर लेंगे। वहाँ इस वक्त बड़ा सुन्दर मेला लगता है।''

सचमुच वारणावत में उस समय एक उत्सव होता था। सभा में बैठे सबके मुँह से वारणावत की प्रशंसा सुनकर पांडवों ने वहाँ जाने के लिए विशेष आग्रह दिखाया। प्रशंसा अवश्य उद्देश्यपूर्वक ही की गई थी। उनका आग्रह देखकर धृतराष्ट्र ने कहा, ''अच्छा है, बन्धुओं और परिवार के साथ जाकर कुछ दिन सुखपूर्वक रहकर तब हस्तिनापुर लौटो।'' धृतराष्ट्र की इस बात में ऐसा कुछ न था जिसे भय दिखाकर या ज़बर्दस्ती भेजना कहा जा सके। इसके अलावा, उन्होंने यह भी कह दिया था, ''आमोद आह्लाद करके कुछ दिनों में ही लौट आना''। लेकिन वे लौट न आए। और आने के लिए वे गए न थे।

विदुर उन लोगों के अज्ञातवास की सारी व्यवस्था पहले ही करके जो सुयोग खोज रहे थे वह पा गए। बाद में यह बात कुत्सित प्रचार बनेगी कि भाग देने के भय से दुर्योधनादि ने ही हमेशा के लिए पांडवों को कहीं हटा दिया। कुरुकुल कलंक मन्दबुद्धि धृतराष्ट्र कैसे ऐसा अधर्मानुष्ठान करने को उद्यत हुए ? महात्मा भीष्म ने ही कैसे ऐसे एकदम अश्रद्धेय विषय का समर्थन किया ? युधिष्ठिर के सिवा अन्य भाइयों ने इसे एक आमोद-प्रमोद का भ्रमण ही समझा, किन्तु विदुर के षड्यन्त्र और परामर्श से युधिष्ठिर जानते थे कि किस कार्य के बाद कौन कार्य करना होगा और किस पथ पर चलना होगा। विदुर ने भी म्लेच्छ भाषा में यात्रा के क्षण इस षड्यन्त्र की बात पुनर्वार स्मरण करा दी। युधिष्ठिर ने भी कहा, ''समझ गया।''

इस बीच विदुर ने हस्तिनापुर वासियों में यह अच्छी तरह प्रचारित कर दिया कि धार्तराष्ट्रों ने उन्हें जलाकर मार डालने के लिए ही वहाँ भेजा है। धर्म का मुखौटा पहने विदुर अपने स्वार्थ सम्पादनार्थ हमेशा अधर्म के कुएँ में डूबे रहे। और उनके पिता द्वैपायन आमरण उन्हें प्रोत्साहन देते गए।

वारणावत जाना माने निर्वासित होना यह बात महाभारत ने किस अर्थ में प्रयुक्त किया है इसकी कोई व्याख्या नहीं मिलती। और वारणावत वस्तुतः अत्यन्त सुन्दर नगर है। भ्रमणार्थ अत्यन्त उत्कृष्ट स्थल। देश के लोगों में विदुर ने भले ही ''वारणावत भेजकर धार्तराष्ट्रगण पांडवों को जलाकर मार डालेंगे'' कहकर मगर के आँसू बहाए हों, भीतर-भीतर वे कितने उल्लसित हुए हैं इसकी सीमा नहीं। यही उन्होंने चाहा था। जो नाव उन्होंने प्रस्तुत कर रखी थी वह वैज्ञानिक ढंग से तैयार

की गई थी, यन्त्रयुक्त थी, वायुवेग सहनक्षम थी। समुद्र तरंग भी इस नाव को सहसा न डुबा सकती थी। कुन्ती के साथ पुत्रों को अज्ञातवास में भेजने के लिए सीधा रास्ता, टेढ़ा रास्ता सब उन्होंने ठीक कर रखा था। वर्तमान और भविष्यत् अपने मन के दर्पण में प्रतिबिम्बित देखकर, युधिष्ठिर के हाथ में वही मानचित्र उन्होंने जाते समय थमा दिया।

पाँच पर्वतवासी पुत्रों और कुन्ती को लेकर विदुर जो कर रहे हैं वह शायद दुर्योधन की तरह ही अन्य अनेक को भी अतिशय लगा था। व्यासदेव के इस इतिहास में उसका कोई उल्लेख नहीं। द्वैपायन ने स्वयं इन लोगों का कोई अन्याय देखकर भी न देखा, सुनकर भी न सुना, कौशल से टाल गए हैं। उनके टाल जाने पर भी अनेक लोगों के मन ने विदुर के प्रचार का प्रोत्साहन-समर्थन न किया, यह बात युद्ध के समय बहुत स्पष्ट रूप से समझ पड़ी।

भीष्म तब अनादृत थे। भली-बुरी किसी भी दिशा में वे अब मनोयोग या निविष्टता नहीं खर्च कर रहे थे। धृतराष्ट्र पूर्णतः विदुर से मोहाच्छन्न थे। दुर्योधन अकेले क्या कर पाते ? फिर भी इतने दिनों बाद दुर्योधन पिता के कान में और एक बात डालने में सफल हुए कि विदुर उनका नमक खाकर भी प्रतिकूल आचरण कर रहे हैं। स्पष्ट ही दिखाई पड़ता है कि वे पाँच भाई धार्तराष्ट्रों के प्रति निष्ठुरता के लिए निन्दित नहीं, कुरुकुल के भाई बनकर कुरुकुल के शत्रु हो जाएँ यह निन्द्या नहीं, जितने दिन दुर्योधन का जन्म न हुआ था उतने दिनों तक पांडु ने क्यों क्षेत्रज पुत्र न लिए—इस पर कोई प्रश्न नहीं, इतने बड़े साम्राज्य के अधिपति किस प्रकार मरे इसकी कोई जाँच नहीं, राज्य में खबर भेजकर मृत पांडु को क्यों राजा की तरह समारोहपूर्वक न लाया गया—इस पर कोई शंका-चिन्ता नहीं, क्यों ये पुत्रगण पिता की मृत्यु पर उपस्थित न हुए और कुरुराज्य में आकर पिता का नाम उन्होंने एक बार भी न लिया या पितृशोक से कातर न हुए—इस पर कोई वक्तव्य नहीं, क्यों उनकी माँ कुन्ती ने अत्यन्त निभृत और निश्शब्द रहकर उस मृत्यु को छिपाया, माद्री ही किस प्रकार मरीं, एवं माद्री के पुत्र क्यों मातृशोक से रंच भी विचलित नहीं—इस विषय में कोई जिज्ञासा नहीं, क्यों शववाहकों ने कटोरी से एक बूँद जल भी न स्पर्श किया—इस पर भी कोई वितर्क नहीं। जो है सो मात्र दावा। पांडव नामधारी पाँच पार्वत्य तरुण जो करेंगे उसी का नाम वीरत्व। एकलव्य का वृद्धांगुष्ठ काटकर अर्जुन को सबसे बड़ा तीरन्दाज़ गण्य कराने का नाम भी वीरत्व, कर्ण से अर्जुन द्वन्द्वयुद्ध हार जाएँगे इस भय से जन्मवृत्तान्त की दुहाई देकर कर्ण को ठगने का नाम भी वीरत्व। और जो व्यक्ति लोभ में, काम वासना में, अपनी अक्षमतावश, साधारण लोगों से भी साधारण (निम्न स्तर का) है, वही महात्मा। पूरे महाभारत

में एकमेव, एक बार हो या दो बार, जो अपने स्वार्थ के लिए असत्य भाषण के दोष से कलंकित हैं, वे ही 'सत्यवादी' युधिष्ठिर हैं।

पांडवगण ने वारणावत जाकर देखा वस्तुतः वह जनसंकुल मनोरम नगर है। जब सबने वहाँ पुरप्रवेश किया, तब वहाँ के निवासियों ने उन्हें यथेष्ट समादर के साथ ग्रहण किया। पुरवासियों का आदर आप्यायन सम्मान इत्यादि सम्पन्न हो जाने पर वे जब अपने लिए रक्षित सुन्दर महल में गए, तो दिखाई पड़ा कि पुरोचन ने अति उत्कृष्ट भोजन, पेय, आसन और शैया प्रभृति सभी राजभोग्य सामग्री भी प्रस्तुत की है। यह सब धृतराष्ट्र के आदेश से ही हुआ है। सुव्यवस्था में कोई कमी नहीं। परम आनन्द, परम विलासिता पूर्वक, दस दिन वे उसी महल में रहे। दस दिन बाद वे अपने लिए निर्मित शिव नामक गृह में—जिसे जतुगृह कहा गया है, वहाँ—रहने आए।

पुत्रों के साथ कुन्ती, और उनका ध्यान रखने के लिए पुरोचन, एक साथ वारणावत में पहुँचे थे। पांडव गए थे वायुवेग वाले अच्छे घोड़ों के रथ से और पुरोचन गए थे द्रुतगामी खच्चरों के रथ से। धृतराष्ट्र को हटाकर, दुर्योधन का न्याय्य अधिकार अस्वीकार कर, युधिष्ठिर को कुरुराज्य के भूपति-आसन पर बैठाने के लिए विदुर का मन जितना एकाग्र था, उतना ही उनके पिता द्वैपायन का मन भी। उसी लबालब भरे मन का जितना उद्वृत्त तथ्य उन्होंने परिवेशित किया है वह सम्भवतः जनमत के दबाव से, अथवा उनका नीतिबोध अन्य प्रकार का था, अथवा वह परवर्ती समय के किसी विभिन्न रचयिता का अवदान है। इसीलिए हजारों वर्ष बीत जाने पर भी वह पारिवारिक एवं सामाजिक इतिहास हमारे मन को उद्भ्रान्त करता है, चिन्तित करता है, उत्तेजित करता है, क्रुद्ध करता है, एवं व्यक्तिगत बोध-बुद्धि एवं नीति के अनुसार सत्य के अनावरण के लिए प्रेरित करता है। विदुर के प्रति वात्सल्यवश ही द्वैपायन सहसा आ आकर पुत्र का अभिप्रेत सम्पन्न करते जाते हैं। उल्लिखित न होने पर भी यह अनुभव करने में बाधा नहीं होती कि विदुर भी प्रायः पिता के पास जाकर उनके सान्निध्यलाभ से समादृत होते हैं। विदुर-पुत्र युधिष्ठिर के प्रति द्वैपायन का स्नेह अन्य पितामहों के समान ही प्रबल है।

दस दिन बाद उनके लिए निर्मित गृह में जाते ही युधिष्ठिर भीम से बोले, "देखो यह गृह घी और लाक्षा तथा वसा (चर्बी) प्रभृति ज्वलनशील पदार्थों द्वारा तैयार किया गया है। वे हमें जलाकर मार डालना चाहते हैं।" भाइयों के ऐसा कुछ अनुभव न करने पर भी युधिष्ठिर प्रायः मुखस्थ की तरह बोलते गए उन सभी पदार्थों का नाम। जतु (लाक्षा) गृह नाम के घर को लेकर जो घटना घटी वह प्रायः संसार की सभी जासूसी कहानियों में एक श्रेष्ठ गल्प कही जा सकती है। दाह्य पदार्थों से किसने

उस घर का निर्माण किया इसका सही ज्ञान किसी को नहीं, यद्यपि सब लगा दिया गया उस अभागे दुर्योधन के नाम। हस्तिनापुर में रहते समय युधिष्ठिर के मुँह से निकली एक बात किसी को न सुनाई पड़ी। यौवराज्य पाने पर भी उनके मुँह से कोई वक्तव्य किसी ने न सुना। जो कहना है उसे कहा विदुर ने। किन्तु हस्तिनापुर से निकलते ही वे एक और व्यक्ति हो गए।

यहाँ कुछ प्रसंग कुछ गम्भीरता से देखे जाएँ। पहली बात, पांडवों के लिए केवल दस दिनों में उस तरह की एक चतुःशाल गृह निर्माण करना जैसे कठिन है, वैसे ही कठिन है गृह में सन और सर्जरस (धूना) प्रभृति वह्नियोग्य सामग्री लगाना, मिट्टी में प्रचुर परिमाण में घृत, तैल, चर्बी और लाक्षादि मिलाकर उससे उस घर के प्राचीर का लेपन करना। इसके अलावा, यह कार्य उनके सामने कोई नहीं करता जिन्हें जलाकर मारने के लिए यह है। और सामने न करने पर युधिष्ठिर ने जाना कैसे ? गन्ध से, इतना सब अनुमान करना सम्भव नहीं। जिस सामग्री से दीवाल प्रलेपित हुई है उसमें से प्रत्येक का नाम जानना भी सम्भव नहीं। उसके ऊपर, इतना कुछ जानकर उस घर में जाना सम्भव नहीं। हस्तिनापुर से निकलकर यद्यपि उनके कंठस्वर में यथेष्ट बल बढ़ा है, तथापि बुद्धि उतनी नहीं खुली है। यहाँ आने के समय सारी बात पिता की म्लेच्छ भाषा की सहायता से सुनकर ही जाना है। और, यह एक दिन की श्राव्य बात नहीं, बहुत दिनों की शिक्षा है। उसी शिक्षा को घर से जाने के पूर्व उन्हें पुनः याद करा दी गई थी।

भीम इधर-उधर देखकर सूँघने का प्रयत्न करने लगे, लेकिन कुछ समझ न पाए। बाद में बोले, "यदि समझें कि यहाँ आग का डर है, तो चलिए हम पहले निवास स्थान को लौट जाएँ।" युधिष्ठिर राज़ी न हुए। क्यों राज़ी न हुए ? वे यदि न आते तो क्या पुरोचन उन लोगों को ज़बरन ले जा सकता ? इतना डर क्यों ? वे राजा हैं, उनका अनिरापद रहना समीचीन नहीं। सब देशवासियों ने उन्हें राजसम्मान पूर्वक ग्रहण किया है, श्रद्धा किया है, चाहने पर वे सब ससम्मान उनकी निरापत्ता की व्यवस्था कर अपने को कृतार्थ मानते। इसके अलावा, धृतराष्ट्र ने तो उन्हें वहाँ आजीवन रहने को कहा नहीं, ज़बर्दस्ती उन्हें भेजा नहीं। वे जाना चाहते हैं, यह जानकर उन्हें कुछ दिन आमोद-आह्लाद कर लौट आने को कहा। क्यों वे न लौटे ? युधिष्ठिर ने एक अविश्वास्य तर्क प्रस्तुत किया, "सुनो, हम यह बात जान गए हैं। पुरोचन इसे जानकर हमें बल प्रयोग कर जला देगा।"

यदि पुरोचन बलप्रयोग कर उन्हें जलाने में सक्षम है, तब कष्ट करके इतना बड़ा घर तैयार करने का क्या मतलब था ? वे यहाँ रहने तो आए नहीं, आए हैं घूमने। दाह्य पदार्थों से घर न बनकर भी क्या कोई घर जलता नहीं ? अग्नि सर्वभुक

है। सुषुप्तावस्था में, राजा-महाराजा हों या भिखारी फकीर हों, आग के लिए सभी समान भक्ष्य। प्रयत्न और इच्छा से यह तो हस्तिनापुर में भी हो सकता था। फिर भी यदि मान लें कि स्वशासित नगर में ऐसा अपकार्य करने से दुर्योधन, धृतराष्ट्र को आपत्ति थी, बदनामी का भय था, तथापि यह प्रश्न रह जाता है कि जो मात्र कुछ दिनों के लिए घूमने आए हैं, वे अपना राजत्व छोड़कर पूरे एक साल वहाँ क्यों रहे ? और उस घर में पाँव रखते ही क्यों विदुर ने तत्क्षण एक खनक भेज दिया ? और वह खनक मामूली नहीं। वरन्, अत्यन्त कृतविद्य, प्रयुक्तिविद। इतनी दूर बैठकर विदुर उसकी इतनी सूक्ष्म और विस्तृत जानकारी कैसे रखते थे यदि गुप्तचरों-अनुचरों का यातायात निरन्तर जारी न था ?

युधिष्ठिर ने भीम से यह भी कहा, "देखो, शत्रु-निर्मित यह लाक्षागृह दग्ध होने पर भीष्म और अन्य कुरुवंशी महात्मा लोग अत्यन्त क्रुद्ध होंगे। कहेंगे, किसने यह अधार्मिक कार्य किया ?" ये कई वाक्य युधिष्ठिर ने ऐसी निश्चित भंगिमा से कहा जिससे यह पूर्ण स्पष्टता से समझा जा सकता है कि जलकर जो मरेंगे वे अन्य जो भी हों, कुन्ती के पाँच पुत्र न होंगे। जो आग लगाकर इस घर को जलाएँगे, वे भी धार्तराष्ट्रों के कोई नहीं। यदि उन्हें (पांडवों को) यह भय होता, तो जान-बूझकर क्या वे इस घर में जल मरने के लिए आते ? और यदि जलकर ही मरेंगे तो यह कैसे कहेंगे, "जतुगृह के जलने पर पितामह भीष्म और अन्य कुरुवंशी महात्मा अत्यन्त क्रुद्ध होंगे।" वे यदि जल ही गए तो किसने क्या कहा या नहीं कहा उससे क्या आता-जाता है ? इसके अलावा, उन्हें जलाने के लिए ही यदि दाह्य पदार्थों से घर बना है, तो पुरोचन के लिए ऐसे दाह्य पदार्थ से कोई ऐसा-वैसा घर बनवाने का कोई प्रश्न न था। जो उन्हें जलाएँगे, साथ-साथ क्या वे स्वयं अपने को भी जला डालेंगे ? सहमरण ?

पितामह कृष्ण द्वैपायन के रचना-चातुर्य, पिता विदुर के कपट, और माता कुन्ती की हृदयहीनता, इन तीन का पाथेय लेकर ही युधिष्ठिर चल रहे थे, कुरु राज्य हस्तगत करने के लिए। और इन सबके दुष्कर्म का बोझ ढो रहे थे अभागे दुर्योधन। जल मरने के लिए ही क्या सम्पूर्ण एक वर्ष पाँच भाइयों तथा उनकी माता को वहाँ प्रतीक्षा करनी पड़ी ? क्या यह सम्भव है ? जैसे भी हो, निश्चय ही वे घर से निकल पड़ते। एक पातालपथ (सुरंग) का निर्माण सामान्य घटना नहीं, दो-एक दिन का काम भी नहीं, दो-एक लोगों का काम भी नहीं। प्रयुक्ति विद्या के उत्कृष्ट निदर्शन इस सुरंग मार्ग के निर्माण में लगा पूरा एक साल। एक वर्ष पुरोचन निश्चेष्ट होकर क्यों बैठे रहे ? दाह्य पदार्थ से निर्मित उनके घर के ऊपर इतने दिनों क्या काम चल रहा है, यह जानने का भी कौतूहल उन्हें न हुआ ? इसके अलावा, जिस व्यक्ति

ने इतने विशिष्ट लोगों को जलाकर मार डालने जैसी नृशंस, गूढ़, अभिसन्धि लेकर एक विशेष महल निर्मित किया, वे तो अवश्य सदा सतर्क रहेंगे, अशान्त रहेंगे, और प्रतिक्षण उद्देश्य-सिद्धि का सुयोग खोजते फिरेंगें और, दस दिन में निर्मित घर पर कई ऋतुओं को गुज़र क्यों जाने देंगे ? दाह्य पदार्थ तो अनन्तकाल तक प्रलेपित रह न पाएगा। कभी वह ग्रीष्म के प्रचंड दावदाह से दग्ध होगा, कभी अविरल वर्षा के जल से धुलेगा। पांडव शायद भगने का रास्ता तैयार न होने तक छिपकर निकल न पा रहे थे। किन्तु पुरोचन की तो वह चिन्ता नहीं, वह व्यर्थ समय क्यों नष्ट करेगा ? रात क्या कभी गहरी न हुई थी ? पांडवगण क्या कभी थके शरीर से निद्राच्छन्न नहीं हुए ? वस्तुतः यह घर पुरोचन द्वारा कभी निर्मित था ही नहीं। अन्ततः, दाह्य पदार्थ का प्रयोग उन्होंने कभी न किया था।

जिस दिन सुरंग सम्पूर्ण हुई, और युधिष्ठिर ने समझा कि उचित समय आ गया है, उस दिन चारों ओर शान्ति होने पर उन्होंने कहा, "अब आग लगाओ। पहले पुरोचन का घर भस्म करो, तदुपरान्त अन्य छः लोगों को यहाँ रखकर, जलाकर, अलक्षित रहकर हम भागेंगे।"

वहाँ कौन छः व्यक्ति रहेंगे ? दया के अवतार महात्मा युधिष्ठिर और युधिष्ठिर की दयार्द्रचित्त माता कुन्ती ने वह व्यवस्था भी ठीक कर रखी है। कुन्ती ने चालाकी करके उस दिन सन्ध्या कई ब्राह्मण-ब्राह्मणियों को निमन्त्रित कर भोजन कराया। उनके चले जाने पर एक क्षुधार्त निषाद माता को उसके पाँच बेटों के साथ इतने अधिक परिमाण में खिलाया-पिलाया कि वे बेहोश और मृतक के समान वहीं पड़े रह गए। बड़े भाई के आदेश पर भीम ने (यहीं प्रमाणित हुआ कि पुरोचन का घर अलग था और दाह्य पदार्थ से लिपा था) पहले पुरोचन के घर आग लगाई, बाद में लाक्षागृह के चारों ओर आग लगाकर जब देखा कि आग सर्वत्र जल रही है, तब माता-भ्रातादि के साथ उस सुरंग से निकल गए।

सोचकर देखिए, कितना लोभी होने पर, पापी होने पर, कोई मनुष्य इस प्रकार एक निर्दोष दुखी महिला को उसके पाँच-पाँच पुत्रों के साथ जलाकर मार सकता है। अन्य का राज्य हड़प लेने के लोभ से यदि युधिष्ठिर इस भयंकर कार्य में लगे, तो पिता धृतराष्ट्र को उच्छिन्न कर, उन्हें वंचित कर, जो लोग वह राजगद्दी हथियाना चाहते हैं, उनका प्रतिबन्धक होकर दुर्योधन ने क्या अपराध किया ? वे अवश्य अपने पिता की रक्षा करेंगे, अपना हित देखेंगे। यही तो उनका धर्म है, उनका कर्त्तव्य है। यद्यपि दुर्योधन ने अपने सारे जीवन में कभी उतना नीचे उतरने की बात न सोची, जितना नीचे पांडव नामधारी युवकों को विदुर और द्वैपायन उतार सके हैं। इस नारकीय हत्याकांड को सम्पन्न करते कुन्ती की आँखों की पलकें हिलीं नहीं।

उनके पाँच पुत्रों को भी अणुमात्र विवेक-दंशन न लगा।

और इस ओर हुताशन का अग्निताप जब प्रबल आकार का हुआ, तब विदुर की कृपा से सारे पुरवासी दुखी होकर कहने लगे, "देखो, दुरात्मा पुरोचन ने पांडवद्वेषी, कुरुकलंक, पापी दुर्योधन की आज्ञा पर निरपराध, विश्वस्त पांडवों को उनकी माता के साथ जला देने के लिए जो घर बनाया था, उसमें अब आग लगाकर उसने अपनी मनोकामना सिद्ध कर ली। धर्म की क्या अनिर्वचनीय महिमा है ! दुरात्मा स्वयं भी इस प्रदीप्त हुताशन में जल गया। दुरात्मा धृतराष्ट्र को धिक्कार, कैसा दुर्बुद्धि है ! इस दुरात्मा ने भतीजों को शत्रु की तरह अनायास जला डाला।" जो बात युधिष्ठिर ने अपने भाइयों से पहले कही थी ठीक वही हुई। किन्तु इन लोगों ने यह कैसे जाना कि धृतराष्ट्र ने इन्हें जला मारने के लिए ही यहाँ भेज दिया था ? यह तो इन देशवासियों के जानने, समझने का प्रश्न ही नहीं। विदुर की प्रचार-महिमा यहाँ भी कार्यकरी हुई।

माता के साथ पांडव सुरंग से द्रुतवेग से चलने लगे। महाभारत के वर्णनानुसार "भीम के सिवा सभी थकने लगे। तब भीम ने माँ को कन्धे पर, नकुल-सहदेव को गोद में लिया, और युधिष्ठिर और अर्जुन के दोनों हाथ पकड़कर वायुवेग से चलने लगे। भीम के वक्ष के आघात से वनराजि और पेड़ टूट गए, उनके पदाघात से धरणी विदीर्ण होने लगी।" सिर्फ इतना ही नहीं, 'जाते समय उनकी जाँघ के वेग से वन के सारे पेड़' शाखा-प्रशाखा के साथ थर-थर काँपने लगे। उनके 'जंधापवन से पास के वृक्ष-लता धराशायी' हो गए। इस स्थिति में विचार कीजिए कि जब खेल के बहाने दुर्योधन पर भीम आक्रमण करते थे तब वह कितना भयंकर होता था। दिन पर दिन उन लोगों ने कितना कष्ट सहा ! लेकिन उस पर कोई वर्णन नहीं, व्यथा नहीं, शासन नहीं, निन्दा नहीं। लेकिन जब लाचार होकर दुर्योधनादि उन्हें नींद की दवा खिलाकर लता से बाँधकर पानी में फेंक आए, तब विदुर के अपप्रचार से, दुर्योधन के प्रति अकथ्य निन्दा पुरवासियों में मुखर हो उठी। असली कारण किसी ने न देखा। सोचने लगे सचमुच राजत्व का भाग न देने के लिए दुर्योधन ने विष खिला दिया। भीम को मारकर उस उद्‌देश्य की सिद्धि होनी असम्भव है, दुर्योधन यह अच्छी तरह जानते थे।

पातालपथ समाप्त होने पर युधिष्ठिर माँ-भाइयों को लेकर एक-दूसरी जगह आकर आकाश के नीचे खड़े हुए। निकट ही नदी थी। पथप्रदर्शक वहीं प्रतीक्षा कर रहा था। सबको लेकर नदी तट पर आए। वहाँ उनकी प्रतीक्षा में थी नाव। चढ़ने पर चालक बोला, "महात्मा विदुर ने आप लोगों को आलिंगनपूर्वक बता दिया है

कि निश्चय ही आप कर्ण, दुर्योधन और शकुनि को संग्राम में पराजित करेंगे। इस तरंगसहा सुगामिनी नाव से आप लोग निस्सन्देह सभी देशों को जीत लेंगे।'' यहाँ संग्राम की बात कैसे उठी, यदि गुप्त रूप से अन्य किसी राजा के साथ षड्यन्त्र न किया हो ? उसके अलावा, वे लोग जलकर मरे नहीं, यह बात विदुर ने कैसे जानी यदि सारी घटना पूर्वपरिकल्पित न थी ?

वे नाव पर चढ़े, गंगा पार होकर दूसरे तट पर उतरे। उतरने पर इधर-उधर न देखा, निर्दिष्ट भाव से दक्षिण दिशा में जाने लगे। किस प्रकार किस पथ पर जाने से क्या होगा, यह कुन्ती और युधिष्ठिर का जाना था। वनपथ पर कुछ दूर जाते ही अपेक्षमान व्यासदेव से भेंट हुई। वे बोले, ''मुझे सब पता है, अन्त में तुम लोग सुखी होगे। धार्तराष्ट्र और तुम लोग मेरे लिए दोनों समान हो, लेकिन मैं धृतराष्ट्र के पुत्रों की अपेक्षा तुम लोगों को अधिक प्यार करता हूँ।'' जिन व्यास को हम निष्काम, निर्मोह, ब्रह्मचारी ऋषि समझते हैं उन्होंने अपने मुँह से ही यह बात कही है। फिर बोले, ''मैं स्नेहवश तुम्हारे हित साधन के लिए उद्यत हूँ।'' यह कहकर उन्हें लेकर एकचक्रा नगरी में आए, और युधिष्ठिर से बोले, ''माँ-भाइयों के साथ यहाँ एक मास सुखपूर्वक रहो। एक माह बीतने पर मैं फिर आऊँगा।''

यही था युद्धपूर्व धृतराष्ट्र को सिंहासनच्युत करने और उस पर युधिष्ठिर को बैठाने का प्रधान पदक्षेप। अब जिसका जो मन हो सोचे, किन्तु जतुगृह नामक जासूसी गल्प का असली षड्यन्त्री कौन है ? पूर्वापर परिकल्पना किसकी ? इतने दाह्य पदार्थ से घर बनाकर, पांडवों को न जला-मारकर, क्यों पूरे एक साल पुरोचन निश्चिन्त नींद सोता रहा ? और जो महात्मा हैं, जो दया के अवतार हैं, वे राज्य लोभ से कितनी सुन्दर आग लगाकर माता समेत पाँच पुत्रों को जलाकर, सेवक पुरोचन को जलाकर, दिव्यतापूर्वक जाकर पितामह द्वैपायन से मिले। और दुर्योधन, बिना कुछ जाने उन पाँच भाइयों तथा उनकी माँ के सभी पापों का बोझ ढोते हुए पापात्मा हो गए। उनके पिता तक को यही पुत्रकीर्ति पता लगी। पितामह भीष्म दुःखित हुए। लज्जा से किसी को मुँह न दिखा सके। नगरवासी छिः-छिः करने लगे। धृतराष्ट्र को ही दोषी ठहराया गया क्योंकि वे अत्यन्त पुत्रवत्सल थे, अन्यथा उस दुरात्मा पुत्र का कांड सुनकर ऐसे भयंकर कलंकित और निष्ठुर कार्य में उन्होंने सम्मति कैसे दी ?

और इस अफवाह के जो नायक हैं, जिन्होंने कौरवों के इस अधार्मिक अधम असाधु कर्म के प्रति प्रत्येक जन की दृष्टि आकर्षित करने में सफलता पाई है, उनके विरुद्ध दुर्योधन सब जान-बूझकर भी कोई प्रतिवाद न कर सके। विदुर की कूटनीतिक चाल और अनृत भाषण की क्षमता के सामने उन्हें पराजित होना ही पड़ा क्योंकि

इस विद्या में दुर्योधन पारदर्शी नहीं। विदुर की तुलना में वे एकदम शिशु हैं।

एक माह बीतने पर द्वैपायन पुनर्वार एकचक्रा नगरी में आए। उन्होंने इस बार पांडवों को पांचाल नगरी जाने को कहा। उसके बाद वहाँ से ब्राह्मणों के छद्मवेश में द्रौपदी के स्वयंवर में जाने का निर्देश दिया। विदुर द्वैपायन को यह समझा चुके थे कि धृतराष्ट्र जब तक जीवित हैं तबतक पूर्णरूप से समस्त राज्य को करायत्त करने की सम्भावना दूर है। इसलिए जो राजा सबसे अधिक क्षमताशाली और परिचित हों, अर्जुन की वीरता से अवगत हों, ठीक उन्हीं को सोच-समझकर चुना है। ये यदि पांडवों के सहायक हों, तो कुरुवंश को विध्वंस करना बहुत कुछ सरल हो जाएगा। विदुर और द्वैपायन इस कार्य में प्रवृत्त होकर एक-एक पाँव युद्ध की ओर अग्रसर होने लगे।

साधारण रूप से यही सच है कि जब विदुर दोनों ही पक्षों के कोई नहीं, उनके लिए जैसे कौरव वैसे पांडव, अतः वे तृतीय पक्ष। तृतीय पक्ष का निरपेक्ष होना ही स्वाभाविक है, पक्षपात-भ्रष्ट नहीं। इसलिए पांडव राजा हों या कौरव, इससे उनका कुछ नहीं आता-जाता। वरन् धृतराष्ट्र के राजपरिवार में उनका सम्मान अनाहत है। स्वयं राजा उनका हाथ पकड़कर चलते हैं। उनके न देखने पर राजा अँधेरी आँखों से और अँधेरा देखते हैं। और पांडवों के लिए विदुर को क्यों इतनी चिन्ता है, दुर्योधन यही नहीं समझ पाते। कर्ण भी अपने मित्र की तरह, वैसे ही, इस प्रश्न पर अवाक् हैं। पांडवों के प्रति विदुर की इतनी जो आसक्ति और उदग्र पक्षपातित्व है वह इतना प्रत्यक्ष है कि सबकी नज़र में पड़ रहा है। धृतराष्ट्र अन्धे भले हों, निर्बोध तो नहीं। सारे समय विदुर उन्हें पांडवों की स्तुति गाकर सुना रहे हैं और दुर्योधन का मस्तिष्क चबा रहे हैं। इस प्रसंग को लेकर क्या कभी उनके मन में कोई विकार नहीं उत्पन्न होता ? उन्हें लगता नहीं कि पांडवों को लेकर विदुर इतनी अतिरंजना क्यों करते हैं ? कितना जानते हैं उन्हें? अभी ही तो पहलेपहल देखा है। विदुर के प्रति धृतराष्ट्र की यह अद्भुत निर्भरता, शुरू से अन्त तक जिसका कोई औचित्य नहीं। भीष्म इस समय सर्वत्र अनुपस्थित हैं। धृतराष्ट्र उनसे कोई परामर्श करते ही नहीं। वे भी अयाचित परामर्श नहीं देते। इस राजन्य वर्ग में, शुद्ध आर्य केवल पितामह भीष्म और कर्ण हैं। सम्भवतः इसीलिए वे वर्जित हैं, द्वैपायन द्वारा उपेक्षित हैं।

9

हम जानते हैं कि द्रौपदी की स्वयंवर सभा में दुर्योधन और कर्ण दोनों ही उपस्थित थे। द्रुपद ने घोषणा की थी, जो व्यक्ति धनुष पर शरसन्धानपूर्वक, यन्त्र अतिक्रम

कर, लक्ष्य विद्ध कर सकेगा, द्रौपदी उसीके कंठ में माला पहनाएँगी। यह घोषणा उन्होंने एकाधिक बार की थी।

धृष्टद्युम्न ने भी बहन के सम्बन्ध में वही घोषणा कई बार की थी। अर्थात् उन्होंने क्षत्रिय न कहा, भूपति न कहा, किसी जातिगत प्रथा पर ज़ोर न दिया, ज़ोर दिया एकमात्र वीरत्व पर।

इस घोषणा का निहित निगूढ़ अर्थ क्या है उस क्षण न समझने पर भी बाद में स्वच्छ दर्पण की तरह चमक उठा था। सब व्यास की मन्त्रणा। युधिष्ठिरादि वहाँ ब्राह्मण वेश में रहेंगे, इसलिए यह घोषणा। वे पहले ही कह चुके हैं, द्रौपदी को तुम्हीं लोग पाओगे। अर्थात्, जिससे वे ही पा सकें वही बन्दोबस्त किया है, तभी यह वाक्य वे इतनी सहजता से उनसे कह पाए। यह सारा खेल सजाया नाटक है।

इस स्वयंवर सभा में यादववंशी भी आए थे। कृष्ण भी आए थे। अन्यान्य विख्यात एवं विशिष्ट राजा तो थे ही। द्रौपदी के सौन्दर्य की ख्याति थी। यद्यपि वे कांचनवर्ण नहीं, वरन् श्यामांगिनी थीं।

धृष्टद्युम्न निर्दिष्ट समय पर बहन को लिए धीरे-धीरे रंगमंच पर उपस्थित हुए। एवं बहन को विभिन्न देशों के राजाओं के विषय में सूचना दे दी। बोले, जो यह लक्ष्य वेध कर सकेगा, तुम उसी के गले में वरमाला डालोगी।

किन्तु उस भीषण धनुष में डोरी बाँधना तो दूर, धनुष के स्पर्श से ही राजा लोग आहत, अस्थिर और विक्षिप्त होने लगे। इस प्रकार जब सारे प्रवर धनुर्धर हतोद्यम हो गए, तभी शीघ्र कर्ण ने धनुष उठाकर, उसमें डोरी बाँधकर, शरसन्धान किया। द्रौपदी को देखकर पांडव भी कन्दर्पबाण से अभिभूत हुए थे। कर्ण को ज्या (डोरी) बाँधकर शरसन्धान करते देख युधिष्ठिर ने सोचा, निःसंशय कर्ण ही यह कन्यारत्न पाएँगे। किन्तु द्रौपदी कर्ण के इस विक्रम को देखकर बहुत ज़ोर से बोल पड़ीं, "मैं सूतपुत्र को न वरण करूँगी।" कर्ण का असम्मान सोचकर देखिए। इस स्वयंवर सभा में तो कोई जातिगत शर्त न थी। तथापि द्रौपदी इस प्रकार जाति का प्रश्न उठाकर अभद्र बात क्यों बोली ? सुनते ही कर्ण ने सक्रोध हँसकर धनुष त्याग दिया। उनका मुखमंडल वर्षा के कोमल कमल की तरह वेदना से सजल हो उठा।

हिसाब में व्यासदेव से थोड़ी भूल हो गई थी। कर्ण की बात उनके मन में न थी। अर्जुन को अप्रतिद्वन्द्वी समझा था। कन्या ने स्वयं उनकी रक्षा की। एक ऐसे विशिष्ट समारोह में द्रौपदी ने पिता-भ्राता की घोषणा की उपेक्षा कर जो जाति का प्रश्न उठाया उससे पिता-भ्राता रंच भी विचलित न हुए। जैसे वे जानते थे कि द्रौपदी किसके कंठ में माला डालेंगी, द्रौपदी स्वयं भी जानती थीं। छद्मवेश में आने

पर भी, जैसे द्रुपद भी जानते थे कि कौन युवा उनका दामाद होगा, वैसे ही द्रौपदी भी। अर्जुन को पहचानने में द्रौपदी को असुविधा न हुई। शायद कोई संकेत भी था। फिर भी उन्होंने कर्ण को 'सूतपुत्र' कैसे जाना, यह प्रश्न रह ही जाता है। कर्ण वहाँ अंगदेश के राजा की हैसियत से आए थे, और उनके चेहरे पर सूतपुत्रजनित कोई लक्षण स्पष्ट न था।

सम्प्रति यह अनुधावन योग्य है कि इनका कार्यकलाप धारावाहिक रूप से कैसे अग्रसर हो रहा था। प्रथम, विदुर एक सद्योजात शिशु को, जो राजमहल का प्रथम स्वस्थ वंशधर है उसके पिता राजा धृतराष्ट्र द्वारा मरवा डालने की आप्राण प्रचेष्टा कर रहे हैं। उसके बाद ही पांडु और उनकी छोटी रानी की निश्शब्द, निर्जन, साक्ष्यहीन मृत्यु। तृतीयतः, धृतराष्ट्र के पुत्र के जन्मते ही, योजनापूर्वक पांडु का क्षेत्रज ग्रहण और ज्येष्ठ युधिष्ठिर को दुर्योधन से एक वर्ष बड़ा बताने का दावा। चतुर्थ, जतुगृह-दाह। जतुगृह में आग लगाने के पूर्व विदुर के भेजे एक कृतविद्य प्रयुक्तिज्ञ द्वारा सुरंग का निर्माण। सुरंग (पातालपथ) से निकलकर आकाश तले आकर जहाँ खड़े हुए, वहीं एक पथप्रदर्शक का खड़े रहना। इस समस्त नाटकीय घटनावली को साम्राज्य हड़पने की भूमिका के अतिरिक्त क्या समझा जाए ? धृतराष्ट्र बचे हैं, जो इनके चाचा हैं। अन्ततः उनकी मृत्युपर्यन्त प्रतीक्षा करना इन्हें, अर्थात् विदुर को, स्वीकार नहीं। इन लोगों के षड्यन्त्र की अपेक्षा, जो केवल हत्या के रंग से ही रंजित नहीं, और भी दूर अग्रसर है, दुर्योधन की बदमाशी बिलकुल शिशुसुलभ, छोटी-मोटी है। पाठकों के समक्ष जिस विदुर को महाभारत ने 'धर्म' घोषित कर धार्य कर दिया है, वही धर्म नामक व्यक्ति अधार्मिक आचरण में अद्वितीय है।

द्रौपदी की स्वयंवर सभा में वृष्णिवंशी यदु मान्यगण भी उपस्थित थे। इसी समय से कौरवों के विपक्ष दल में और जो एक व्यक्ति जुड़े उनका नाम है कृष्ण। कृष्ण के पिता वसुदेव कुन्ती के भाई थे, अतः कुन्ती कृष्ण की बुआ थी, निकट सम्बन्धी, लेकिन कृष्ण भी न जानते थे कि ये पुत्र पांडु के क्षेत्रज हैं। उस सभा में प्रथम दर्शन हुआ। बहिरागत पाँच-पाँच बड़े-बड़े बेटों को देखकर वे विस्मित हुए, और अन्त में उनका बल विक्रम देखकर उल्लसित भी हुए। जब से ये पांडु के क्षेत्रज रूप में हस्तिनापुर आए हैं, तब से इनके सम्बन्ध में उन्होंने अनेक अफ़वाहें सुनी हैं। कौतूहल था। अब वीरत्व देखकर मुग्ध हुए और मित्रता होने में देर न लगी।

महाभारत नामक ग्रन्थ की सबसे अधिक उल्लेख्य घटनावली थोड़ा मनोयोग से पढ़ने पर सहज ही समझ पड़ेगा कि सभी लोग किसी-न-किसी उद्देश्य साधन का कार्य किए जा रहे हैं। इसका प्रारम्भ सत्यवती से। अब कृष्ण तक आकर यह

समाप्त हुआ। अर्थात् सात नदियाँ कृष्णरूपी समुद्र में आकर मिलीं। वे सभी नदियाँ अनार्य अवैध पुत्रों की समष्टि हैं। पहले सत्यवती के पुत्र व्यास, फिर उनके अवैध पुत्र विदुर, विदुर के अवैध पुत्र युधिष्ठिर, और चार भाई भीम, अर्जुन, नकुल, सहदेव, जिनके पिता का पता नहीं।

द्रुपद राजा ने भी जो आर्य होकर अनार्यरीति पर चलकर कन्या को पाँच पुरुषों के हाथ सौंपा, वह भी अपने को अधिक शक्तिशाली करके कोई आक्रमण प्रतिहत करने के उद्देश्य से। पांडु का क्षेत्रज होकर जो पाँच पांडव आ पहुँचे, वह भी राज्यप्राप्ति की आशा से। और कृष्ण आए जरासंध के भय से भाग-छिपकर द्वारकापुरी के बन्दी जीवन से मुक्त होने के लिए, इनकी सहायता से। कृष्ण दो व्यक्तियों से डरते थे—जरासंध और शिशुपाल। ये दो शक्तिशाली राजा उनकी बुज़ुर्गी में विश्वास न करते थे।

स्वार्थ-प्रणोदित, निजी उद्देश्य साधन के लिए सत्यवती शान्तनु नन्दन देवव्रत को सीधे अपनी शर्त के पालन पर सहमत किए आ रही हैं। किन्तु बाकी अन्यान्यों की भूमिका में पाँच बहिरागत पुत्र, उनकी माँ कुन्ती, एवं युधिष्ठिर के पिता विदुर राजत्व पाने की आशा से संसार में ऐसा कोई गहन अपराध नहीं जिसे करने में रंच भी कुंठित हुए हों। उसके बाद जो अन्याय और नृशंसलीला शुरू हुई वह युद्ध के अन्तिम दिन तक अदमित रही।

प्रथम लीला : द्रौपदी के प्रकृत पति अर्जुन के होने पर भी उसे विवाह करना पड़ा पाँच से। स्वयंवर सभा में माल्यदान माने ही विवाह। पाणिप्रार्थी लोगों में से पात्री जिसे माल्यदान करेगी वही उसका पति होगा। माल्यदान करके ही शकुन्तला ने दुष्यन्त से विवाह किया था। माल्यदान करके ही कुन्ती पांडु की पत्नी हुई थीं। बेचारी द्रौपदी ! जिन्हें माला पहनाई, उनके ज्येष्ठ भ्राता भी बड़े हक़दार होकर उनकी शैया में आ पहुँचेंगे, क्या उन्होंने यह कभी सपने में भी सोचा था ! आर्यकुल के विवाह में यह रीति कभी सम्भव नहीं।

द्रौपदी को जीतकर, जहाँ पांडवों ने आश्रय लिया था वहाँ आकर आनन्दित स्वर में बोले, "माँ, आज एक रमणीय पदार्थ भिक्षा में मिला है।"

कुन्ती घर के भीतर थीं, बोलीं, "सभी मिलकर भोगो।" उसके बाद ही द्रौपदी को देखकर बोलीं, "यह मैंने क्या किया !" धर्मभय से जैसे बड़ी चिन्ताकुल हों, ऐसा भाव करके द्रौपदी का हाथ पकड़कर युधिष्ठिर के निकट जाकर बोलीं, "पुत्र, तुम्हारे अनुजों ने द्रुपदनन्दिनी को लाकर भिक्षा कहकर मेरे पास प्रस्तुत किया, मैंने अनवधानतावश कह दिया, 'तुम सब मिलकर भोगो।' अब तुम देखो, मेरा वचन

मिथ्या न हो।''

इस पूरी कथा का सर्वांश कृत्रिम है, सब नकली। इसके अलावा, मुख से निकला सब कुछ सरस्वती नहीं। जिसे प्रकृत अनृत भाषण कहेंगे, कुन्ती की यह अन्यमनस्क 'अनुमति' उसमें शामिल नहीं। इसके अतिरिक्त, कुन्ती कोई महर्षि महायोगी भी नहीं जो अपनी बात वापस न ले सके।

पुत्रों ने कहा था, ''एक रमणीय पदार्थ लाए हैं।'' मनुष्य कोई पदार्थ नहीं। जो अमानुष हैं उन्हें अपदार्थ कहने पर भी किसी अर्थ में पदार्थ नहीं माना जाता। पदार्थ का अर्थ है द्रव्य, वस्तु, सामान। द्रौपदी मनुष्य हैं, अवश्य ही द्रव्य या सामान नहीं। इस प्रसंग में जब कुन्ती बोलीं, ''पदार्थ को भोग करो'', एवं बाद में एक मानुषी को देखा, तब वहाँ तो उनके इस वाक्य को किसी अर्थ में मिथ्या भाषण नहीं कहा जा सकता। कहा जा सकता है, ''मैंने सोचा था तुमने कोई अच्छी चीज़ पाई है।'' परन्तु, वे कैसे जान गईं कि यह कन्या द्रुपदसुता है ? युधिष्ठिर से कहा, ''पुत्र, ये राजा द्रुपद की पुत्री हैं। परन्तु मैंने कहा तुम सब मिलकर भोगो। अतएव, हे कुरुश्रेष्ठ ! जिससे मेरा वचन झूठ न हो और द्रुपद-पुत्री को अधर्म स्पर्श न करे ऐसी युक्ति निकालो।''

कुन्ती बख़ूबी जानती थीं कि उनके बेटे व्यास के निर्देश पर द्रौपदी की स्वयंवर सभा में गए थे। यदि कुछ लाए तो द्रौपदी को जय करके ही लौटेंगे, यह भी उन्हें ज्ञात था। सत्य रक्षा की दुहाई देकर कुन्ती जो करना चाहती हैं उसका अर्थ दूसरे क्षण ही बोधगम्य हुआ। जिस वीरत्व की शर्त पर महाराज द्रुपद कन्या का हाथ देंगे, वह वीरत्व अन्ततः युधिष्ठिर का नहीं, यह वे जानती हैं। द्रुपद जामाता रूपेण अर्जुन को पाने को उत्सुक हैं, यह भी वे जानती हैं। पुत्रों में वह वीरत्व किसका है यह भी वे जानती हैं। किन्तु अर्जुन को दामाद बनाने से तो बात न बनेगी। युधिष्ठिर को ही दामाद बनाना होगा। युधिष्ठिर के लिए ही तो इतने कांड। किसी शक्तिमान राजा की मदद पाने के लिए ही तो अज्ञातवास का आयोजन हुआ। अतएव दामाद बनना है तो युधिष्ठिर को ही बनना होगा। युधिष्ठिर सिंहासन पर बैठेंगे, विदुर, कुन्ती, द्वैपायन का यही एकमात्र उद्देश्य है। असल में इतनी देर निश्चित ही वे उत्कंठापूर्वक इस खबर की प्रतीक्षा में थीं। उसके बाद, जैसे अनजाने ही लड़कों को उपभोग करने को कह दिया हो, इस अभावनीय चिन्ता के अथाह पानी में गिर गईं। विचलित न होकर अपने वचन की सत्यता के लिए लड़ाई कैसे करेंगी ?

किन्तु एक कन्या को पाँच पुरुष कैसे भोगेंगे, इस पर संकट खड़ा हुआ। द्रौपदी के पिता हतवाक ! उन्होंने कहा था, ''आज शुभ दिन है, अतएव आभ्युदयिक क्रिया के अन्त में अर्जुन द्रौपदी का पाणिग्रहण करें।''

उत्तर में युधिष्ठिर बोले, "राजन ! मेरा भी कर्त्तव्य हो गया है दारसम्बन्ध। पहले ही माँ ने अनुमति दी है कि द्रौपदी हम सबकी रानी होंगी। मैंने अब तक विवाह न किया, न भीम ने। अर्जुन ने आपका कन्यारत्न जीता अवश्य, किन्तु हम भाइयों में एक नियम है कि कोई उत्कृष्ट वस्तु पाने पर उसे हम सब मिलकर भोग करते हैं।"

द्रौपदी क्या सचमचु वस्तु हैं ? उनका मन प्राण कुछ नहीं ? क्या वे मानव-पुत्री नहीं ? इच्छा हो या न हो, श्रद्धा करें या न करें, प्रेम करें या न करें, क्या वे किसी भी पुरुष की शैयासंगिनी हो सकती हैं ? उनके मत-अमत का कोई मूल्य नहीं ? उन्होंने जिसे मनोनीत किया है, उसी के गले में माला डाली है। पूर्वकालीन नियम के अनुसार वही विवाह है। यज्ञसेन ने सविस्मय देखकर युधिष्ठिर का वाक्य सुना। युधिष्ठिर ने ज़िद कर अपना वक्तव्य समाप्त किया, "अतएव हम लोग कभी चिराचरित नियम भंग न कर सकेंगे। अग्नि-साक्षीपूर्वक ज्येष्ठादि क्रम से हमारे साथ पुत्री का परिणय सम्पादित कीजिए।"

यज्ञसेन असीम विस्मय के सीमान्त पर जाकर बोले, "एक पुरुष की अनेक पत्नी तो विहित हैं, किन्तु एक स्त्री के अनेक पति तो मैंने कभी न सुना था। आपका ऐसी बात बोलना अनुचित है।"

युधिष्ठिर ने प्रत्युत्तर में कहा, "पूर्वपुरुषों के आचरित पद्धतिक्रम से ही हम चलते आ रहे हैं।

युधिष्ठिर का यदि यह वचन सत्य हो तो वे पांडव के क्षेत्रज पुत्र हो ही नहीं सकते। राजा शान्तुन का कोई वंशधर इस आदिम नियम के अधीन नहीं। पांडु ने यद्यपि स्वयंवर सभा में जाकर कुन्ती से विवाह किया था, उस विवाह को भी भीष्म ने नियमानुग न मानकर पुनः उनका विवाह माद्री से किया था। उनका नियम था कन्या को अपने घर लाकर विवाह करना। इस बार अर्जुन ज़रूर कन्या को अपने घर लाए थे, और द्रौपदी ने उन्हीं के गले में माल्यदान किया था। अब केवल अनुष्ठान बाकी था। अर्जुन युधिष्ठिर से उम्र में छोटे, वे उनकी पत्नी से कैसे विवाह करेंगे ? उनके साथ तो सम्बन्ध स्थापित हो गया है। जब कुन्ती पांडु को माल्यदान कर कुरुगृह में आईं तब क्या कभी धृतराष्ट्र कुन्ती से विवाह की बात सोच सकते थे? द्रुपद-पुत्र धृष्टद्युम्न ने भी वही कहा, "ज्येष्ठ, सुशील और सदाचारी होकर, कनिष्ठ भ्राता की भार्या के साथ कैसे सहगमन करेंगे ? धर्म अत्यन्त सूक्ष्म वस्तु है। धर्म की गति हम लोग बिलकुल नहीं जानते। इसलिए धर्म-अधर्म का निर्णय करना हमारे लिए असाध्य है। अतएव कृष्णा का पाँच पतियों की रानी होना हम धर्मतः कभी समर्थित नहीं कर सकते।"

इसी समय, यथानियम व्यास का आगमन होता है। उन्हें देखकर द्रुपद बोले, "अकेली द्रौपदी अनेक की पत्नी कैसे होगी, और संकर न होगी, यह कैसे होगा ? हे द्विजोत्तम, एक स्त्री अनेक पुरुषों की पत्नी, यह तो कहीं न देखा। यह तो महात्मा प्राचीन पुरखों द्वारा आचरित धर्म नहीं।"

व्यास बोले, "हे पांचाल ! मैं इसका निगूढ़ तत्त्व सबके सामने न कहूँगा।" यह कहकर, उठकर उन्होंने द्रुपद का हाथ पकड़कर राजभवन में प्रवेश किया। फिर उन्होंने कई रूपकथाएँ सुनाईं। जो महाभारत का, तथा व्यास का, स्वार्थसिद्धि का एकमात्र अस्त्र और उपाय है। उससे पता चला, पूर्वजन्म में द्रौपदी ने महादेव (यहाँ एक महादेव की सृष्टि की जो एकमात्र अनार्यों द्वारा निर्मित आराध्य देवता हैं) से पाँच बार एक ही वर माँगा—उन्हें सर्वगुण सम्पन्न पति मिले। तब महादेव ने उसे अभिलक्षित वर देकर कहा, "भद्रे ! तुम्हारे पाँच पति होंगे।" पूर्वजन्म में द्रौपदी ऋषि-कन्या थीं, उन्होंने कहा, "मैं एक पति चाहती हूँ।" महादेव बोले, "तुमने एक के बाद एक पाँच बार पति-प्रार्थना की है। अतएव अगले जन्म में तुम्हें पाँच पति होंगे।"

रूपकथा समाप्त कर व्यास बोले, "द्रौपदी स्वर्गलक्ष्मी, पांडवों के निमित्त आपके यज्ञ से उत्पन्न हुई हैं। यह सर्वांगसुन्दरी देवदुर्लभा देवी अपने कर्मफलवश पंच पांडवों की सहधर्मिणी होंगी।" पहले अन्तःपुर में प्रविष्ट होकर व्यास ने द्रुपद से क्या कहा, पता नहीं। बाद में पूर्वजन्म की परीकथा सुनाकर संलाप समाप्त किया।

लेकिन द्रौपदी ? वे कैसे राजी हुईं ? इतनी बड़ी जनसभा में ज़ोर से कह सकीं, "सूत्रपुत्र से विवाह न करूँगी," जबकि उनके पिता-भ्राता ने बारम्बार घोषणा की है कि इस स्वयंवर सभा में जातिमान-कुल कुछ नहीं, वीरत्व ही प्रधान है, जहाँ विद्या, बुद्धि, रूप, गुण में श्रेष्ठ एक वीर को उन्होंने पिता और भ्राता की प्रतिज्ञा का लंघन कर, असम्मान कर, धूल में मिला दिया, एवं अन्य एक वीर को पति रूप में माला पहनाई, वहाँ कैसे वे अपने पति के बड़े-छोटे भाइयों की शैयासंगिनी होने को राज़ी हुईं ? यह कैसे सम्भव हुआ ? विवाह के समारोह में बैठकर एक पर एक पाँच भाइयों को पति रूप में ग्रहण करते क्या उनके मन में कोई वेदना न जगी ? असम्मान की अनुभूति न जगी ? लज्जाबोध न हुआ ? अपने विवेक के प्रति क्या उनकी कोई कैफ़ियत नहीं? महाभारत के अनुसार वे अत्यन्त तेजस्विनी नारी थीं, उनका वह तेज तब कहाँ चला गया ? क्या वे नहीं जानती थीं कि स्वयंवर सभा में कन्या जिसके कंठ में माल्यदान करती है केवल वही होता है उसका पति। क्यों उन्होंने अन्य पुरुष ग्रहण करते समय कोई प्रतिवाद न किया ? और अपने निर्वाचित पति को उन्होंने कब पाया ? जब उनका प्रेम एक वर्ष से पति के ज्येष्ठ भाई युधिष्ठिर

ने ही छिन्न-भिन्न कर डाला है। फिर वह शरीर भीम के पास गया है। जैसे नारी देह न हो, खिलौना हो। एक के बाद दूसरे के पास। इस बीच अर्जुन का बारह वर्ष का निर्वासन भी हो गया।

यह उपाख्यान अब जिस स्थल पर आ पहुँचा है वहाँ से युद्ध का मैदान बहुत दूर नहीं। किन्तु क्यों इतनी दूर आया ? कौन दायी है उसके लिए ? ये बहिरागत पंच पांडव नामधारी मनुष्य पांडु के क्षेत्रज गण्य होकर, राजपुत्रों के साथ ही शिक्षा-दीक्षा और संग साथ में सम्मिलित हुए थे। उनके बीच यदि विदुर का प्रवेश न होता, तो शायद वे कुरुकुल के भ्राता होकर ही घुले-मिले रहते। जिसके भी मन में जो भी सन्देह होता, वह धीरे-धीरे मिट जाता। किन्तु विदुर उन्हें वहाँ उस मतलब से तो लाए नहीं। लाए हैं पुत्र को एकछत्र साम्राज्य का अधिपति बनाने के लिए। पहले ही घोषणा की कि दुर्योधन साम्राज्य-भाग देने के भय से उनके प्रति शत्रुता करता है। प्रतिपक्ष में एक व्यक्ति को खड़ा न कर पाने पर वैपरीत्य की सृष्टि नहीं होती। जहाँ सम्पत्ति की बात है, वहाँ दुर्योधन को सहज ही शत्रुपक्ष के रूप में विश्वसनीय रूप से प्रस्थापित करना, इस क्षेत्र में, इस परिवेश में, अत्यन्त सरल है। इसलिए, जनता के मन में अपप्रचार कायम करने का कार्य विदुर अच्छी तरह सम्पन्न कर पाए हैं। तथापि पुरवासियों में से अनेक का मन कुन्ती पुत्रों के विषय में निःसंशय न था। इसका पता चला कृत्रिम युद्ध के दिन, जब दुर्योधन ने कहा, "तुम लोगों का जन्म कैसे हुआ वह भी हमें पता है।" तब कोई जवाब न दे सका। पंचबन्धु भी नहीं, विदुर भी नहीं, गुरुजन भी निःशब्द।

घटनाओं का अनुधावन करने पर यहाँ भी अनेक विषय, जैसे महाराज शान्तनु की मृत्यु के बाद विमाता सत्यवती के प्रति देवव्रत का कार्यकारणहीन आनुगत्य, द्वैपायन द्वारा दासी के गर्भ से विदुर का जन्म, दुर्योधन के जन्मते ही विदुर द्वारा उसकी हत्या का प्रयास, अपने अवैध पुत्र युधिष्ठिर को पांडु का क्षेत्रज प्रमाणित करने के लिए कुन्ती के साथ दुरभिसन्धि कर पांडु-माद्री की हत्या करना, पुत्रों को अज्ञातवास में भेजकर किसी निर्दिष्ट प्रबल राजा के साथ सम्पर्क स्थिर करने की चेष्टा, वारणावत में स्वयं आग लगाकर इतने मनुष्यों को जलाकर धृतराष्ट्र एवं उनके पुत्र दुर्योधन के नाम इस कदाचार का लगाना, विदुर का एक प्रयुक्तिविशारद कृती को भेजकर पातालपथ बनवाना, उसी रास्ते पर चलकर दूर के एक अन्य जनपद में जाकर माँ के साथ पांडवों का खड़ा होना एवं प्रतीक्षालु पथ-प्रदर्शक के साथ जाकर विदुर-प्रेषित यन्त्रयुक्त नाव में चढ़ना, दूसरे तट पर उतरकर पुनः निर्दिष्ट भाव से दक्षिण दिशा में जाना, चलते-चलते निर्दिष्ट स्थान पर व्यास के साथ साक्षात्,

व्यास के निर्देश पर पहले एक मास एकचक्रा नगरी में निवास, तदनन्तर पुनर्वार एकमास बाद व्यास का आगमन, एवं पांचाल नगर में ब्राह्मणवेश में द्रौपदी के स्वयंवर में जाकर अर्जुन के वीरत्व से द्रौपदी-लाभ, कुन्ती की चालाकी से युधिष्ठिर के साथ विवाह करने की धूर्तता—षड्यन्त्र एवं हठकारिता के निदर्शन के सिवा और कुछ नहीं। किन्तु इतनी हठकारिता के बीच दुर्योधन कहाँ हैं ? और विविध असाधु कर्मों का दाय दुर्योधन के नाम पर चलाया गया। पढ़ते-पढ़ते दुर्योधन के लिए वेदना अनुभव करना ही तो स्वाभाविक है। दुर्योधन के मुख से निकले जो दो वाक्य लिखित हुए हैं, वे उस कृत्रिम युद्ध के स्थल में। भीम की निम्न श्रेणी की कलहदीर्ण भाषा के जवाब में कहना, "हे भीम ! कर्ण से ऐसे बोलना उचित नहीं", और विदुर के प्रचार से एकदम युधिष्ठिर का क्षमता के तुंग पर जा पहुँचना, कौरवों को पराजित कर सिंहासन दखल करने जैसी क्षमता पा जाने की बात सुनकर सभीत होकर पिता से कहना, "यदि कुछ दिनों के लिए उन लोगों को कहीं भेज दिया जाए, तो उसी समय में आसन्न विपत्ति के हाथ से उद्धार पाने की कुछ व्यवस्था की जा सकती है।" विदुर-कुन्ती के साथ इन पाँच भाइयों के विवेकहीन, असाधु एवं लुब्ध व्यवहार के बदले दुर्योधन का सौजन्य एवं धैर्य अनुकरण योग्य मानना ही उचित है।

सत्यवती जो उद्‌देश्य लेकर इस प्रासाद की सर्वमयी कर्त्री बनकर प्रविष्ट हुई थीं, एवं जिस उद्‌देश्य के साधनार्थ शान्तनु के एकमात्र पुत्र देवव्रत को चिरकुमार ब्रह्मचारी रहने के लिए उन्होंने बाध्य किया था, उस संकल्प को उन्होंने क्रियान्वित किया अपने पुत्र विचित्रवीर्य की दो विधवा पत्नियों के गर्भ से अपने अविवाहित काल (कौमार्य) की सन्तान द्वैपायन से सन्तान उत्पादन कराके। इसके अलावा विदुर को प्रश्रय देकर, एक ऐसे स्तर पर उठाकर उन्होंने वनगमन किया, जहाँ से स्खलन की अब कोई आशंका न रही। और विदुर पुत्र युधिष्ठिर का अनार्य अवैध रक्त इतना परिश्रुत हुआ कि शान्तनु के वंश का क्षत्रिय रक्त अब एक बूँद भी न बचा। वैरानल तब प्रज्वलित हुआ। युद्ध का दमामा बज उठा। यह युद्ध भी सत्यवती का अवदान। शान्तनु के महल में द्वैपायन का प्रवेश न होता तो विदुर न जन्मते, वे न जन्मते तो युधिष्ठिर न जन्मते, युधिष्ठिर न जन्मता तो राजत्व को लेकर प्रमाद भी न उपस्थित होता।

द्वितीय पर्व

वे सचमुच पदार्थ तो नहीं। अर्जुन वस्तुतः आकर्षक पुरुष हैं। वीरत्व में भी कर्ण के अतिरिक्त कोई उनके समान है कि नहीं संदिग्ध है। वह ईप्सित प्रेम और वासना लिए जब उनका हृदय उत्कंठित था तभी उन्हें जाना पड़ा अर्जुन के ज्येष्ठ भाई युधिष्ठिर की पलंग पर। अपने उपभोग के अन्त में युधिष्ठिर ने 'पदार्थ' नाम्नी वह देह भीम की पलंग पर भेज दिया। इस बीच बारह वर्षों के लिए अर्जुन का निर्वासन भी हो गया, क्योंकि युधिष्ठिर जब द्रौपदी के साथ थे तब नियमविरुद्ध, किसी अनिवार्य कारण से, अर्जुन को उस कक्ष में जाना पड़ा था। कौन जाने कितनी निश्शब्द रातों के अन्धकार में द्रौपदी के हृदय के सब स्वप्न उनकी आँखों के आँसुओं में डूब गए।

ऊपर से अर्जुन का यह निर्वासन ! इसे स्वीकार करते समय क्या अर्जुन को कोई कष्ट न हुआ ? हुआ है। वे स्वेच्छा से बड़े भाई के कक्ष में न गए थे। किसी मानवीय कारण से एक व्यक्ति की रक्षा करना नितान्त आवश्यक था, इसलिए गए थे। किन्तु अर्जुन के निर्वास और द्रौपदी द्वारा अर्जुन की अनुपलब्धि पर व्यास ने एक लाइन भी लिखकर अपना समय नष्ट न किया। इसी को पकड़कर उन्होंने कहा है, कुन्ती का आदेश पालन न करने से कुन्ती को मिथ्या भाषण का अपराध लगेगा। और पूर्वजन्म में द्रौपदी पाँच बार वर चाहकर इस जन्म में पाँच पतियों की पत्नी हुई हैं।

इधर जैसे ही विदुर ने जाना कि दुर्योधन और कर्ण उस स्वयंवर सभा से अपमानित होकर लौटे हैं, उनके आनन्द की सीमा नहीं। धृतराष्ट्र को दुःख और हताशा से जर्जर करने उसी वक्त ख़बर देने जा पहुँचे। जाकर भले आदमी की तरह बोले, "महाराज ! भाग्य बल से कौरव लोग ही विजयी होकर लौटे हैं।" समाचार सुनकर धृतराष्ट्र परम सन्तुष्ट होकर कहने लगे, "विदुर, तुमने आज मुझे कितना शुभ समाचार दिया।" असल में धृतराष्ट्र को अत्यधिक पीड़ित करने की नीयत से विदुर ने 'कौरव लोग' कहा था। विदुर के जाल में मछली की तरह फँसे धृतराष्ट्र ने 'कौरव लोग' सुनकर समझा कि उनका पुत्र दुर्योधन ही जयी हुआ है। चतुर विदुर ने इस अन्ध अनुगत राजा को लेकर कितने खेल किए हैं। धृतराष्ट्र ने उत्साह और उत्तेजना में आज्ञा दी कि द्रौपदी को बहुविध भूषणों से सजाकर दुर्योधन उनके

सामने लाएँ।

अर्थात् धृतराष्ट्र विदुर के जाल में पकड़े गए। छटपट करती मछली की तरह आनन्द और उत्तेजना में अस्थिर हो उठे। तब विदुर बोले, "महाराज ! वरमाल्य पांडवों ने ही पाया है।" भय दिखाने के लिए कहा, "उस स्वयंवर में समान बली अनेकानेक मित्र आकर उनसे मिले हैं।"

धृतराष्ट्र बहुत विचलित होंगे, विदुर की इस परिकल्पना के विपरीत, वैसी कोई प्रतिक्रिया उनकी न हुई। वरन् बोले, "द्रुपद के साथ मित्रता कर कौन क्षत्रिय कृतकार्य न होना चाहेगा ? मुझे विलक्षण विश्वास हो रहा है कि मेरे दुरात्मा पुत्रों का अब निस्तार नहीं।"

बाद में, दुर्योधन और कर्ण ने धृतराष्ट्र के पास आकर निवेदन किया, "तात, विदुर की सन्निधि में हम किसी प्रकार का दोष-कीर्तन न कर सकेंगे, यह आपकी कैसी इच्छा है ? विपक्ष की बुद्धि को आपने अपनी बुद्धि मान लिया है। विदुर से सौतेलों की स्तुति आप कर रहे हैं। और कर्त्तव्य कार्य पर मनोयोग नहीं दे रहे हैं। हे तात ! शत्रुओं का बल संहार करना सर्वतोभावेन कर्त्तव्य है। इस समय हमें ऐसी मन्त्रणा करनी आवश्यक है जिससे वे हमारा सर्वस्व न ग्रस लें। आपका उच्छेद न करें।"

इसके बाद मन्त्रणा सभा हुई। भीष्म, द्रोण इत्यादि का समतुल्य समझकर धृतराष्ट्र ने उस मन्त्रणा सभा में विदुर का भी आमन्त्रण किया। भीष्म ने दुर्योधन से कहा, "पांडवों के साथ युद्ध करने में मेरा मत नहीं। जैसे तुमने धर्मतः राज्यलाभ किया है, उन्हें भी इसके पूर्व उसी तरह राज्याधिकार प्राप्त था। अतः विवाद की आवश्यकता नहीं, सौहार्दपूर्वक उन्हें आधा राज्य दे देने से दोनों पक्षों का कल्याण होगा।"

विदुर ने कहा, "महाराज ! पांडव-ज्येष्ठ युधिष्ठिर का रण में सामना करनेवाला त्रिलोक में नहीं दीखता। जो महती अकीर्ति लोक विदित हुई है, उसे मिटाएँ। मैंने तो आपसे पहले ही कहा था, दुर्योधन के अपराध से यह सुविस्तीर्ण राजवंश उच्छिन्न होगा।"

हम पाठक भी अवश्य कह सकते हैं कि दुर्योधन के कारण ही विदुर नामक पापी अन्ध दुर्बल धृतराष्ट्र नामक राजा को, एवं उसके राज्य को, खूब सहजता से कवलित न कर पा रहा था। क्योंकि राजा के रूप में दुर्योधन प्रकृत्या श्रेष्ठ पुरुष हैं। उन्हें हटाना सहज नहीं, इतनी बुद्धि विदुर को थी। स्वाभाविक रूप से, दुर्योधन ने अपनी बुद्धि, अपनी चेष्टा से राज्य बहुत विस्तृत कर लिया था। राजन्यवर्ग में वे अत्यन्त सम्मानित राजा थे। इसलिए विदुर के जीवन में दुर्योधन सबसे बड़े शत्रु। इस शत्रु के लिए वे जो चाहते हैं उसे सरलता से नहीं कर सकते। इसी कारण

से दुर्योधन के प्रति उनका क्रोध उन्हें क्षण-भर भी शान्तिपूर्वक जीवन धारण न करने दे रहा था। विदुर को सभी धर्म कहते हैं, विदुर जब जो कहते या करते हैं लोग उसे न्याय मानने के अभ्यस्त हैं। इस सबके बीच से दुर्योधन ही उन्हें चूड़ान्त अविश्वासी समझकर अत्यन्त सन्देह की आँख से देखते हैं।

अन्तिम निर्णय में जो भीष्म ने कहा वही द्रोण ने भी। धृतराष्ट्र बोले, "विदुर, तो तुम जाओ। सत्कारपूर्वक कुन्ती और द्रौपदी के साथ पांडवों को ले आओ।"

सबसे बड़ा आश्चर्य यह कि इस सभा में किसी ने न कहा कि एक कन्या को जहाँ पाँच पुरुषों ने विवाह किया है, वह विवाह हम संगत नहीं मानते। अन्ततः भीष्म को कहना चाहिए था। वे तो डरनेवाले जीव नहीं। द्रुपद जितने भी बली राजा हों, यदि भीष्म युद्ध में प्रवृत्त हों तो वह बल दुर्बल हो जाएगा। इन्हीं भीष्म ने पांडु का द्वितीय विवाह किया था जिसके फलस्वरूप वे स्वयंवर सभा में कुन्ती का माल्यदान ग्रहण कर, विवाहित होकर आए थे। भीष्म के वंश ने इसे शुद्ध विवाह न माना था। कन्या को अपने यहाँ लाकर अनुष्ठान करना पड़ता था। जब वंश के इतने से नियम-व्यतिक्रम से वे विचलित हो उठे थे, तो यह विवाह तो विवाह माना ही नहीं जा सकता। उनके पूर्वजों ने कभी एक कन्या का पंचपति-विवाह धर्मसंगत माना था, इसका कोई उदाहरण नहीं है। किन्तु उस सभा में इस विषय पर कोई बात न उठी। क्यों ? कुन्ती के मुख से निकला अनुदेश एकदम भ्रान्त बुद्धि का फल है। उसे 'वेदवाक्य' मानने का भी कारण समझ में नहीं आता। व्यास ने पांडवों के विषय में ऐसी कोई बात कहीं न लिखी जो उनके विरुद्ध हो। यह 'निष्काम' ब्रह्मचारी, मात्र निष्काम ही न थे, निस्पृह भी न थे। पांडवों में कौन किसके द्वारा जन्मा है, सचमुच पांडु का क्षेत्रज है कि नहीं, अच्छी तरह सब कुछ जानते थे। गोपनीयता का आश्रय लेने में भी द्विधा न करते थे। कहा भी था, "तुम लोगों को अधिक स्नेह करता हूँ। तुम जो चाहते हो वही होगा।"

विदुर धृतराष्ट्र के आदेशानुसार विविध रत्न, धन-सम्पत्ति लेकर द्रुपद और पांडवों के पास पहुँचे। द्रुपद ने भी विदुर की सादर सम्भाषणपूर्वक आदर-अभ्यर्थना की। विदुर ने पांडवों को सस्नेह आलिंगन किया। इसके बाद अपने आगमन का उद्देश्य बताया।

द्रुपद प्रसन्न होकर कन्या को उसके श्वशुरालय भेजने को राजी हो गए। बोले, "कौरवगण के साथ वैवाहिक सम्बन्ध होने से मुझे यथेष्ट परितोष हुआ है। पांडवों का स्वदेश गमन करना ही, मेरे मत से, उचित है। किन्तु मैं स्वयं इस स्थान से इन्हें विदा नहीं कर सकता। इनके अति प्रियकारी व्यासदेव यदि राज़ी हों तो ये

लोग अपने राज्य में जाएँ। मुझे कोई आपत्ति नहीं।''

इस सब कथा-वार्ता के बाद कृष्ण और कुन्ती को लेकर पांडव हस्तिनापुर आए। उनके द्वारा गुरुजन की चरण वन्दना के बाद धृतराष्ट्र ने सस्नेह उन्हें विश्राम करने को कहा। धृतराष्ट्र युधिष्ठिर से बोले, ''वत्स ! तुम भाइयों के साथ मेरी बात सुनो। तुम लोग राज्य का आधा भाग लेकर खांडवप्रस्थ में जाकर रहो। ऐसा होने से दुर्योधनादि के साथ तुम लोगों का पुनः कोई विवाद सम्भव न होगा।''

चाचा (पितृव्य) की आज्ञा के अनुसार पांडवों ने वही किया। साथ में कृष्ण भी थे। खांडवप्रस्थ में आकर नगर के सौन्दर्य से वे सब मोहित हो गए। नगर अति सुरक्षित। समुद्र सदृश परिखा द्वारा अलंकृत। गगनस्पर्शी प्राचीर द्वारा वेष्टित। अस्त्र-शस्त्र से सुरक्षित और सुशोभित। इस परम रमणीय प्रदेश में कुबेर के घर की तरह धन-सम्पन्न कौरवगृह विराजित है।

पांडवगण यह अपूर्व नगरी देखकर अत्यन्त पुलकित हुए, और अत्यन्त सुखपूर्वक रहने लगे। कृष्ण कुछ दिन उनके साथ रहकर अपने घर चले गए। युधिष्ठिर अनायास भाइयों के वीरत्व से सब कुछ, यहाँ तक कि द्रौपदी-सी पत्नी पर्यन्त पाकर, महानन्द से राजा होकर सिंहासन पर आरूढ़ हुए। दिन सुख से कटने लगे।

2

खांडवदहन के अवसर पर कृष्ण, अर्जुन ने शिल्प विशारद मयदानव के प्राण बचाए थे। एक दिन मयदानव ने आकर, अपनी कृतज्ञता व्यक्त करते हुए, युधिष्ठर के लिए एक उत्कृष्ट सभागार निर्मित करने की इच्छा प्रकाशित की। इस पर दोनों के सम्मत होने पर, मयदानव ने अत्यधिक परिश्रम कर एक ऐसा सभास्थल निर्मित किया जैसा भूमंडल में और किसी का न था। अपनी कोई योग्यता न होने पर भी, ईश्वर जिसे सब प्रकार का सुख, सम्मान, आनन्द देना चाहें, वह अवश्य भाग्यवान है। अन्य किसी पुरस्कार की उसे ज़रूरत नहीं। अविश्रान्त भाग्य ही उसे हर तरह के सुख स्वाच्छन्द्य से घिरा रखता है। युधिष्ठिर ऐसा ही अलौकिक असाधारण भाग्य लेकर जन्मे थे। भाइयों के प्रसाद से वे सर्वस्व के अधिकर्ता। अतः मयदानव-निर्मित अतुल सभा में बैठने के वे ही अधिकारी हुए। विदुर की बुद्धि से एक-एक पाँव रखकर चलने से, व्यास की सहायता से, अर्जुन के वीरत्व से, भीम के बल से, आज वे अद्वितीया रूपवती पत्नी के पति होकर, जैसे जादू के ज़ोर से, एक ऐसे राज्य की ऐसी विस्मयकर सभा के सर्वाधिपति हुए। और, इतना कुछ पाने के लिए उन्हें एक उँगली भी हिलानी न पड़ी।

अनुपार्जित क्षमता से पार्थिव सुख-समृद्धि के शिखर पर पहुँच कर युधिष्ठिर का लोभ और ऊपर उठा। मन में सम्राट होने की वासना उदित हुई। क्रमशः इस इच्छा ने उन्हें अस्थिर कर डाला। राजसूय यज्ञ करने की अभिलाषा से वे यत्परोनास्ति व्याकुल हो गए। मन्त्रियों एवं अनुजों को बुलवाकर यह बताया। परामर्श के लिए, दूत भेजकर कृष्ण को भी बुला लिया। कृष्ण यथासम्भव शीघ्र ही आ पहुँचे। उन्होंने जब सुना कि राजसूय यज्ञ करने के लिए युधिष्ठिर लालायित हैं, भीतर-भीतर सम्भवतः उनका मन आनन्द से कम्पित हुआ। लगता है, उसी क्षण उन्हें लगा कि इन लोगों से मित्रता के बदले उन्होंने जो चाहा था वही सुयोग आ गया। बोले, ''एक बात है। यज्ञ यदि निर्विघ्न समाप्त करना चाहें, तो आपका प्रथम कर्त्तव्य है जरासंध का निधन करना।''

युधिष्ठिर ने अनुजों की ओर देखा। साध आकांक्षा युधिष्ठिर की। जो पूरी करेंगे, वे भाई। वे स्वयं अयोग्य हैं, यह उन्हें पता है। अब तक जो हुआ है या जो हो सका है उस सबके लिए तो भाइयों की अनुकम्पा ही सम्बल थी। भाइयों ने कृष्ण की ओर देखा। कृष्ण बोले, ''राजा जरासंध ने अपने बाहुबल से सभी भूपतियों को पराजित कर, उनसे पूजित होकर, अखंड भूमंडल में एकाधिपत्य स्थापित किया है। उन्हें पराजित करना किसी के लिए सम्भव नहीं।''

तत्क्षण युधिष्ठिर भयभीत हो गए। बोले, ''हाय हाय ! मैं तो तुम्हारे ही बाहुबल को आश्रय किए हूँ। यदि तुम्हीं जरासंध से डरते हो तो मैं अपने को कैसे बलवान मानूँगा ?'' ये पंच भ्राता इतने दिनों में विदुर के चातुर्य और व्यास की सहायता से यहाँ आ पहुँचे हैं। इस बीच जतुगृह में आग लगाकर कई सोते लोगों को जला डालने के सिवा उनका अपना कोई कृतित्व, माहात्म्य, या वीरत्व अप्रमाणित था। एकमात्र अर्जुन का लक्ष्यभेद ही उल्लेख्य है। उसमें भी वे अद्वितीय नहीं। अर्जुन के पूर्व वह कार्य कर्ण ने ही किया था।

युधिष्ठिर का भय देखकर, जिस विषय में कृष्ण अत्यन्त दक्ष थे, उन्होंने वही परामर्श दिया—एकान्त में बोले, ''एक उपाय है, आज्ञा हो तो कहूँ।''

युधिष्ठिर उत्सुक हुए। कृष्ण ने कहा, ''देखिए, मैं नीतिज्ञ हूँ, भीमसेन बलवान हैं, और अर्जुन हमारे रक्षक हैं। अतएव, तीन अग्नि एक होकर जैसे यज्ञ करती हैं, वैसे ही हम तीन एकत्र होकर जरासंध का वध सम्पन्न करेंगे। यदि हम तीन निर्जन में उस पर आक्रमण करें तो अवश्य वह हममें से एक के साथ युद्ध करेगा। अपमान, लोभ, बाहुबल से उत्तेजित होकर वह भीम के साथ युद्ध करेगा, इसमें सन्देह नहीं। तभी भीमसेन उसका संहार कर सकेगा।''

कैसा अन्याय है ! क्या इसका नाम वीरत्व है ? किन्तु इन्हें भी महाभारत के

श्रेष्ठ वीर कहकर वर्णित किया गया है। कोई राजा या राजपुत्र कभी इस प्रकार शत्रुसंहार नहीं करता, इससे उसका अपमान होता है। और कृष्ण भी जानते हैं कि जरासंध भी न करेगा। धर्मतः दुर्योधन भी इस प्रकार का कार्य कभी नहीं सोच सकते। किन्तु जो महात्मा युधिष्ठिर हैं, वे इस प्रस्ताव से अत्यन्त प्रसन्न हुए। छिपकर किसी के अन्तःपुर में घुसकर, उसके आतिथ्य से समादृत होकर, सहसा उसके असतर्क क्षण में उसकी हत्या करने में यथेष्ट पराजय है, अन्याय है, अधर्म है। एक बार भी उनके मन में यह बात न उठी। किसी भी वीर के लिए वह अपमान मृत्यु से अधिक है। किन्तु महात्मा युधिष्ठिर के मन ने इस प्रस्ताव को असत् का चूड़ान्त मानकर वर्जित न किया।

और इधर अर्जुन जैसे एक महावीर को भी वह प्रस्ताव कापुरुषता का नामान्तर न लगा। इतिहास ने जिसे धर्म की ध्वजा के रूप में चिह्नित किया है, और, जिसे वीरत्व की अन्तिम सीमा के रूप में प्रचारित किया है, उन दो में से एक ने भी इस बुद्धि को कुबुद्धि कहकर वर्जित न किया। वीरश्रेष्ठ अर्जुन और महावीर भीम चुप रहे। श्रेष्ठ धार्मिक युधिष्ठिर बोले, ''तुम प्रज्ञा, नीति, बल, क्रिया और उपाय से सम्पन्न हो। अतः भीम, अर्जुन कार्यसिद्धि के लिए तुम्हारा ही अनुसरण करें।''

जो प्रकृत वीर हैं वे कभी वीरत्व का अपमान नहीं करते, कृष्ण यह जानते हैं। वह उनके लिए अपमान, अमर्यादा, अधर्म है। नहीं तो, कैसे जाना कि यदि निरुपाय व्यक्ति पर तीन लोग आक्रमण करेंगे तो वह उसी के साथ युद्ध करेगा जो सबसे अधिक बली होगा ? एक वीर श्रेष्ठ के लिए वही उसकी योग्यता का सम्मान और प्रमाण है। पूरे महाभारत में करोड़ों अक्षरों के प्रकाश से जिसे सर्वश्रेष्ठ वीर के रूप में प्रतिष्ठित किया गया है उस अर्जुन ने युद्ध के समय वस्तुतः किसी बड़े योद्धा के साथ, शठता के सिवा, वीरत्व का प्रमाण नहीं दिया है। और जो धर्मात्मा, महात्मा, सत्यवादी युधिष्ठिर हैं वे स्वयं अक्षम होकर भी अन्य के सामर्थ्य-साहाय्य से अपने लोभ को चरितार्थ करने के लिए किसी भी पाप में अन्यों को लिप्त होने देने में क्षण भर भी संकोच नहीं करते। जिस कार्य को करने में कर्ण और दुर्योधन घृणाबोध करते थे, लज्जाबोध करते थे, उसे ये अनायास करने में किंचित् भी कुंठित नहीं होते।

3

परामर्श के बाद कृष्ण, भीम और अर्जुन ब्राह्मणों के छद्मवेश में मधुपुर गए। रास्ते में अनेक प्रकार के अन्यायपूर्ण कामों में लिप्त हुए। कितनी ही दुकानें उजाड़ दीं,

किसी को कुवाक्य कहा, और नगरद्वार पर आकर चैत्य के सामने खड़े हो गए।

जरासंध ने वृष रूपधारी दैत्य का संहार कर उसके चमड़े से तीन भेरियाँ तैयार कर रखी थीं। उसमें एक बार चोट करने से एक मास व्यापी गम्भीर ध्वनि हुआ करती थी। महाराज ने अपनी पुरी में वही तीन भेरियाँ रक्खी थीं। इन लोगों ने भेरियों को तोड़-फोड़ दिया। तदनन्तर अपने शस्त्रास्त्र त्यागकर वे जरासंध के साथ बाहुयुद्ध करने के लिए नगर में प्रविष्ट होकर उसके पास आ पहुँचे। महाराज जरासंध ने उन्हें देखकर, ब्राह्मण समझकर, शीघ्र उठकर, पाद्यमधुपर्क इत्यादि द्वारा पूजा कर, स्वागत प्रश्न किया। भीम और अर्जुन चुप रहे। कृष्ण बोले, "हे राजेन्द्र ! ये मौन हैं। ये बात न करेंगे। ये रात्रि के पूर्वार्द्ध के बीतने पर आपसे आलाप करेंगे।" सोचकर देखिए, कितनी सहजता से कृष्ण मिथ्या भाषण कर सकते हैं !

उस दिन किसी पूजा के उपक्रम में महाराज जरासंध उपवासी थे। यह सुनकर तीनों को यज्ञागार में रखकर वे अपने कक्ष में चले गए। किन्तु अर्द्धरात्रि में किसी स्नातक ब्राह्मण के आने पर वे भले ही अन्तःपुर में अभी गए हों, निकल आया करते। आधी रात में आकर पुनः उन्होंने तीनों के सामने उपस्थित होकर ही पूजा की। साश्चर्य बोले, "हे विप्रगण ! मैं जानता हूँ कि स्नातक ब्रह्मचारी ब्राह्मण लोग सभा में ही माला चन्दन धारण करते हैं। आप लोग कौन हैं ?"

कृष्ण बोले, "हे वृहद्रथनन्दन ! धीर व्यक्ति शत्रु के घर में अप्रकाश्य रूप से ही प्रवेश करते हैं। हम अपना कार्य साधन करने शत्रुगृह में आए हैं।"

जरासंध ने कहा, "हे विप्रगण ! मैंने कब आप लोगों से शत्रुता की ? किसलिए मुझे शत्रु निर्णीत किया ? मैं सतत स्वधर्म-साधना में निरत हूँ। प्रजा को दुखी नहीं करता। अवश्य ही आप लोगों से कोई भूल हुई है।"

गम्भीर रात्रि के निर्जन क्षण में दो बली योद्धाओं के आश्रय में साहसी होकर कृष्ण अपने रूप में आ गए, बोले, "तुम्हें कपट से मारने ही हम यहाँ आए हैं। हम ब्राह्मण नहीं। मैं वसुदेवनन्दन कृष्ण, ये दोनों पांडुपुत्र हैं।"

इसके बाद भीम के साथ जरासंध का प्रबल युद्ध शुरू हुआ। चौदहवें दिन धूर्त कृष्ण ने, क्लान्त मगधराज की हत्या कैसे की जाएगी यह इंगित से बताकर, भीम की ओर देखा, कहा, "हे भीम ! तुम्हारे पास देवबल और बाहुबल है, शीघ्र उसे जरासंध को दिखाओ।" तत्क्षण भीम अव्यवस्थित, श्रान्त, उपवासी, असतर्क, जरासंध को अपनी दानव शक्ति से पटककर घुमाने लगे। फिर घुटनों से दबाकर उनकी पीठ तोड़ और पीस कर, उनके पाँवों को दो हाथों से पकड़कर, दो टुकड़े कर डाला। कृष्ण और अर्जुन ने बैठे-बैठे इस नारकीय दृश्य का आनन्द लिया।

अवश्य जितनी सहजता से मैंने भीम को युद्ध के अन्तिम दृश्य में ला पटका

उतनी सहजता से भीम यहाँ नहीं आ पहुँचे। किन्तु उस वर्णन-विस्तार में जाने से लाभ नहीं। सत्य यह है कि, कृष्ण को छिप-भागकर जीने से इतने दिनों बाद मुक्ति मिली। इसीलिए, इतने दिनों बाद, इन नवपरिचित युवकों के साथ उनकी अतिरंजित मित्रता का कारण भी समझने में असुविधा न होगी। जरासंध की हत्या कर उन्होंने राहत की साँस ली। और सर्वत्र विदित-प्रचारित हुआ कि पुरुषोत्तम कृष्ण, महाबली भीम, अजेय योद्धा अर्जुन ने जरासंध को मार डाला।

पांडवों ने जो किया वह पूर्णतः क्षात्र धर्म विरुद्ध था। इस प्रकार चोरी से किसी के अन्तःपुर में जाकर, असतर्क गृहस्थ की हत्या करना, केवल क्षत्रिय ही नहीं, किसी भी मनुष्य के लिए अत्यन्त गूढ़ अपराध माना जाएगा। आदि से अन्त तक पांडव यही कर्म करते रहे। लेकिन इससे महाभारत में कहीं उनकी कोई निन्दा नहीं। क़ानूनन फाँसी योग्य अपराध भी वीरत्व घोषित हुआ। पाठक इसे नहीं स्वीकार कर सकते। जो अन्याय है वह अन्याय ही रहेगा, उसे जो भी करे।

4

कृष्ण के दो शत्रु हैं, एक जरासंध, दूसरे शिशुपाल। शिशुपाल की अपेक्षा जरासंध कृष्ण के अन्तर में अधिक भीतिजनक थे। जरासंध के भय से छिपकर उन्होंने द्वारकापुरी जाकर आश्रय लिया था। पांचाली की स्वयंवर सभा में जाकर ही उन्होंने समझा था कि अर्जुन, भीम को एकत्र कर वे अनेक अमावनीय कांड कर सकते हैं। देरी किए बिना वे उनके प्रिय सखा हो गए। उनका अनुमान व्यर्थ न हुआ।

अब कृष्ण का परामर्श लेकर युधिष्ठिर निर्भय होकर यज्ञ में लगे। चारों ओर ब्राह्मणों एवं राजन्यवर्ग को आमन्त्रण-निमन्त्रण देने के लिए दूत भेजा। निमन्त्रण स्वीकार कर सभी चले आए। कृष्ण के एक और शत्रु, शिशुपाल भी आए। कृष्ण जानते थे कि वे आएँगे। मन-ही-मन इस व्यक्ति के वध के लिए वे प्रस्तुत हो गए।

यह लिखित अवश्य नहीं, फिर भी समझने में देर नहीं लगती। और यह घटना शीघ्र ही घटी। सबसे अधिक आश्चर्य की बात कि जो पांडव विदुर के अतिरिक्त कुरुकुल के किसी और व्यक्ति के प्रति कोई आत्मीयता नहीं अनुभव करते, उन्हींने यज्ञ में कुरुपितामह भीष्म को एक विशिष्ट गण्यमान्य कर्ता व्यक्ति के रूप में स्थान दिया है। और अब तक वे लोग उनकी उपेक्षा ही किए आ रहे थे। युधिष्ठिर का यौवराज्याभिषेक, जतुगृहदाह, पांडवों के जलने का संवाद, पांचालराज के साथ वैवाहिक सम्बन्ध, एक लड़की से पाँच भाइयों का विवाह, इतनी सारी घटनाओं के बीच कुरुकुलपति पितामह को कभी किसी ने स्मरण न किया। और कहीं न हो,

विवाह के अवसर पर उनकी उपस्थिति स्वाभाविक थी। सत्रह दिनों के मृत गलित पांडु-माद्री को लिए जब कुन्ती अनेक वर्षों बाद पाँच बड़े-बड़े बेटों के साथ आईं, तब उन्हें समादरपूर्वक ग्रहण कर नागरिकों के मन को संशयहीन भीष्म ने ही किया था। पांडु के क्षेत्रजवत् पुत्रों को ग्रहण कर जैसे कुन्ती के सम्मान की रक्षा की, वैसे ही पाँच अजनबी पुत्रों को कुरुकुल में प्रतिष्ठित किया। उन्हीं ने उन लोगों को शिक्षित किया। उन्हें क्षत्रियोचित वीर बनाने के लिए द्रोण को उपयुक्त सम्मान देकर गुरुपद पर नियुक्त किया। स्नेह, ममता द्वारा उनका रक्षणावेक्षण किया। किन्तु काम के समय दिखा कि विदुर और व्यास ही पांडवों के सर्वस्व हैं।

प्रकृत रूप से भीष्म थे सत्यवती के अभिप्रेत के हथियार। लेकिन अब उनकी क्या आवश्यकता ? वरन् जिस उद्देश्य से विदुर उन लोगों को अज्ञातवास में रखकर, व्यास की सहायता से महाराज धृतराष्ट्र को गद्दीच्युत करने के अभिलाष से, किसी अन्य बली राजा के साथ युक्त हैं, वहाँ भीष्म अवश्य ही अपांक्तेय हैं। इसके अतिरिक्त, जिस पद्धति से एक कन्या पाँच पतियों के हाथ पड़ी, वह पद्धति आर्यकुल या क्षत्रियकुल में सम्भव ही नहीं। आर्य अथवा क्षत्रिय नियम मानकर अनार्य अवैध कृष्ण द्वैपायन ने जिस प्रकार अपने पौत्र युधिष्ठिर को हस्तिनापुर के सर्वमय कर्तृत्व-आसन पर बैठाने का रास्ता साफ़ किया है, वहाँ भीष्म को स्मरण करना भी एक बड़ी भारी बाधा है। पांडु के क्षेत्रज होने पर उन पांडवों का इस प्रथा के अनुसार विवाह करना क्या वे मान लेते ? किन्तु मान लिया। क्यों ? उसका कारण भी क्या सत्यवती हैं ? मृत सत्यवती को याद करके ?

अकस्मात् दिखाई पड़ा कि सत्यवती की कृपा से अपांक्तेय वृद्ध विस्मृतप्राय हुए भीष्म को पांडव उस यज्ञ में अति सम्मानपूर्वक बुलाकर एक प्रधान व्यक्ति के रूप में ले आए हैं। सम्भवतः उन्होंने यह कृष्ण के परामर्श पर ही किया था, और निश्चय ही कोई उद्देश्य था। नहीं तो इतने समय बाद उस वृद्ध की उन्हें क्या ज़रूरत ? किन्तु चाहे कितने भी निस्ताप हो गए हों, वे शुद्ध क्षत्रिय तो हैं ही। यह अग्नि कभी नहीं बुझती। जरा सा खोंचने पर, हवा देने पर, धू-धू करके जल उठती है। यह तथ्य कृष्ण को बोधगम्य हो, स्वाभाविक है। इतनी बड़ी यज्ञसभा में ऐसे क्षत्रिय वीर को सहायक पाने का प्रयोजन है। उन्हें हाथ में रखने के लिए, कृष्ण ने अनेक मधुर व्यवहारों एवं मधुर सम्भाषणों से सम्मोहित कर डाला। ये बातें लिखित न होने पर भी, अलिखित सत्य के रूप में समझी जा सकती हैं। यज्ञ के प्रारम्भ में प्रधान पद की मर्यादा में स्थित भीष्म ने युधिष्ठिर से कहा, "ऋत्विक्, सम्बन्धी, स्नातक, एवं प्रिय व्यक्ति—ये ही अर्घ्य के पात्र हैं। इन सबके लिए एक-एक अर्घ्य ले आओ।"

युधिष्ठिर बोले, ''आप किसे श्रेष्ठ समझते हैं ?''

भीष्म सिखाई बात की तरह बोले, ''कृष्ण।''

साथ ही कृष्ण को अर्घ्य प्रदान किया गया, कृष्ण ने भी उसे ग्रहण किया।

उसके बाद ही, जिसे कृष्ण ने अवश्यम्भावी सोच रखा था, वही हुआ। राजन्यवर्ग के प्रतिभू होकर, संगत कारण से शिशुपाल ने प्रतिवाद कर कहा, ''वासुदेव ऋत्विक नहीं, आचार्य नहीं, नृपति नहीं, तब उन्हें क्यों अर्घ्य दिया जाएगा ? हे पांडव ! इतने सब राजाओं के उपस्थित रहते कृष्ण कभी पूजार्ह नहीं हो सकते। तुमने प्रयोजनवश कृष्ण की अर्चना की है। धर्म का विवरण तुम कुछ नहीं जानते। धर्म अत्यन्त सूक्ष्म पदार्थ है। और ये भीष्म अदूरदर्शी एवं स्मृतिशक्तिहीन हैं। हे भीष्म ! जो कृष्ण राजा नहीं, क्या समझकर तुमने उन्हें अर्घ्य प्रदान किया ? उन्होंने कैसे सब राजाओं के बीच वह पूजा ग्रहण की ? हे कुरुनन्दन ! कृष्ण सदैव तुम्हारी अनुवृत्ति कर तुम्हारे प्रियार्थी हुए हैं—इसमें सन्देह नहीं। लेकिन द्रुपद के रहते कृष्ण की पूजा करना तुम्हारे लिए उचित नहीं। यदि कृष्ण को आचार्य समझते हो, तो द्रोण के रहते कृष्ण क्यों अर्चित हुए ? यदि कृष्ण को ऋत्विक मानते हो, तो वृद्ध द्वैपायन यहाँ उपस्थित हैं। शान्तनव भीम, सर्वशास्त्र विशारद अश्वत्थामा, राजेन्द्र दुर्योधन, भारताचार्य कृप, मद्राधिप शल्य, इन सब महत् लोगों के रहते, एवं जमदग्न (परशुराम) के प्रिय शिष्य, जिन्होंने आत्मबल के सहारे रणक्षेत्र में सभी राजाओं का पराभव किया है, उस महाबली-पराक्रान्त कर्ण का अतिक्रम कर, तुमने कृष्ण की पूजा कैसे की ? यदि मन में तुमने यह स्थिर कर रक्खा था, तो इन राजाओं को बुलाकर उनका अपमान क्यों किया ? कौन धार्मिक पुरुष धर्मच्युत व्यक्ति की सज्जनोचित पूजा करता है ? जो वृष्णिकुल में जन्मा हो, एवं भीम और धनंजय द्वारा, अत्यन्त हीनतापूर्वक जिसने महात्मा जरासंध का प्राण संहार कराया है, कौन व्यक्ति उसे न्याय्य स्वीकार कर सकेगा ? उसी दुरात्मा कृष्ण को अर्घ्य निवेदित कर युधिष्ठिर ने अपनी नीचता ही प्रदर्शित की है। धार्मिकता भी विनष्ट हुई। मुझे पता है कि कुन्ती के पुत्र डरपोक, नीचस्वभाव तापस हैं। किन्तु हे कृष्ण, शायद उन्होंने नीचताप्रयुक्त तुम्हें पूजा-प्रदान किया, लेकिन तुमने उसे कैसे स्वीकार लिया ?

यह सब कहकर शिशुपाल उठे और अन्य राजाओं के साथ सभा छोड़ने को उद्यत हुए। युधिष्ठिर बोले, ''हे महीपाल, तुमने जो कहा वह नितान्त अधर्मपूर्ण है, परुष है, निरर्थक है। धर्म किसे कहते हैं तुम स्वयं नहीं जानते।''

भीष्म बोले, ''हे युधिष्ठिर ! कृष्ण की अर्चना में जिस व्यक्ति का अनभिमत हो उससे अनुनय करने की ज़रूरत नहीं। इस नृपसभा में कौन नृपति है, जिसे कृष्ण

ने अपने तेजबल से पराभूत न किया हो ?"

यह बात सच नहीं। कृष्ण यादववंश की सन्तान हैं। उनका पेशा युद्ध-विग्रह नहीं। किसी राजा से कभी उन्होंने युद्ध नहीं किया, हार-जीत का प्रश्न ही नहीं उठता। भीष्म की यह अद्‌भुत बात सुनकर सभी राजा क्षुब्ध हो गए। कृष्ण राजा नहीं, क्षत्रिय नहीं, कब किस राजा से उनका युद्ध हुआ ?

कृष्ण अपनी तीसरी आँख की तीव्रता से यह चित्र पहले ही देख चुके थे। किस घटना के बाद कौन घटना होगी यह उनके नखदर्पण में विम्बित था। अतः वे जानते थे कि अपमान और कोई राजा सह ले, शिशुपाल न सहेंगे। एवं इस क्षेत्र में कुरुवंश के सर्वज्येष्ठ भीष्म की ही सर्वाधिक उपयोगिता थी। उन्हें प्रधान बनाकर, कलह का सूत्रपात उन्हीं के द्वारा हो, यही वांछनीय था। उन्हें किसी प्रकार यदि विक्षिप्त कर दिया जाए, तो और कोई भय न रहेगा। भीष्म से योद्धा के लिए शिशुपाल भी शिशु ही थे। यज्ञ ध्वस्त हो सकता है, हो, इसी सुयोग से शिशुपाल की हत्या करना असली बात थी।

शिशुपाल के वध के लिए इससे अच्छा सुयोग और कुछ न हो सकता था। असंख्य लोगों के बीच, विशाल कर्मकांड के बीच, इस प्रकार के प्रचंड गोलमाल में, जहाँ यह समझना दुश्कर है कि कौन क्या कर रहा है, जहाँ अधिकतर लोग अधिकांश जन को पहचानते नहीं, वहाँ किसने किसे नजरबन्द कर रखा है, यह जानना आसान नहीं। कब कहाँ किस अवस्था में अवस्थान कर असली कार्य सबके अनदेखे सिद्ध किया जाए, यह सारी गतिविधि निर्दिष्ट थी। भीम को जरासंध के प्रसंग में जैसा इंगित कृष्ण ने दिया था, यहाँ वैसे संकेत की आवश्यकता नहीं। शिशुपाल के आते ही उनके अर्घ्य-प्रदान पर एक प्रचंड वाग्वितंडा की सृष्टि होगी यह कृष्ण को पता था। भीष्म को सम्पूर्ण रूप से यह विश्वास कराया गया है कि कृष्ण मनुष्य की आकृति में जन्म लेने पर भी ईश्वर हैं। ईश्वर की समस्त महिमा उनमें व्याप्त हुई है। वे चाहें तो अपने शरीर में सृष्टि-स्थिति-प्रलय क्षण-भर में घटित कर डालें।

भीष्म की बात सुनकर, सुनीथ नामक एक पराक्रान्त वीर व्यक्ति ने क्रोध से काँपते हुए आरक्त नयनों के साथ कहा, "मैं पहले सेनापति था, सम्प्रति यादव और पांडुकुल के समूल उन्मूलनार्थ समर सागर में स्नान करूँगा।"

अन्यान्य राजा भी कृष्ण पर यह मिथ्या गौरव आरोपित होने से क्रोधवश मन्त्रणा करने लगे। राजमंडल को रोष-ज्वलित देखकर डरपोक युधिष्ठिर ने और डरकर भीष्म की शरण ली। भीष्म बोले, "युधिष्ठिर डरना मत, कुत्ता कभी सिंह को नहीं मार सकता। ये लोग चीख़ रहे हैं, चीखें। नरश्रेष्ठ शिशपाल अचेत होकर मनुष्यों को यमालय ले जाना चाहते हैं। चेदिराज की एवं सभी राजाओं की मति भ्रष्ट हुई है।

शिशुपाल का तेज नारायण शीघ्र ही समाप्त कर देंगे।''

शिशुपाल बोले, ''हे भीष्म ! वृद्ध होकर क्या तुम कुल-कलंक हो गए हो ? तुम्हें मतिभ्रम हुआ है ! स्थविरावस्था आ गई है ? तुम क्या निःसंज्ञ होकर दुरात्मा केशव की स्तुति कर रहे हो ? जिसे बच्चे भी घृणा करते हैं, उसकी प्रशंसा तुम ज्ञानवृद्ध होकर भी कैसे करते हो ? तुम्हें नहीं पता, इस दुरात्मा ने कंस के अन्न से प्रतिपालित होकर उसी को मार डाला ? अन्नदाता पर हथियार उठाना क्या महात्मा का लक्षण है ? या छिपकर हत्या करना तेज का लक्षण है ? उसे धर्म कहते हैं ? तुम कौरवों के प्रधान हुए हो। धर्मसंगत वचन बोलना ही तुम्हारा कर्त्तव्य है। स्तावकता नहीं।''

भीष्म ने कहा, ''कृष्ण ने जन्म लेते ही जिन अलौकिक कार्यों का परिचय दिया है, मैंने बार-बार उसकी बड़ी प्रशंसा सुनी है एवं विस्मित हुआ हूँ। अतः अशेष गुणबाहुल्ययुक्त वृद्ध व्यक्तियों का अतिक्रम करके भी कृष्ण की अर्चना विधेय है। कृष्ण ने जो किया है वह किसी सामान्य व्यक्ति द्वारा सम्भव नहीं। हे चेदिराज ! तुम्हें सावधान किए देता हूँ, ताकि फिर कभी बुद्धि का ऐसा व्यतिक्रम तुम्हें न हो। ताकि कभी ऐसा गर्व प्रकाश न करो।''

हँसकर शिशुपाल ने कहा, ''तुम क्या वासुदेव को अलौकिक समझकर हम लौकिकों को विभीषिका दिखा रहे हो, अथवा पूतनावध प्रभृति क्रिया-कलाप का कीर्तन कर हमारे समक्ष परिहास के पात्र का प्रदर्शन कर रहे हो ? तुम खिलौने-सा आचरण क्यों करते हो ? बाल्यकाल में आकाश में पक्षी-से उड़ते तृणावर्त, एवं युद्ध-अनभिज्ञ अश्व और वृषभ को विनष्ट किया था, एक निष्प्राण काष्ठ की गाड़ी को गिरा दिया था, अथवा राशीकृत अन्न खा लिया, वासुदेव की इसी कर्ममहिमा से, हे भीष्म, तुम उन गोप बालकों की तरह विस्मयाविष्ट हो गए हो ? तुम इस समय कौरवश्रेष्ठ हो या कौरवाधम ?''

भीम दाँत पीसकर मूर्तिमान काल की तरह आगे बढ़कर शिशुपाल की ओर आए।

भीम का क्रोध देख जैसे क्रुद्ध सिंह हिरनों की उपेक्षा करता है, उसी उपेक्षा से, हँसते हुए शिशुपाल ने कहा, ''हे भीष्म, इसे त्यागो, इस भीम पतंग को मैं अभी भस्म करता हूँ, उपस्थित राजागण देखें। और, तुम्हारा मन यदि अन्य की स्तुति करके ही सन्तुष्ट होता है तो अन्य भूपालों की स्तुति करो। महावीर कर्ण की प्रशंसा करो, जो अंग और बंग देशों के अध्यक्ष हैं एवं इन्द्र जैसे बली है, जिनकी महाबाहुओं का धनुष खींचना अत्यन्त भयानक है, जिनके कुंडल द्वय सहजात हैं, जो सचमुच के वीर हैं, जिन्होंने सम्मुख युद्ध में जरासंध को पराजित किया था। और भी कितने

ही असाधारण वीरगण उपस्थित हैं, उनकी प्रशंसा करो। इसके अतिरिक्त जो सागराम्बरा पृथ्वी पर अद्वितीय हैं, वह राजेन्द्र दुर्योधन तो यहीं हैं, उनकी स्तुति करने की तुम्हें इच्छा नहीं होती ? तुम अज्ञानवश इन सबकी उपेक्षा कर उस अस्तवनीय वासुदेव का स्तव क्यों करते हो ? तुम्हारी बुद्धि प्रकृतिस्थ नहीं।''

भीष्म ने कहा, ''हम लोगों ने गोविन्द की पूजा की है, वे भी सामने हैं। ठीक है, जिसकी मृत्यु आ पहुँची हो वह वासुदेव को युद्ध का आह्वान दे।''

भीष्म का वाक्य सुनते ही शिशुपाल ने कृष्ण का संग्राम में आह्वान कर कहा, ''कृष्ण, मैं तुम्हें आह्वान करता हूँ। साहस हो तो मेरे साथ युद्ध करो। आज तुम्हें सपांडव यमालय भेजूँ। तुम राजा नहीं, तुम दास हो, दुर्मति हो, और पूजा के पात्र नहीं हो। इन पांडवों ने अन्य सब मान्यों की अवज्ञाकर पूजनीय के रूप में तुम्हें पूजा दी। उनका भी वध कर इस अपमान का बदला लूँगा।''

कृष्ण ने शीघ्र अपने को छिपाया। पांडवों ने भी उनका अनुकरण किया। कृष्ण पांडवों को लेकर अन्य क्रुद्ध राजाओं की आड़ में बैठकर खूब नीची वाणी में विनीत स्वर में बोले, ''आप लोग कृपया सुनें, यह सात्यकि पुत्र का अभ्यास है कि जो इनका उपकार करे उसका ये अपकार करते हैं। यही उनका स्वभाव है। इस पापी ने मुझे अनर्थक जला मारने का प्रयत्न किया है। मेरे साथियों को विनष्ट किया है। अपने मामा विशालापति की बेटी भद्रा का अपहरण किया है। (यहाँ पुनः उल्लेख कर दूँ, कृष्ण की राय से अर्जुन ने भी अपनी मामा की बेटी सुभ्रदा का अपहरण किया था। अर्जुन की माँ कुन्ती कृष्ण के पिता वासुदेव की बहन थीं। अतः सुभद्रा भी उनके मामा की बेटी है।) इस पापी के कुकर्म की सीमा नहीं, इसके दुष्कर्मों का अन्त नहीं। तथापि मैंने इसे इतने दिनों क्यों सहा, जानते हैं ? इसकी माता मेरी बुआ हैं। उनसे मैंने प्रतिज्ञा की थी कि इसके हजार अपराध क्षमा करूँगा। अब आपकी जानकारी के लिए बताता हूँ कि आज ही उसके हजार अपराध पूरे हो गए। अब इसे मैं क्षमा न करूँगा।''

निन्दितकर्मा जादूगर कृष्ण ने अपने वाक् चातुर्य से जितने क्षणों इन क्रुद्ध राजाओं को विभ्रान्त कर, व्यस्त कर, अमनोयोगी कर रखा, उसी सुयोग में शिशुपाल-वध सम्पन्न हुआ।

इस हत्याकांड की परिकल्पना (कैसे क्या करना है, यह पूर्व निर्दिष्ट था), यह सारी प्रक्रिया युधिष्ठिर के अनुमोदन से एवं कृष्ण की बुद्धि से संगठित हुई थी, इसमें कोई सन्देह नहीं। यज्ञ सभा का कोलाहल तब शिखर पर था। हज़ारों ब्राह्मण, जातिकुल, साथी, अनेक देशों से आए प्रधान क्षत्रियगण, एवं मन्त्रीगण, जनारण्य सी भीड़। यह शोर और 'दीजिए', 'खाइए' शब्दों से आकाश व्याप्त। उसमें किसे

कहाँ किस मतलब से नियुक्त कर रखा गया था कौन देखता है ? मन्त्रणा देने में सुचतुर कृष्ण स्वभाव से ही बड़े दक्ष हैं। अनवधान व्यक्ति का पीछे से छिपकर संहार करवाना ही उनका धर्म है। यह हत्याकांड अत्यन्त निपुणता से सम्पादित हुआ। शब्द समुद्र के बीच थोड़ा ऊपर से अपने को आड़ में रखकर अत्यन्त समीप से ही किसी ने आघात किया था। आघात की प्रचंडता इतनी अधिक थी कि साथ ही शिशुपाल का मस्तक विदीर्ण हो गया। जिस वज़नी लोहे के चक्के से आघात किया गया था, वैसा आघात सह पाना किसी मनुष्य के लिए सम्भव न था। चक्के की बारी अत्यन्त तीक्ष्ण थी। महाभारत में अवश्य 'मधुसूदन का चक्र' नामक अलौकिक वस्तु को ले आया गया है, कृष्ण की गरिमा प्रकट करने में। लेकिन वास्तव में शिशुपाल जैसे वीर के वध के लिए उस प्रकार का एक बलिष्ठ गुप्तघातक जुटाया गया था, जिसके हाथ का ज़ोर भी प्रचंड था। पलक मारने भर में कैसे राजाओं के अमनोयोग का सुयोग लेकर (जो सुयोग कृष्ण ने दिया, अपनी क्षमता की गल्प सुनाकर) यह घटना घटी, कोई समझ न सका।

सहसा ऐसी भयंकर मृत्यु देखकर राजाओं की वाणी कुंठित हो गई। सब निःशब्द। भय से, विस्मय से किसी ने इसके विरुद्ध एक शब्द भी बोलने की हिम्मत न की। निश्शब्द ही कोई-कोई क्रोध में हाथ मलने लगे, कोई होंठ काटने लगे, कोई भीषण क्रोध में पागल हो उठे, कोई उदास भंगिमा से ताकते रह गए, और अनेक ने इसे कृष्ण की अलौकिक लीला समझकर उनके प्रति भक्ति अनुभव की। इसके बाद वासुदेव ने पूर्णतः निर्ममतापूर्वक हाथों में शंख, चक्र, गदा, पद्म लेकर आरम्भ से अन्त तक यज्ञ-रक्षा की।

5

तदनन्तर, यज्ञ की समाप्ति पर, प्रत्येक ने विदा ली। दुर्योधन और उनके मामा सौबल, मयदानव-निर्मित अभूतपूर्व सभा में बैठे थे। अन्यान्य अतिथियों और राजाओं के विदा हो जाने पर दुर्योधन सभाकक्ष का निरीक्षण कर अवाक् हो गए। दुर्योधन सभा के बीच एक स्फटिकमय स्थल पर आकर अत्यन्त लज्जित हुए। उन्होंने सचमुच जल के भ्रम से अपना वस्त्र उठाया था। फिर, अन्यत्र स्थल के भ्रम में वे पानी में गिर पड़े थे। दुर्योधन को उस अवस्था में देखकर कुछ दूर खड़े भीम अपने नौकरों के साथ अत्यन्त उच्च स्वर में हँस पड़े। बाद में युधिष्ठिर के आदेशानुसार उत्तम सूखे कपड़े ला दिया। दुर्योधन बाद में भी पुनर्वार, पहले की तरह, स्थल में जल की आशंका और जल में स्थल की आशंका कर भूल कर रहे हैं—यह देख भीम,

अर्जुन, नकुल, सहदेव सभी मज़ाक उड़ाने लगे। दुर्योधन को यह उपहास असह्य लग रहा था। लेकिन करते क्या ? उसके ऊपर से सजी सभा के कौशलों से अनेकशः प्रतारणा पाकर उनके लिए और हास्यास्पद बने। यहाँ तक कि कृष्ण पार्थ द्रौपदी एवं अनेक महिलाओं तक ने इतना हास्य तरंग उठाया कि वेदना-अपमान में डूबे दुर्योधन अचेत से हो गए।

पांडव यदि उन्हें अपना भाई मानते तो क्या वे उनका इतना मर्मान्तक उपहास करते ? यहाँ तक कि नववधू द्रौपदी ने भी अशालीन व्यवहार किया ! दुर्योधन विश्व वरेन्द्र राजा हैं, इन लोगों ने उन्हें वह सम्मान भी न दिया। आमन्त्रण पूर्वक ले आने का उद्‌देश्य क्या इस प्रकार अपना वैभव दिखाकर अपमान करना था ? क्षुद्रता दिखाकर हास्यास्पद करना ? दुर्योधन ने उन लोगों की क्या क्षति की है ? उनकी भी नहीं, किसी की भी नहीं। पांडव क्षेत्रजरूपेण क्षत्रिय होकर जो अनेक अनुचित कर्म खेल के छल से किए जा रहे हैं, वैसा एक भी दुर्योधन द्वारा नहीं हुआ। जतुगृह जलाकर, इतने लोगों को जला-मारकर, दोष उनके नाम चढ़ाकर, ब्राह्मणों के छद्मवेश में अपने को छिपाकर द्रुपदपुत्री की स्वयंवर सभा में जाकर उपस्थित ! यह सब विदुर और व्यास की सहायता से ही हो रहा है। यह समझने के लिए अधिक बुद्धि न चाहिए।

लौटते समय दुर्योधन अत्यन्त खिन्न थे, अन्यमनस्क थे। उनके मामा ने उन्हें चिन्ताकुल होकर जाते देखा और कहा, ‘‘दुर्योधन, तुम्हें क्या हुआ है ? इस प्रकार विषण्ण मन से क्यों जाते हो ?’’

दुर्योधन बोले, ‘‘मेरा ऐसा अन्तर्दाह हो रहा है कि और जीने की इच्छा नहीं। प्रतिशोध की इच्छा से जल रहा हूँ। अपने को जयी करने के लिए पांडव कृष्ण के परामर्श से ऐसा कोई पाप या दुष्कर्म नहीं जिसे करने से पराङ्मुख हों। सभी जानते हैं मैं उनका भाई हूँ। लेकिन क्या वे जानते हैं ? उनकी सभा जिस ढंग से निर्मित हुई है उसमें भ्रम अनिवार्य है। जल को स्थल समझना, या निकलने के लिए स्फटिक की दीवाल को द्वार समझकर आगे बढ़ते ही आहतमस्तक होकर लौट आना, या अन्य किसी धोखे के द्वार पर धक्का देकर गिरना, यह सब होगा, यह जानकर वे प्रतीक्षा कर रहे थे सबके सामने मुझे हास्यास्पद बनाने के लिए। उनकी यह कारसाजी मुझे चुपचाप सहनी पड़ रही है। हे मामा ! जिस प्रकार उन लोगों ने शिशुपाल का वध किया उसे देखकर सारे राजा स्तम्भित होकर जैसे निश्शब्द थे, वैसे ही मुझे भी निःशब्द लौट आना पड़ा है। क्षत्रियों का कोई धर्म वे नहीं पालन करते। क्षत्रियों के लिए सम्मुख युद्ध ही धर्म है। उन्होंने जिस तरह से अन्तःपुर में घुसकर जरासंध की हत्या की क्या वह वीरत्व है ? युद्ध है ? असीम धनराशि के अधिकारी होकर

भी उन लोगों की चित्तशुद्धि न हुई। हे मामा ! किसी अन्य की मर्मपीड़ा कोई नहीं समझता। एकमात्र वही मनुष्य जानता है कि उक्त अपमान कितने अकथ्य वेदनाबोध वश किसी को मृत्यु की सीमा पर ले जाता है। मैं अपनी वेदना और किसी के भी हृदय में संक्रामित कर सकता हूँ, केवल अपने पिता के हृदय में नहीं, मुझे यह पता है। वे विदुर की अनुगामिता से आच्छन्न हैं। विदुर ने उन्हें मेरे प्रति भी अविश्वास से भ्रान्त कर रखा है। मात्र मेरे पिता ही क्यों, पितामह भीष्म, गुरुदेव द्रोण सभी विदुर के वचन का विश्वास करते हैं। पिता धृतराष्ट्र प्रत्येक पद पर पथभ्रष्ट हो रहे हैं। अत्यन्त प्राज्ञ होकर भी अपने कार्य साधन में वे यत्नशील नहीं हैं। वे कभी यह नहीं सोचते कि राजाओं का सदैव अप्रमत्तचित्त से अपनी हित चिन्ता करना ही कर्त्तव्य है। गुप्त या प्रत्यक्ष उपाय से, जैसे बने, शत्रु को जिससे चिह्नित किया जा सके वही उपाय ग्रहण करना चाहिए। वही उपाय शस्त्रधारियों का शस्त्र है। मेरे पक्ष में कोई हो या न हो, मैं अपनी अकेले की क्षमता के बूते युद्ध करूँगा। लेकिन मैं अपना सम्मान इस प्रकार और आहत न होने दूँगा।"

शकुनि बोले, "ऐसा क्यों कहते हो ? हम सब तुम्हारे पक्ष में हैं। तुम्हारे भाई, मैं, तुम्हारे सर्वश्रेष्ठ मित्र कर्ण, तुम लोगों के वेतनभोगी भीष्म, द्रोण आदि भी। किन्तु बात वह नहीं है। तुम्हारे पिता ही तुम्हारे विरुद्ध खड़े होंगे। विदुर ही उन्हें अभी यह राय न देंगे। पांडव अभी ठीक से सुरक्षित नहीं हो सके हैं। अभी ही तो यज्ञ शेष हुआ है।

पिता की बात दुर्योधन जानते हैं। खूब अच्छी तरह जानते हैं। जो विदुर उनके असली शत्रु हैं, उन्हें ही सर्वोत्कृष्ट मित्र समझकर उन्होंने हृदय के सबसे बड़े आसन पर बिठा रखा है। उस आसन पर दुर्योधन का स्थान नहीं। वहाँ दुर्योधन की किसी बात का कोई मूल्य नहीं। दुर्योधन के नाम पर विदुर ने कोई मिथ्या अपवाद न छोड़ा। युधिष्ठिर ने ही जतुगृह में समातृक पाँच बेटों को एवं पुरोचन को जला डाला, स्वयं निरापद वहाँ से सुरंग के रास्ते निकलकर लापता हुए हैं, यह सब क्या विदुर नहीं जानते ? 'लापता' होकर कैसे नदी पारकर वे व्यास से मिले हैं यह भी वे जानते हैं। यह सब कुछ उन्हीं की तो कीर्ति है। उन्हीं के परामर्श से सब हुआ है। लेकिन यह बात क्या उन्होंने किसी से कही है ? सबको धोखा देना, मूर्ख बनाना ही तो उनका काम है। राजा प्रजा सबमें बदनाम हो रहे हैं दुर्योधन। यह सत्कर्म नहीं, सत्य बात नहीं। लेकिन चूँकि विदुर स्वयं धर्म हैं, इसलिए सभी उनका विश्वास करते हैं, उनकी ही बात मानते हैं। प्रतिवाद करने से लाभ नहीं। निःसन्देह विदुर के भेजे लोगों द्वारा पृथ्वीतल के नीचे रास्ता तैयार किया गया है। वहाँ से जिस दूसरी दिशा में पांडव आकाश तले आ निकले हैं, वहाँ विदुर का भेजा पथप्रदर्शक प्रतीक्षा कर रहा था।

विदुर की भेजी नौका के समीप वही पथप्रदर्शक उन लोगों को लाया था। उसी यन्त्रयुक्त नौका से ही वे दूसरे तट पर आकर, विदुर के मानचित्र के अनुसार रास्ता चलकर, सीमान्त पर मिले द्वैपायन से। सारा काम उनके षड्यन्त्र से हुआ था। कण भर भी क्या उन्होंने किसी को जानने दिया ? कहा कि सब दुर्योधन का कृत्य है। इस महाग्रन्थ में अधार्मिक के अवतारों ने धार्मिक का मुखौटा पहने हुए ये सारे अपकर्म कर वाहवाही पाई है। धृतराष्ट्र के अत्यधिक पुत्र-वात्सल्य के कारण ये दुर्घटनाएँ घटी हैं, इस विषय में सन्देह का ज़रा भी अवकाश विदुर ने न रखा। और भीष्म, द्रोण, धृतराष्ट्र प्रत्येक का विश्वास है कि सब कुकर्मों का दायी है दुर्योधन। तथाकथित 'पुत्र-वत्सल पिता' सतत ही बेटों के विपक्ष में। धृतराष्ट्र जो भी समझें या न समझें, दुर्योधन ने ठीक ही समझा है कि हस्तिनापुर का सिंहासन ही पांडवों का असली लक्ष्य है; इसी लक्ष्यपूर्ति के लिए उन्हें हेय करने में व्यस्त हो गए हैं विदुर एवं पांडव बन्धु। उनके शत्रु दुर्योधन हैं, धृतराष्ट्र नहीं। शक्ति-संग्रह उन्होंने कम नहीं किया है। वे विपुल ऐश्वर्य के अधिकारी हुए हैं। सहसा प्रहार कर धृतराष्ट्र को सिंहासन से हटाना बिलकुल कठिन नहीं। कठिन है दुर्योधन को अपने कब्ज़े में लाना। अपनी क्षमता से वह बहुत ऊपर उठ गया है। शिशुपाल ने कहा था, "इस ससागरा पृथ्वी पर जो अद्वितीय हैं वही राजेन्द्र दुर्योधन तो यहाँ उपस्थित हैं, उनकी स्तुति करने की इच्छा नहीं होती तुम्हारी ?" इस वाक्य ने उनके वक्ष में भाला चुभा दिया था। शायद वह क्रोध ही इस प्रकार अपमान द्वारा कुछ प्रशमित हुआ। बता दिया कि तुमसे हम डरते नहीं, तुम्हें कुछ नहीं समझते। किन्तु क्या यह सच है ?

पिता धृतराष्ट्र ने पांडवों के लिए जब जो किया है दुर्योधन ने कभी उसमें न कोई मन्तव्य व्यक्त किया न बाधा दी है। धृतराष्ट्र ने जो इतना आदर कर, इतना यौतुक भेजकर, द्रौपदी को कुलवधू का सम्मान देकर ग्रहण किया है, वह उनके औदार्य का परिचायक है। पांडवों ने तो उन्हें अपने विवाह के समय भी न बुलाया। पाँच पुरुषों ने एक नारी से विवाह कर आर्य और क्षत्रिय समाज के विरुद्ध आचरण किया, उसके लिए भी उन्होंने किंचित्मात्र तिरस्कार न किया। वरन उन्होंने ही परामर्श दिया था, गोलमाल करने की ज़रूरत नहीं। जैसे पाँच बहिरागत किशोरों को कुन्ती के वचन पर पांडु के क्षेत्रज के रूप में ग्रहण कर सब समस्याओं का समाधान किया था, यहाँ भी वही किया। और पांडु के क्षेत्रज के नाते उन्हें आधा राज्य दे दिया। इस पर भी दुर्योधन ने एक बात न कही। तथापि उनके प्रति इन लोगों का यह आक्रोश क्यों ?

कारण यदि कोई न भी बताए तो भी समझने में असुविधा न होगी। सम्पूर्ण राजत्व को दखल करने में जो अन्तराय होंगे, उनका नाम दुर्योधन है। दुर्योधन के

जीवित रहते बिना युद्ध के साम्राज्य हड़पने का और कोई रास्ता नहीं। अतएव, उसे यदि धृतराष्ट्र द्वारा त्याज्य पुत्र कराया जा सके, या किसी-न-किसी प्रकार उसकी मृत्यु करा दी जाए, तो धृतराष्ट्र को आँख की पलक भर में खिसका दिया जाएगा। युद्ध को जितना ही बचाया जाए, उतना ही मंगल है। भीष्म, द्रोण, कर्ण, अश्वत्थामा जिस ओर एकत्र होंगे, वहाँ जयी होना दुःसाध्य है। किन्तु पिता को यह बताना, न बताना दोनों ही एक समान है। पिता से दुर्योधन जो कहेंगे, उसकी अपेक्षा विदुर जो कहेंगे उसका मूल्य कहीं अधिक है। परन्तु दुर्योधन पिता से जो कहेंगे वह भी धृतराष्ट्र विदुर को बता देंगे। विदुर नित्य पिता के पास बैठकर उनके पुत्र की मृत्यु कामना करते हैं, पिता अनुद्विग्न रहते हैं। एक नाव से बँधी अन्य नाव की तरह उन्हें विदुर जैसे चलाते हैं वैसे वे चलते हैं। विदुर ही उनके अनुशासक हैं। धृतराष्ट्र को जानना चाहिए, जन्म के बाद से जैसे शरीर की वृद्धि होती है, उसी प्रकार जो राजा अपने सम्पद की क्रमिक वृद्धि चाहते हैं, वे ही स्वजाति में समृद्ध होते हैं। तत्कालीन उन्नति का उपाय पराक्रम था। स्पष्ट है कि पांडव अनेक देशों के राजाओं से मैत्री कर, जरासंध और शिशुपाल का वध कर, अत्यन्त बलशाली हुए हैं। उद्वेगहीन भी हुए हैं। इस समय थोड़े निश्चिन्त हैं। इसके बाद का कार्य होगा धृतराष्ट्र को उच्छिन्न कर, सम्पूर्ण अधिकार के लिए, इस राज्य पर चढ़ बैठना। उसके बाद अखंड राज्य का राजेश्वर होकर सिंहासन पर बैठना। पांडव और कुरु ये दो नाम किसकी रचना हैं यह न जानने पर भी, सम्बन्धों की जो यह शुष्क मरुभूमि बन गई है यह विदुर का अवदान है। सम्बन्ध की बात को छोड़कर भी, दुर्योधन जैसे विश्ववरेन्द्र राजा यदि यह अपमान सह लें, चोर की तरह लौटकर चुपचाप बैठे रहें, उससे बढ़कर पराजय और क्या हो सकती है ? वह पराजय और मौत दोनों एक समान। इसका यदि कोई प्रतिवाद न करें तो वे लोग उन्हें समय और सुयोग के अनुसार सदैव अपमानित करेंगे। नीचा दिखाएँगे। सुयोग पाकर षड्यन्त्रपूर्वक हत्या भी कर सकते हैं। ये तो कृष्ण की राय से सम्मुख युद्ध न कर अनुचित हत्या की राजनीति का अनुसरण कर रहे हैं। यदि सुयोग न हो तो सुयोग बनाने में कितनी देर लगेगी ? इस असम्मान का उत्तर उन्हें देना होगा, चाहे जैसे।

6

लौटकर धृतराष्ट्र को भी दुर्योधन ने वह घटना कह सुनाई। प्रतीत नहीं होता कि उससे धृतराष्ट्र का कोई चैतन्य उदित हुआ है। उनकी धारणा है कि उत्कृष्ट अन्न भोजन और उत्कृष्ट वस्त्र परिधान ही सब है। उन्हें पता नहीं, कापुरुष ही अशन-वसन

से परितृप्त रहते हैं, अधार्मिक लोग ही अमर्षशून्य होते हैं। दुर्योधन जिनके इतने बड़े शत्रु हैं, वे ही क्यों दुर्योधन के मित्र होंगे ? उन लोगों को विनष्ट करने के लिए बद्धपरिकर क्यों न होंगे ? युधिष्ठिर की दीप्यमान राज्यलक्ष्मी, जिसके गर्व से गर्वित होकर सबने मिलकर उन्हें इतनी यन्त्रणा, लज्जा, अपमान में जलाया है, उस राज्यलक्ष्मी को वे क्यों न खींच लेंगे ? वे एक बार दुर्योधन का वीरत्व देखें। दुर्योधन छिपकर हत्या करने में अक्षम हैं। वह पन्थ उनके क्षात्रधर्म के विपरीत है। किन्तु, योद्धा के रूप में छाती फुलाकर खड़ा होना वे जानते हैं। सभा के चबूतरे पर जल के भ्रम से कपड़ा फेंकने पर उन लोगों ने दुर्योधन को अपनी सम्पत्ति-प्रदर्शनी से विभ्रान्त और रत्न-अनभिज्ञ मानकर उपहास किया था। उस उपहास का दंड देना ही होगा। इसीलिए, अभ्युदय काल में ही शत्रुओं की उपेक्षा न करके, बढ़ी हुई व्याधि की तरह उनका मूलोच्छेद करना चाहिए। सामान्य काँटा भी कुछ समय में फोड़े का कारण बन जाता है।

मामा ने पहले ही कहा था, "धृतराष्ट्र युद्ध की सम्मति हर्गिज न देंगे, विदुर ही न देंगे, क्योंकि अब भी वे प्रस्तुत नहीं हो सके हैं।"

ठीक ही कहा था। सब सुनकर पिता बोले, "पुत्र, युद्ध करना मेरा अभिप्रेत नहीं।"

इसके बाद धृतराष्ट्र को छोड़कर अन्य अनेक विषयों की पर्यालोचना के अनन्तर एकान्त में सौबल ने कहा, "एक उपाय है जो तुम्हारे मनोनुकूल स्थान पर शायद तुम्हें पहुँचा दे। वह कोई गुप्त षड्यन्त्र नहीं। छद्मवेश में किसी के अन्तःपुर में घुसकर किसी की हत्या भी नहीं, किसी कायर की नीति भी नहीं। राजाओं का एक व्यसन मात्र है। मैं अक्षविद्या (चौपड़) में अभिज्ञ, मर्मज्ञ, विशेषज्ञ हूँ। युधिष्ठिर जुआड़ी (द्यूतप्रिय) हैं, किन्तु उसमें निपुण नहीं हैं। क्षत्रिय रीति के अनुसार द्यूत के लिए बुलाने पर वे आएँगे, और मैं अत्यन्त सहजता से उन्हें पराजित करूँगा।"

यह बात दुर्योधन को बहुत पसन्द न आई फिर भी कुछ ठीक लगी। उनकी इच्छा थी आमने-सामने खड़े होकर इस असम्मान का सही जवाब दें। शिशुपाल कृष्ण के शत्रु थे और दुर्योधन पांडवों के शत्रु हैं। शिशुपाल को निमन्त्रित कर, लाकर जिस प्रकार अपमानित और निहत किया गया, उसे स्वीकार लेना सहज नहीं। और मार न डालने पर भी उन्हें चूड़ान्त अपमान का पात्र बनाया गया। दुर्योधन और पांडवगण एक ही कुरुवंश की सन्तति जाने जाते हैं, लेकिन जिसका-जिसका पिता का अंश है केवल वही सुष्ठुरूप से भोग कर रहा है। और भी, इस समय राजसूय यज्ञ कर पांडव जहाँ पहुँचे हैं, उनका आचरण उस मर्यादा के अनुरूप शालीनता

की कोटि में, सद्वंश की कक्षा में, नहीं पड़ता। किन्तु धृतराष्ट्र को कौन समझाएगा यह सब ?

धृतराष्ट्र बोले, "विदुर हम लोगों के मन्त्री हैं, विदुर हमें जो मन्त्रणा देंगे, मैं उसी को सुनूँगा। दूरदर्शितापूर्वक विदुर दोनों पक्षों के मंगलार्थ और धर्मानुसार मन्त्रणा देंगे।" कहना न होगा, सब सुनकर विदुर ने दुर्योधन का विरोध किया।

महाभारत नामक पुस्तक में जैसे धर्म के रूप में विदुर को समझा जाता है, सत्यवादी के रूप में युधिष्ठिर को, वैसे ही पुत्रस्नेहान्ध समझा जाता है धृतराष्ट्र को। ये सारे प्रवाद एकदम असत्य हैं। विदुर जैसा अधार्मिक सचराचर में न दिखेगा, इस पुस्तक में दो-एक झूठ जिसके मुख से निकला उसका नाम है युधिष्ठिर, अपने पुत्र को मृत्यु की गाली देने पर भी जिसके हृदय में अणु भर कष्ट संचार न हुआ, वे ही हैं धृतराष्ट्र।

विदुर का परामर्श लेकर धृतराष्ट्र ने कहा, "विदुर जब द्यूत का अनुमोदन नहीं करते तो इसकी आवश्यकता नहीं। तुम्हें क्या कमी है ? तुम राजपद पर प्रतिष्ठित हो, तुमने पैतृक राज्य बढ़ाया है, प्रतिदिन आज्ञा देकर इन्द्र-जैसी दीप्ति पा रहे हो। तब तुम्हारा दुख क्या है, बताओ ?"

दुख की बात क्या है क्या वह दुर्योधन ने कहा नहीं ? पुत्र के उस अपमान पर पिता होकर उनके हृदय में क्या कोई प्रतिक्रिया हुई है ? वेदना का संचार ? अपमान बोध ? सबने मिलकर कैसे उसका उपहास किया ? द्रौपदी तक ने ! उसके प्रति भी दुर्योधन की क्या कुछ कम प्रतिशोध स्पृहा है ? प्रतिशोध-स्पृहा कुछ कर्ण को भी है। किस प्रकार स्वयंवर सभा में जाति का प्रश्न उठाकर द्रौपदी ने कर्ण का प्रत्याख्यान किया था, क्या उसे भूलना सम्भव है ? और उसके बाद क्या हुआ ? जिस द्रौपदी ने उद्धत प्रतिवाद से कर्ण का प्रत्याख्यान किया था, उसे विवाह करना पड़ा पाँच पतियों से। पाँच पुरुषों से विवाहिता नारी को ही, नववधू होकर भी, वैसी निर्लज्ज हँसी फबती थी। जो नारी पाँच व्यक्तियों से विवाह की सम्मति दे, उसे समाज और अन्य पुरुष आदर की दृष्टि से नहीं देखते। यदि दुर्योधन भी द्रौपदी को बहुगामिनी समझें तो उन्हें दोष नहीं दिया जा सकता। सुयोग पाने पर दुर्योधन उन्हें छोड़ न देंगे। पिता को समझाना असम्भव था। कौन शत्रु कौन मित्र यह किसी के शरीर पर लिखा नहीं रहता। वैसा कोई सांकेतिक शब्द भी नहीं। जो जिसे सन्तप्त करता है केवल वही जानता है कि कौन किसका शत्रु है।

इसके बाद दुर्योधन ने पिता से और कोई वितर्क न किया। किन्तु, अपने संकल्प से भी च्युत न हुए। जीवन में पहली बार अनुभूति हुई कि दुष्टों के मिथ्या प्रचार से आत्मसम्मान को पदाहत होने देना भी एक प्रकार की कापुरुषता है। जो क्षति

होनी थी उसे विदुर ने सोलह आना के बदले अठारह आना तक पहुँचा दिया है। अब एक फैसला नितान्त आवश्यक है। ऐसी और कौन बदनामी बाकी है जिसे मिथ्या का आश्रय लेकर विदुर ने घूम-घूमकर प्रचारित न की हो ? धृतराष्ट्र न जानें, दुर्योधन तो जानते हैं कि विदुर पांडवों के जितने हितैषी हैं, उतने ही धार्तराष्ट्रों के अहितकामी। दुर्योधन ने तय किया, या तो द्यूत पर युधिष्ठिर को आमन्त्रण देंगे, नहीं तो युद्ध में मृत्युवरण करेंगे। वे जानते हैं, पुरुषार्थी व्यक्ति परमार्थाभिलाषी होकर स्वकार्य-साधन में नहीं प्रवृत्त होता। कर्त्तव्य-निर्धारण के विषय में दो व्यक्तियों की राय का समान होना नितान्त दुर्घट है। चाहे रोग हो या मृत्यु, कोई श्रेय प्राप्ति के लिए प्रतीक्षा नहीं करता। अतः भविष्यत् की अपेक्षा किए बिना, श्रेयस्कर कार्य का अनुष्ठान करना ही कर्त्तव्य है। दुर्योधन ने दृढ़ता से कहा, "या तो पांडव-लक्ष्मी उपलब्ध करूँगा, या फिर मेरे जीने की आवश्यकता नहीं।" पुत्र का यह दृढ़ मन्तव्य सुनकर धृतराष्ट्र ने भृत्यों को आदेश दिया, "तुम लोग सहस्रस्तम्भशोभित, हेमवैदूर्यखचित, शतद्वारविशिष्ट, क्रोशायत (कोस भर की) 'तोरण स्फटिक' नाम की एक विशाल सभा शीघ्र निर्मित करो।"

वही हुआ। सुनिपुण शिल्पियों ने शीघ्र सभा निर्माण कर, समुचित सामग्री से सुशोभित कर, अल्पकाल में ही उसे बहुरत्नखचित और विचित्र स्वर्णासन-मंडित किया। सभा सुसम्पन्न हुई। तदनन्तर धृतराष्ट्र ने विदुर से कहा, "तुम इन्द्रप्रस्थ जाकर युधिष्ठिर को ले आओ।"

लेकिन नाराज होकर विदुर तत्क्षण बोले, "आपकी इस इच्छा का मैं किसी प्रकार समर्थन नहीं कर पाता। आप मुझे यह आज्ञा न दें। इससे मित्रों में फूट पड़ती है।"

बात अयौक्तिक नहीं है। किन्तु मित्रों में फूट (सुहृदभेद) पड़ चुकी है तभी तो यह आयोजन हुआ, यह भी विदुर जानते हैं। राजत्व पाकर भी पांडवों के मन से दुर्योधन के प्रति कण-भर भी विद्वेष कम न हुआ, यह अकाट्य सत्य है। अब भी वे हस्तिनापुर का सिंहासन दख़ल नहीं कर पाए हैं। दुर्योधन एक अति प्रतापशाली राजा हैं, युद्धविद्या में पारंगत, सैन्यस्थापन में सुयोग्य, उनके पक्ष में भीष्म हैं, द्रोणाचार्य हैं, अश्वत्थामा हैं, कर्ण हैं। पांडवगण सुस्थिर होकर बैठें तभी तो इस ओर ध्यान देंगे। इसलिए दुर्योधन को वे प्रतिद्वन्द्वी की दृष्टि से ही देखेंगे। इस अवस्था में यदि युधिष्ठिर द्यूत-मत्त होकर हार जाएँ, तब तो सब गया। इस भय से विदुर किसी प्रकार सहमत न हो सके।

लेकिन धृतराष्ट्र बोले, "दैव प्रतिकूल न हो तो कलह हम लोगों को परितप्त न कर सकेगा। तुम जाकर कुन्तीपुत्र को ले आओ।"

7

लाचार होकर विदुर को जाना पड़ा। इन्द्रप्रस्थ पहुँचकर युधिष्ठिर से बोले, "धृतराष्ट्र ने पाँसे के खिलाड़ियों का सम्मेलन बुलाया है। तुम उन धूर्तों को देखोगे। मैं धृतराष्ट्र का सन्देशवाहक होकर आया हूँ। उन्हें इससे बहुत निवृत्त करना चाहा। फिर भी मुझे भेजा गया। अब तुम जो श्रेयस्कर समझो, वही करो।"

युधिष्ठिर बोले, "दुर्योधन के अतिरिक्त और कौन-कौन अक्षविद (पाँसाविशारद) वहाँ हैं, बताइए, मैं उन्हें सौ बार हराऊँगा।"

विदुर बोले, "द्यूतनिपुण सिद्धहस्त शकुनि, विविंशति, चित्रसेन, राजा सत्यव्रत, जय, ये सब वहाँ आए हैं।"

विदुर की अनिच्छा समझकर भी युधिष्ठिर जाने के लिए तैयार हुए। द्रौपदी प्रभृति स्त्रियों, भाइयों, अनुचर, सहचर वर्ग के साथ खूब ठाट-बाट से हस्तिनापुर आए। उस रात सुख से सोकर दूसरे दिन सभामंडप में उनके प्रवेश करने पर शकुनि बोले, "इस सभा में सभी तुम्हारी प्रतीक्षा कर रहे हैं। द्यूतक्रीड़ा शुरू की जाए।"

युधिष्ठिर आक्रमणात्मक ढंग से बोले, "देखो, कपटी द्यूतक्रीड़ा अत्यन्त पापजनक है। इसमें अणु-भर भी क्षात्र पराक्रम नहीं। तुम किसलिए पाशाक्रीड़ा की प्रशंसा करते हो ?" यह बात सुनकर शकुनि अवाक् हुए थे। क्योंकि उन्होंने तो द्यूत या चौपड़ की प्रशंसा की नहीं। उनके कुछ उत्तर देने के पूर्व ही युधिष्ठिर फिर बोले, "धूर्त, कपटाचारी का कोई विश्वास नहीं करता।" शकुनि ने उनके साथ कब पाँसा खेला था कि कपटाचार करते ? और यह भी कहा, "तुम नृशंस की तरह असत् पथ अवलम्बन कर हम लोगों को पराजित मत करना।"

सभागृह में प्रवेश करते ही, युधिष्ठिर अकारण ही, अभद्र की तरह क्यों ये कर्कश वक्तव्य प्रायः मुखस्थवत् बोले जा रहे थे, किसी की समझ में न आ रहा था। अकेले दुर्योधन कानों में विदुर की ही वाणी सुन रहे थे। जैसे लाक्षागृह तैयार होने पर किस कारण वह्नियोग्य गृह में प्रविष्ट होते ही भीम से जो कहा था, यह वक्तृता भी अधिकांशतः वैसी ही थी। और यह भी, "आर्यलोग मुँह से म्लेच्छ भाषा का प्रयोग और कपटाचार-प्रदर्शन नहीं करते।" यद्यपि उस सभा में अब तक कोई राजा कोई बात न बोला था। इसके अलावा, म्लेच्छ भाषा युधिष्ठिर और विदुर के अतिरिक्त अन्य किसी क्षत्रिय को मालूम भी नहीं। राजसूय यज्ञ कर, सम्राट होकर क्या उन्होंने मानसिक सन्तुलन गवाँ दिया ? युधिष्ठिर बोले ही जा रहे थे, किसी उत्तर का समय भी न दे रहे थे, "सुनो, अकपट युद्ध ही सत्पुरुष का लक्षण है। मैं शठता कर सुख और धन नहीं पाना चाहता।" यहाँ आकर उनकी रुद्धश्वास वक्तृता समाप्त हुई।

अर्थात् जो करके वे राजसूय यज्ञ सम्पन्न करने में सक्षम हुए हैं।

आश्चर्य ! कुछ ही दिन पूर्व उन्होंने ही भाइयों और कृष्ण को जरासंध के अन्तःपुर में भेजकर एक पूजा-निबन्धन में उपवास-व्रती, असतर्क, असहाय जरासंध की कपट युद्ध में हत्या कराई ! यह सब बोलते समय उन्हें जरा भी लज्जा न आई ? उन्होंने अपना लोभ चरितार्थ करने में भाइयों द्वारा कोई भी घटना सत् भाव से सम्पन्न की है ? जरासंध की, गहन रात्रि में अकेले पाकर इस प्रकार हत्या करने का प्रस्ताव, अवश्य कृष्ण ने ही दिया था। लेकिन वे उससे सहमत क्यों हुए ? ब्राह्मण बनकर जाने से जरासंध से उन्हें सादर सम्भाषण एवं सम्मान मिला। उन्होंने कल्पना भी न की थी कि नितान्त अधःपतित इतर व्यक्ति के अतिरिक्त कोई क्षत्रिय सन्तान ऐसा कापुरुषोचित कपट कर सकता है। और किस प्रकार शिशुपाल की हत्या की गई ! उसे सोचते भी रोंगटे खड़े होते हैं।

शकुनि दुर्योधन के मामा हैं। गान्धारी के भाई। तत्कालीन नियम के अनुसार वे कुटुम्ब के सूत्र से युधिष्ठिर के भी मामा हैं। यदि उन्हें कुछ कहना ही हो तो मामा समझकर सम्बोधन कर, अन्यान्य विशिष्ट व्यक्तियों के यथोपयुक्त सम्मान प्रदर्शित कर, बोल सकते थे। लगता था जैसे किसी को वे अपने उच्चासन से देख ही न पा रहे हों। उनके आचरण से स्पर्द्धा-संकुल गर्व जैसे चिनगारी की तरह छिटक-छिटक कर निकला पड़ रहा था।

सब सुनकर शकुनि बोले, "तुम यदि मुझे धूर्त स्थिर कर चुके हो, यदि द्यूत से भयभीत हो, तो इससे विरत रहना ही अच्छा होगा।"

युधिष्ठिर विरत न हुए। खेल शुरू हुआ एवं थोड़ी देर में ही समझा गया कि शकुनि प्रकृत पटु खिलाड़ी हैं। किन्तु चूँकि युधिष्ठिर लगातार हारने लगे, अतः महाभारत की भाषा में, शकुनि ने सदा-सर्वदा 'शठता' पूर्वक उन्हें हराया। युधिष्ठिर जैसे द्यूत में अनिपुण व्यक्ति को सौबल सा सर्वजन स्वीकृत दक्ष एवं अभिज्ञ खिलाड़ी शठता या धूर्तता कर क्यों हराएगा ? यहाँ भी प्रचार की महिमा है। रचयिता व्यास यह कहकर छुट्टी पा गए, "शकुनि शठता अवलम्बन कर पाँसा खेलकर बोले, यह जीता।" और इसके साथ शुरू हुआ विदुर का अकथ्य भाषा में दुर्योधन पर आक्रमण। वे फिर बोले, "पहले तो 'पापात्मा' के पैदा होते ही सियार की तरह विकृत स्वर में रोया था, वही कुलान्तक दुर्योधन सबके विनाश का कारण है, इसमें सन्देह नहीं।"

यहाँ एक बात विशेष ध्यान देने योग्य है। दुर्योधन के कारण हस्तिनापुर का कोई विनाश हुआ ही नहीं। होगा भी नहीं। दुर्योधन यदि न बचाते तो धृतराष्ट्र की हत्या करने में इन लोगों का बहुत समय न लगता। जिसके कारण विनाश की आशंका है, वे हैं युधिष्ठिर। दुर्योधन ससागरा पृथ्वी के अद्वितीय शासक माने जाते हैं। राजा

होकर उन्होंने पिता के राज्य को आलोकित किया है। प्रकृतरूपेण, विनाश का कारण युधिष्ठिर भी नहीं, स्वयं विदुर है, एवं उसे प्रलम्बित कर ध्वंस के मुख में ले गए हैं उसके पिता द्वैपायन। सब अवश्य एकमात्र युधिष्ठिर के लिए ही। सम्प्रति सत्यवती की कृपा से सभी लोग द्वैपायन के पुत्र-पौत्र हैं। लेकिन क्षेत्रज पुत्र-पौत्र नहीं, जो अवैध हैं वे ही प्रधान भूमिका में हैं। यहाँ आर्य-अनार्य का प्रश्न नहीं, सबका जन्म अनार्य है, मिश्रित रक्त से। यहाँ केवल वैध-अवैध का विवाद है। विदुर बोले, "दुरात्मा दुर्योधन द्यूतमद में मत्त हुआ है। (यद्यपि दुर्योधन खेल न रहे थे)। महाराज, पांडवों से शत्रुता कर शीघ्र ही आपके पुत्र का पतन होगा, इसमें सन्देह नहीं। महाराज, आप आज्ञा दें, सव्यसाची अर्जुन दुर्योधन का वध करेंगे। इस पापी के मरने पर कौरवगण सुखी होंगे। कौआ और सियार तुल्य दुर्योधन के बदले मयूर-शार्दूल सदृश पांडवों को ख़रीदें।"

यावज्जीवन विदुर के मुँह से यही एक वाक्य सुनते आ रहे हैं दुर्योधन। ज्ञानोदय के साथ-साथ देखते आ रहे हैं कि उनके जन्मदाता पिता इसके विरुद्ध एक वाक्य भी नहीं बोलते। आज हठात् दुर्योधन का समस्त दुख, क्रोध, अपमान, असम्मान रक्त में आग की तरह जल उठा। अत्यन्त कष्ट से संयत होकर बोले, "हे क्षत्त ! हर समय तुम मेरी अवमानना क्यों करते हो? उसका कारण है, जो हमारे शत्रु हैं तुम उन पर अनुरक्त हो। तुम क्या समझते हो, मैं कुछ जानता नहीं ? तुम्हारे वचन कौरवों के प्रति तुम्हारे मन का प्रतिफलन हैं। तुम हमारे आश्रित होकर भी किसलिए विरुद्धाचरण में लगे हो ? तुम हम लोगों का तिरस्कार करना चाहते हो तो करो, लेकिन अब इस प्रकार मेरा अपमान मत करना। मैंने तुम्हारा मन समझा है, शत्रु-कार्य में निरत न रहो। मैं तो तुमसे अपनी हित-कामना करता नहीं। तुम मेरे शास्ता भी नहीं। शास्ता केवल एक व्यक्ति हैं। मैं उनके शासनानुसार कार्य करता हूँ। वे माथे से पत्थर भी फोड़ सकते हैं एवं गर्भस्थ शिशु को भी अनुशासित कर सकते हैं। तुम क्यों ज़बरन मुझ पर अनुशासन करते हो ?"

विदुर इन लोगों का कितना बड़ा शत्रु है यह बात धृतराष्ट्र को ज्ञानगम्य क्यों नहीं होती, समझा नहीं जा सकता। अपने सन्तान के सम्बन्ध में अविश्रान्त यह सब सुनते-सुनते कभी एक क्षण के लिए भी क्या अपने पुत्र के लिए विन्दु मात्र वेदना-संचार नहीं होता ? वे आँख से नहीं देखते, किन्तु अनुभूति तो है। पांडवगण गुप्त रूप से जाकर द्रुपद के साथ सम्बन्ध बना आए, पाँच पुरुषों ने मिलकर एक नारी से विवाह कर भरतकुल को कलंकित किया, कौरवों को ख़बर तक न दी, कुछ दिनों के लिए वारणावत जाकर वर्ष-भर में भी न लौटे, इन सब पर वे कुछ नहीं सोचते ? राजत्व का चक्र भीष्म चला रहे हैं, और उनके मन का चक्र विदुर। उन्हीं

विदुर की प्रतिध्वनि बनकर जब धृतराष्ट्र बोले, वे पांडवों का किंचित्मात्र कोई दोष नहीं देख पाते, जितना दोष है सब दुर्योधन का ही–तब लगता है ऐसा मन्दबुद्धि व्यक्ति कैसे राज सिंहासन पर बैठा है ! इसे तो कांड ज्ञान है ही नहीं। पांडव उन्हें विच्युत कर उस गद्दी पर बैठने के लिए ही इतने कांड किए जा रहे हैं, और दुर्योधन जीवित हैं इसलिए वे स्वयं अब तक टिके हैं, यह बात उन्हें कौन समझाएगा ? दुर्योधन की योग्यता से ही जिस प्रकार राजत्व की परिधि बढ़ी है, वैसे ही प्रजागण भी उनके कारण सुखी हैं, शान्ति से हैं, विद्रोह नहीं, यह सब भी क्या वे नहीं देखते ? समझ नहीं पाते ? कहाँ से कौन पाँच मनुष्य पर्वत से उतरकर, पांडुपुत्र बनकर, तत्क्षण धृतराष्ट्र को उच्छिन्न करने के अभिलाषी हैं–अतः विदुर के लिए दुर्योधन अवश्य बाधक हैं। वे निश्चय ही दुर्योधन की मृत्यु चाहते हैं, किन्तु धृतराष्ट्र को भी तो अपनी बुद्धि से कुछ समझना चाहिए था।

खेल के प्रारम्भ से ही विदुर ने धृतराष्ट्र को असम्मानपूर्ण उक्तियों से जर्जर कर रखा था। इतने बड़े साम्राज्य के धृतराष्ट्र सर्वमान्य अधिराज हैं, विदुर के ज्येष्ठ हैं, और विदुर उनके कर्मचारी हैं, यह उन्हें नहीं सूझता। तब भी धृतराष्ट्र विदुर के इस आचरण में ज़रा भी असम्मान बोध न कर रहे थे।

खेलते-खेलते जब युधिष्ठिर सर्वस्व हार गए, तब शकुनि ने कहा, "द्यूत में तुमने पांडवों का सब कुछ नष्ट कर दिया। तुम्हारा और क्या अपराजित धन है, बोलो।"

दाम्भिक कंठ से युधिष्ठिर ने कहा, "मेरे पास असंख्य धन है। धन का प्रश्न मुझसे क्यों पूछते हो ? मैं अयुत पद्म, खर्व, अर्बुद, शंख, महापद्म निखर्व कोटि से भी परार्धसंख्यक धन द्वारा इन सब लोगों के सामने तुम्हारे साथ खेलूँगा।"

फिर शुरू हुआ खेल। हितैषियों ने मना किया था। युधिष्ठिर ने सुना नहीं। अनुपार्जित धन-दौलत की गर्मी ने युधिष्ठिर को तब भी गर्म कर रखा था। खेलना था तो वे उनके साथ खेल सकते थे जो अन्य लोग खेलने आए थे, किन्तु उसमें उनके दाँत में चोट लगती थी। उनकी ज़िद कि वे शकुनि के ही साथ खेलेंगे। अतः उन्हीं के साथ खेले और अवधारित रूप से पुनः हार गए। हारते-हारते जब निष्कपर्दक (नंगे) हुए। तब एक-एक कर भाइयों को बाज़ी लगाकर हारे। अन्त में अपने को भी पण बनाया। जब फिर हारे, तब द्रौपदी को पण रक्खा। सब लोग हाय-हाय कर उठे। सारी सभा उनके इस पतित कार्य से अत्यन्त क्षुब्ध हुई। वृद्धगण धिक्कारने लगे। उन्होंने कुछ न ग्राह्य किया। इतने समय पाँच भाई दुर्योधनादि के दास थे। अब उनकी पत्नी भी उन लोगों की दासी हुई। विदुर ने जन्म से दुर्योधन का जितना अपमान किया है, उनके पुत्र युधिष्ठिर ने शायद वह ऋण इस प्रकार चुकाया।

केवल पुत्र युधिष्ठिर ही नहीं, अन्य चार पांडव भ्राताओं की सहायता से, विदुर

सम्पूर्ण राज्य पूर्णतः ग्रास करने के लोभ से इतने दिनों कितने झूठ का सहारा लेकर, एकमात्र बाधास्वरूप दुर्योधन और उनके मित्र कर्ण को हर प्रकार आघात पहुँचाते रहे। उसी तरह उस अन्याय के प्रतिविधान (निरसन) पर उन्हें माथा झुकाना पड़ा।

उसी नियम से, उस दिन धनसम्पद में मत्त होकर दुर्योधन के उपहास में द्रौपदी-कृष्ण के साथ, पांडव जितने प्रमुदित हुए थे, द्रौपदी को सभा में लाकर 'दासी' 'दासी' कहकर, दुर्योधन ने बदला लिया। कर्ण ने उपभोग किया। लेकिन दुर्योधन का यह व्यवहार था अतिशय अशालीन। इस प्रतिशोध में कोई सभ्यता न थी। द्रौपदी को, दुःशासन ने उनकी वेणी पकड़कर, अत्यन्त अभद्रता से सब मान्यवर लोगों के सामने लाकर, साड़ी की खींचा-खाँची की। यह अपराध निश्चय ही अमार्जनीय था। पांडवों ने अपने-अपने दुपट्टे द्रौपदी की ओर फेंक दिए। कर्ण को उसकी योग्यता का मूल्य न देकर, पिता-भ्राता की प्रतिज्ञा न मानकर, जाति के प्रश्न पर उसका प्रत्याख्यान कर, स्वयंवर सभा में द्रौपदी ने जितना अपमान किया था, अथवा यज्ञ के दिन मयदानव-निर्मित अपूर्व सभागार में बारम्बार दुर्योधन को विभ्रान्त कर सदल-बल जिस तरह उसका उपहास किया था, वह भी अक्षम्य था। लेकिन एक नारी के साथ यह आचरण सभ्यता की सीमा पार कर गया। क्रोध से जलते हुए भीम ने कहा, ''हे युधिष्ठिर ! द्यूतप्रिय व्यक्तिगण अपने घर की वेश्याओं को भी पण नहीं रखते। वे उन पर थोड़ी दया दिखाते हैं।'' यह कहते भीम के सारे शरीर से चिनगारियाँ छिटकने लगीं। द्रौपदी ने एक तर्क किया, युधिष्ठिर किसके मालिक बनकर उन्हें जुए पर लगा बैठे ? उन्होंने पहले अपने को या पहले द्रौपदी को द्यूत के मुख में विसर्जित किया है ?

दुःशासन 'दासी' 'दासी' कहते हुए ज़ोरों से हँस रहा था। ऐसी हँसी का रोल जिस दिन दुर्योधन को व्यथित कर रहा था, उन्होंने उस दिन निश्चय ही अपने को अत्यन्त असहाय और दीन समझा था। आज द्रौपदी को यह हँसी वैसे ही व्यथित और दीनभावापन्न कर बैठी थी। कौरवों के आज के निर्दय अभद्र व्यवहार के पीछे मूल बात थी प्रतिशोध-स्पृहा।

फिर भी द्रौपदी नारी, वे पुरुष थे। उसके अलावा, सभा में जिस प्रकार उन्हें दुःशासन ले आए, या जिस प्रकार उनका वस्त्र खींच रहे थे, वह अतीव अभव्य आचारण था। महान आश्चर्य, इस पर कोई कुछ न कह रहा था। रोकर द्रौपदी ने कहा, ''हाय, भरतवंशियों के धर्म को धिक्कार है। क्षात्रधर्म के ज्ञाताओं का चरित्र नष्ट हो गया है। सभा में स्थित कुरुगण अपनी आँखों कुरुधर्म का व्यतिक्रम देख रहे हैं, लेकिन कोई इनकी निन्दा नहीं कर रहा है। लगता है इन लोगों का भी इस कर्म में अनुमोदन है। द्रोण, भीष्म, विदुर इनका कुछ भी सत्व नहीं। प्रधान कुरुवंशी

वृद्धगण भी दुर्योधन के इस अधर्मानुष्ठान की सहज उपेक्षा कर रहे हैं।''

भीष्म बोले, ''हे सुभगे ! एक ओर परवश व्यक्ति दूसरे का धन पण नहीं रख सकता, दूसरी ओर स्त्री पति के अधीन है। ये दोनों पक्ष तुल्यबल होने के कारण तुम्हारे प्रश्न का यथार्थ उत्तर देने में हम लोग असमर्थ हैं। विशेषतः युधिष्ठिर ने अपने मुँह से स्वीकार किया है, ''मैं हार गया हूँ।'' शकुनि जुए में अद्वितीय हैं। युधिष्ठिर स्वयं उनसे खेलने के अभिलाषी थे। स्वयं उन्होंने तुम्हारी इस अवमानना की उपेक्षा की है। हम तुम्हारे प्रश्न का उत्तर कैसे दे सकते हैं ?''

यह उत्तर भीष्म के उपयुक्त न था। यह कोई उत्तर नहीं। गृहवधू को यों खींच लाकर सभा में अपमानित करना अन्याय है, उन्हें यह कहना चाहिए था। युधिष्ठिर ने उसे पण्य बनाकर जितना भी असम्मान किया हो, वह बात अलग है। लेकिन विनिमय में ये (कौरव) जिस प्रकार अपना क्रोध निकाल रहे हैं, उसका प्रतिवाद करना गुरुजनों का एकमात्र औचित्य ही नहीं, कर्त्तव्य भी है। लेकिन वह किसी ने न किया। क्यों न किया ? क्या उसका अर्थ यह समझूँ कि द्रौपदी स्त्री है या पुरुष इस पर किसी को कोई चिन्ता नहीं। स्त्रियों के प्रति एक विभिन्न सम्मान का प्रश्न नहीं ? यदि वह होता तो द्रौपदी को सभा में लाकर सबके सामने, जहाँ भीष्म, द्रोण, विदुर, धृतराष्ट्र प्रभृति गुरुजन सभी उपस्थित हैं, वहाँ यह अशालीन आचरण करने का साहस उन्हें कभी न होता। उस समय के समाज में माननीय अतिथि के आने पर अन्यान्य सामग्री के साथ एक स्त्री भी उपहार दी जाती थी। क्या उसी मनोभाव से द्रौपदी को सभा में यों खींच लाने में उन लोगों को कोई अन्याय न दिखा ?

एक और बात। भीष्म बोले, ''परवश व्यक्ति दूसरे का धन पण नहीं रख सकता। दूसरी ओर स्त्री पति के अधीन है। ये दोनों पक्ष एक समान लगने के कारण तुम्हारे प्रश्न का यथार्थ उत्तर देने में हम लोग असमर्थ हैं।'' यदि यही हो, तो युधिष्ठिर ही द्रौपदी के एक मात्र पति नहीं, और चार पति भी तो हैं, उन लोगों ने क्यों कोई प्रतिवाद न किया ? अन्य की स्त्री को पण्य रखने का अधिकार युधिष्ठिर ने कहाँ पाया ? पुराकालीन नियम के अनुसार छोटा भाई ज्येष्ठ भाई के अधीन है, किन्तु उनकी पत्नियाँ अपने पतियों के अधीन थीं। तो वे पति लोग क्यों चुप रहे ? उन्होंने तो द्रौपदी को पण रखा नहीं। उन लोगों ने क्यों कोई प्रतिवाद न किया ? अन्त में यही लगता है कि जब किसी ने प्रतिवाद न किया, गुरुजन ने भी नहीं, अन्य सभासदों ने भी नहीं, पतियों ने भी नहीं, तो शायद द्रौपदी का नारी के नाते स्वीय सम्मान पाने का कोई प्रश्न ही न था। अथवा द्यूतक्रीड़ा के नियमानुसार अनुक्षण अपमानित दुर्योधन और कर्ण ने जो किया है, वह कुछ भी अनुचित नहीं। दुर्योधन का एक भाई ही एकमात्र व्यक्ति था जिसके मुँह से एक प्रतिवाद उच्चारित हुआ।

विकर्ण बोला, "युधिष्ठिर ने वासनासक्त होकर द्रौपदी को पण रखा है, और पण रखने के पूर्व वे स्वयं हारे हैं, उससे वे अधिकार-वर्जित हुए हैं। यह सब विवेचना करने पर मैं द्रौपदी को जयलब्धि नहीं मान सकता।"

विकर्ण की बात सुनकर क्रुद्ध होकर कर्ण बोले, "देवताओं ने महिलाओं के लिए एक ही पति का विधान किया है। द्रौपदी उस नियम का लंघन कर जब अनेक पतियों की वशवर्ती हुई हैं तो वे वेश्या हैं। इसलिए सभा में लाना या विवसन करना, आश्चर्य की बात बिलकुल नहीं।"

दुर्योधन ने युधिष्ठिर से कहा, "हे नृपति, भीम, अर्जुन, नकुल, सहदेव तुम्हारे वशीभूत हैं, द्रौपदी को तुमने हारा या नहीं, तुम्हीं कहो।" हँसते-हँसते वस्त्र खिसकाकर अपनी जंघा में थप्पड़ मारा। कहना न होगा, यह आचरण अशालीन था।

किन्तु बचपन से वे विदुर के वचनविष से जिस ज्वाला में जलते रहे हैं, विदुर के परामर्श से पांडव नामधारी पाँच भाइयों के साथ जो शत्रुभाव रचित हुआ है, निश्शब्द जो ग्लानि, अपमान, असम्मान, सतत उन्होंने सहा है, अकारण प्रत्येक व्यक्ति के सामने वे निन्दाजनित पापमूर्ति में परिणत हुए हैं, इतने दिनों पर उस सारे अपमान का प्रतिशोध ले सकने पर दुर्योधन का मात्राज्ञान गवाँ बैठना विस्मयकर नहीं। विशेषतः, जिस समाज में महिलाएँ भोग सामग्री के अतिरिक्त और कुछ नहीं। विशेषतः जो स्त्री पंचपतिगामिनी हो।

इसके अलावा, द्रौपदी के अब अपने को कुलवधू कहने पर भी, उन्होंने यज्ञ के दिन जो चपलता दिखाई थी वह रंच भी सुष्ठु न थी। अन्य का असम्मान-अपमान करने पर बदले में असम्मानित-अपमानित होने का ख़तरा तो है ही। स्वयंवर सभा में जाति की बात कर अत्यन्त अनुचित रूप से कर्ण का अपमान किया था द्रौपदी ने। उसमें कोई शालीनता न थी। उसके बाद एक व्यक्ति के गले में वरमाला डालकर विवाहित होकर उन्होंने अपने वरणीय पति के ज्येष्ठ-कनिष्ठ सभी भाइयों के साथ कैसे विवाह किया ? कर्ण का प्रत्याख्यान करते वक्त उनके कंठ में जो ज़ोर था, विवाह के समय क्यों तेजस्विनी द्रौपदी का वह कंठ निश्शब्द रहा ?

मान-सम्मान, ऐश्वर्य युधिष्ठिर का अपने बल-बूते अर्जित कुछ नहीं। पत्नी भी नहीं। वे जुए के नशे में अनुपार्जित सर्वस्व समर्पित कर भाइयों के साथ द्रौपदी को लेकर कौरवों के दास हुए।

द्यूत राजाओं के अनेक व्यसनों में एक है। खेलने के लिए सभी राजा सबको बुला सकते हैं—यही नियम है। वह सम्मान की बात है। इस खेल का आयोजन कोई भी राजा किसी भी दिन कर सकता है। खेल भी सकता है। युधिष्ठिर को सोद्देश्य बुलाया गया, तो भी अकेले उन्हें ही नहीं बुलाया गया, अन्य कीर्तिमान

राजा भी वहाँ उपस्थित थे। युधिष्ठिर स्वयं शकुनि से खेलने के अभिलाषी हुए। क्यों हुए, उसमें जो गूढ़ अभिसन्धि थी उसे कोई न समझ सका। वह बात उन्होंने स्वयं व्यक्त की थी। सोच्चार सबके सामने नहीं, वरन् द्रौपदी के वाक्य बाण से जर्जरित होकर उससे कहा था कि उनके मन में आया था कि खेलते-खेलते एक न एक बार वे जीतेंगे ही, और तब दुर्योधन का समस्त ऐश्वर्य उनके अधीन हो जाएगा। यह बात उन्होंने मात्र पत्नी को न बताई थी, क्रुद्ध भीम से भी कही थी। नहीं तो, जो खेल वे किसी और के साथ खेलते तो शायद जीत भी जाते। किन्तु दुर्योधन को हराए बिना सुख कहाँ ? यह खेल सभी पण लेकर खेलते हों, ऐसा नहीं। दुर्योधन ने भी पण की बात न कही, बोले थे सिर्फ युधिष्ठिर। वे जानते थे उनका जो भी ऐश्वर्य है, उसके साथ ये लोग किसी प्रकार बराबरी न कर सकेंगे, अतः कभी तो पकड़ में आएँगे। दुर्भाग्यवश उनकी वह कामना पूर्ण न हुई। विदुर की तरह उनका भी अन्तिम लक्ष्य है शान्तनु का सिंहासन।

हितैषियों ने उन्हें शकुनि के साथ खेलने से रोका भी था। उन्होंने सुना नहीं। कौरवों को, अभिसन्धिपूर्वक खेल का आयोजन करने पर भी, फलाफल के विषय में, निश्चय न था। क्योंकि युधिष्ठिर सौबल के साथ ही खेलेंगे, ऐसी तो कोई बात न थी। युधिष्ठिर के मन में वह निश्चयता थी। धन के आधिक्य से वे इन लोगों की अपेक्षा कहीं अधिक ऐश्वर्यवान हैं, इसका उन्हें पूर्ण विश्वास था। तभी तो गर्व पूर्वक कहा था, "पण-पूर्वक खेलो, देखूँ तुम लोगों के पास क्या है।" किन्तु मज़े की बात यह कि राज्य-भर में यह अफ़वाह उड़ी कि दुर्योधन की ईर्ष्या से ही युधिष्ठिर की इतनी बड़ी क्षति हुई। युधिष्ठिर खेले, युधिष्ठिर हारे, अति निन्दित जुआड़ी से भी अधिक निन्दित जुआड़ी होकर अपनी पत्नी ही दाँव पर लगा दी; तथापि युधिष्ठिर सत्, युधिष्ठिर निर्दोष, युधिष्ठिर सरल, और उनके सभी दुष्कर्मों की ज़िम्मेदारी लेनी पड़ी दुर्योधन को। अवश्य कर्ण और सौबल भी न छूटे।

इसमें उल्लेख्य है भीष्म और द्रोण का चुप रहना। इसका अर्थ सम्भवतः यही कि ये वहाँ दुर्योधन का दोष न देख पाए। सहसा विदुर, उनसे जितना शक्य था उतनी भद्र भाषा में, बोले, "हे धृतराष्ट्र पुत्रो, तुम लोगों ने अनुचित द्यूतक्रीड़ा की है। चूँकि सभा में स्त्री विषयक विवाद करते हो, तुम लोगों के राज्य का कल्याण समाप्त हो गया। तुम सब कुमन्त्रणा के शिकार हुए हो। सभा में अधर्मानुष्ठान होने से सभी दूषित होते हैं। अब मेरा धर्मवाक्य सुनो। देखो, यदि युधिष्ठिर अपनी हार के पहले द्रौपदी को दाँव पर रखकर खेलते, तो वे यथार्थ ईश्वर (मालिक) होते। किन्तु अनीश्वर (पराधीन) से जीता धन, मेरे मत में, स्वप्नवर्जित धन की तरह है। अतएव हे

कौरवगण ! तुम लोग गान्धारराज की बात सुनकर विमूढ़ होकर धर्मच्युत न होना।''

दुर्योधन ने द्रौपदी को संबोधित कर कहा, ''हे याज्ञसेनी ! भीम, अर्जुन, नकुल, सहदेव का मत ही मेरा मत है। यदि वे युधिष्ठिर को अधीश्वर कहें तो तुम्हारा दासीत्व समाप्त हो जाएगा।''

एकाएक धृतराष्ट्र दुर्योधन से कहने लगे, ''अरे दुर्विनीत दुर्योधन। तू एकदम उत्सन्न हुआ। क्योंकि कुरुकुलकामिनी, विशेषतः पांडवगण की धर्मपत्नी द्रौपदी को तूने सभा में सम्बोधित किया।''

विदुर बोले हैं, अतः धृतराष्ट्र को पुत्र के विरुद्ध कुछ तो कहना ही होगा। इस प्रौढ़ राजा की अविवेचना जितनी गम्भीर है, दुर्योधन का दुर्भाग्य उससे भी अधिक है। दुर्योधन उनका वयस्क पुत्र है; स्वावलम्बी, प्रजावत्सल रूप में ख्यात एक राजा। सभा में सबके सामने पिता ही यदि उसकी निन्दा में मुखर हों, इस तरह असम्मान करें, तो अन्य लोग क्यों न करेंगे ? परिजनों में यों ही विदुर ने उन्हें जैसा चिन्तित कर रखा है, वह अब कैसे पुँछ जाएगा ? प्रचार की मदद से विदुर ने उन्हें जिस स्थिति में ला पटका है, उससे उन्मुक्त होकर, दुर्योधन आज यदि प्रतिहिंसा परायण होकर, मर्यादा ज्ञान खो दें, तो क्या वह बहुत बड़ा दोष होगा ?

विदुर धर्म हैं। विदुर झूठ बोलना नहीं जानते। विदुर सत्यता के प्रतीक हैं। विदुर विवेक के प्रतीक हैं। और उनके अपने ही पिता धृतराष्ट्र उनकी छाया। दुर्योधन के जीवन का गम्भीरतम कष्ट वहीं है।

उसके बाद ही धृतराष्ट्र ने पतियों सहित सारी सम्पत्ति भी द्रौपदी को लौटा दी। कर्ण बोले, ''असामान्य रूपवती द्रौपदी जैसी किसी स्त्री का ऐसा कर्म सुना न गया था। पांडवगण दुस्तर जल प्लावन में डूबे थे, पांचाली ने नाव बनकर उन्हें पार कर दिया।''

कर्ण की बात सुनकर असहिष्णु भीम ने दाँत पीसकर कहा, ''हा ! स्त्री पांडवों का उद्धार बनी ?''

इसके बाद धृतराष्ट्र की अनुज्ञा से धन-सम्पद् के साथ पांडव जब चले गए, उसके थोड़ी ही देर में सहोदर एवं मन्त्रीगण दुर्योधन के पास आकर बोले, ''हमने अत्यन्त क्लेशपूर्वक जो सारा द्रव्य संचय किया है, वृद्ध राजा ने सब नष्ट कर दिया। अधिकांश ही पुनर्वार शत्रुओं के हाथों चला गया। अब भला-बुरा जो हो तुम लोग तय करो।''

यह बात सुनकर दुर्योधन विस्मित भी हुए, शंकित भी हुए। इस समय पांडव जिस विक्षिप्तावस्था में अपने राज्य में वापस गए हैं उस क्रोध से निस्तार पाने का

क्या उपाय है, वही चिन्तनीय है। उन लोगों के सहायक-सम्बल प्रबल हैं, और वे स्वयं इस क्षण बिलकुल अप्रस्तुत ! प्राण लेने को उद्यत इन क्रुद्ध साँपों को गले कौन लगा रखेगा ? सभी उपायों से उनका दमन करना कर्त्तव्य है। आज हो या कल, युद्ध ये करेंगे ही। अस्थिर मति धृतराष्ट्र को सिंहासनच्युत कर अविभक्त राजत्व न पाने तक ये पांडव शान्त न होंगे। विदुर भी न होंगे। और अब तो एक बड़ा कारण पा गए हैं। प्रकृत रूप से, द्रौपदी को सभा में लाकर असम्मान करना उन लोगों की ओर से जैसे एक अत्यन्त अशोभन कृत्य हो गया था, वही असम्मान पंच पांडवों को उससे कहीं अधिक पागल कर बैठा है। भीम ने प्रतिज्ञा की है दुर्योधन का उरुभंग (जंघाखंडन) करेंगे, और दुःशासन का रक्तपान करेंगे।

धृतराष्ट्र ने अस्थिर होकर पांडवों को बुला भेजा। परिजन के साथ पांडव आ गए। दुर्योधन ने युधिष्ठिर से कहा, "हे पार्थ ! इस सभा में अनेक प्रकार के लोग आए हैं। आओ हम पुनः पाँसा फेंककर जुआ खेलें।"

सौबल बोले, "वृद्ध राजा ने जो आप लोगों का धन वापस किया है, वह ठीक ही किया है। किन्तु इस बार हममें से जो भी हारेगा, वही महारण्य में प्रवेश कर, एक वर्ष अज्ञात और द्वादश वर्ष ज्ञात वास, यानी तेरह वर्ष वनवास करेगा।"

उन्मत्त जुआड़ी युधिष्ठिर भाइयों के साथ, मौन होकर, इतने कांड के बाद भी पुनः खेलने चले गए। किसी की कोई बाधा न स्वीकार की। किसी की ओर देखा भी नहीं। यथारीति पुनः हार कर पुनः निःस्व हुए। अब शुरू हुआ वनवास पर्व।

पांडवगण ने प्रव्रज्या ली है, यह सुनकर कई लोग उनसे मिलने महावन में आए। कृष्ण भी आए। उन्हें देखकर द्रौपदी ने भरे गले से कहा, "हे कृष्ण ! मुझे लगता है मैं पतिपुत्र विहीन हूँ, मेरे मित्र नहीं, भाई नहीं, पिता नहीं, तुम भी मेरे नहीं।" हथेली से उन्होंने मुँह ढँक लिया। मुँह छिपाकर रोने लगीं। अजस्र अश्रुमाल से उनका वक्ष गीला होने लगा। असाधारण सुन्दरी सखी का यह विगलित वचन सुन कृष्ण विगलित होंगे, इसमें सन्देह कहाँ ? उन्होंने भी विगलित कंठ से "हे भाविनी" सम्बोधन कर उन्हें अनेकशः सान्त्वना दी। इस वनवास पर्व में युधिष्ठिर ने द्रौपदी को जो बताया था, वही बाद में उन्होंने भीम से भी कहा, "भाई ! मेरे अन्यायाचरण से तुम सब विषादसागर में गिरे हो, यह असंदिग्ध है। मैंने दुर्योधन के राज्यहरण का इच्छुक होकर पाँसा खेला था।"

यहाँ क्या हम यह प्रश्न नहीं कर सकते कि क्यों वे दुर्योधन के राज्य पर लोभ करने गए थे ? क्या वे तब अगाध ऐश्वर्य के अधिकारी न हुए थे ? पांडु का अर्धांश नहीं पाया ? उन्हें किस चीज़ की कमी थी ? असल में जब तक न शान्तनु का सिंहासन पूर्णतः ग्रास कर पाएँ, तब तक जैसे विदुर को शान्ति नहीं, युधिष्ठिर को

भी नहीं। दुर्योधन इन लोगों के बारे में अपनी राजोचित बुद्धि से यह अनुमित कर सके थे, एवं ये पांडु के क्षेत्रज हैं कि नहीं इस पर भी उनके मन में सन्देह था। इसके अतिरिक्त, जिस कारण हो, इसके साथ विदुर सम्पृक्त हैं, इस पर भी वे निःसंशय थे। किसी बलवान राजा का सहयोग पाने के लिए ही जो वे हस्तिनापुरी न लौटे, अपना परिचय गुप्त रखकर ब्राह्मण का छद्मवेश धारण किया था, ये बातें अन्ततः दुर्योधन से छिपी न थीं। भले ही विदुर ने सबको समझा रखा था कि दुर्योधन की ईर्ष्या से मुक्ति पाने, प्राणभय-वश, पांडव भागकर घूम रहे थे।

पांडवों का उद्देश्य सफल भी हुआ था। विशेष कर कृष्ण की सहायता पाकर, कह सकते हैं कि, सब कुछ मुट्ठी में आ पहुँचा था। राजसूय यज्ञ के दिन वे यदि अकारण दुर्योधन का यह अपमान न करते, नौकर-नौकरानियों के सामने सभी स्त्री-पुरुष वैसा अशालीन अभव्य आचरण न करते तो तथाकथित स्वजातियों का वह वैभव देखकर दुर्योधन का मन कैसा भी कलुषित हो, प्रतिशोध की यह घटना हर्गिज़ न घटती। पांडव यदि अपने को कुरुवंश की सन्तति मानते, और कुछ न हो, तो कुरुकुल के मान-सम्मान के दायित्ववश भी यह न कर सकते। इसके बाद कोई भी आत्मसम्मान के बोध से सम्पन्न व्यक्ति जैसे भी बने इसका बदला लिए बिना न रहता। वहाँ तो दुर्योधन का इन पर वर्षों का पुंजीभूत क्रोध है। छोड़ देने का कोई प्रश्न ही नहीं उठता। कुल, मान, धन, जन में दुर्योधन एक विशिष्ट व्यक्ति हैं, समकक्ष क्षत्रिय राजा, वे अपमान क्यों सहेंगे ? सह लेते तो हम पाठकगण ही उन्हें कायर कहते, उनकी भर्त्सना करते। आत्मसम्मान के प्रति जिनकी दृष्टि नहीं, वे मनुष्य होकर भी मनुष्य नहीं। आत्मसम्मान की चेतना प्राणियों में एकमात्र मनुष्य जाति में ही है।

जब पांडवगण द्रौपदी के साथ वनवास के लिए जा रहे थे तब दुःशासन ने कहा था, "जिन पांडवों ने धनमद में मत्त होकर धार्तराष्ट्रों का उपहास किया था, इस क्षण वे ही निर्जित और हृतसर्वस्व होकर वन जा रहे हैं।"

8

वनवास पर्व बिताकर वे उद्योग पर्व में आ पहुँचे। गृहविवाद का पुनः सूत्रपात हुआ। उसी समय राजा विराट की पुत्री उत्तरा के साथ अभिमन्यु का विवाह हुआ। उन्हीं के घर मन्त्रणासभा बैठी। मन्त्रणा का विषय : किस प्रकार दुर्योधन के हाथ से पांडवों के पितृराज्य का उद्धार किया जाए ?

द्रुपद बोले, "दुर्योधन आसानी से राज्य न लौटाएगा। हम लोगों का प्रयोजन

अब है धर्मसम्मत तर्क द्वारा धृतराष्ट्र को अपने वश में लाना। अतः उन्होंने अपने पुरोहित को दूत बनाकर भेज दिया। कह दिया, "पांडवों के हितार्थ आप पुष्य नक्षत्र के जयसूचक मुहूर्त में यात्रा करें।" पुरोहित को गुप्त परामर्श दिया, "आप वहाँ पहुँचकर धर्मवाक्य से धृतराष्ट्र को प्रसन्न कर, उन लोगों के योद्धाओं की गति परिवर्तित करने की चेष्टा करेंगे। इधर विदुर यह सब सुनकर भीष्म, द्रोण, कृपाचार्य, प्रभृति का परस्पर मतभेद प्रस्तुत करेंगे। अमात्य वर्ग में अन्तर्भेद और सैनिकों में विमुखता होने से अपनी एकता संयोजित करने के लिए कौरवों को विशेष प्रयत्न करना होगा। उसी समय में पांडव एकाग्र चित्त से सैन्य संग्रह प्रभृति सभी सामरिक कार्यों का संयोजन कर सकते हैं। अन्तर्भेद होते ही आप समर्थन करें। इससे विपक्ष दुर्बल हो जाएगा, और वे सेना संग्रह न कर पाएँगे। अब आप यत्नपूर्वक हमारा यह उद्देश्य सिद्ध करें।"

बलराम ने कहा, "युधिष्ठिर द्यूतप्रिय हैं, किन्तु अज्ञ हैं। मित्रों का निषेध न सुनकर द्यूतनिपुण शकुनि को चुनौती दी थी। अन्य राजाओं के साथ भी तो खेल सकते थे, हरा भी सकते। किन्तु उन लोगों के साथ न खेलकर उस शकुनि के साथ वे खेलने गए, और प्रमत्त होकर राज्य गवाँ दिया। शकुनि ने अपनी शक्ति से ही युधिष्ठिर को परास्त किया है। उसमें शकुनि का कोई दोष नहीं। यदि आप लोग शान्ति चाहते हैं, तो मीठी वाणी से दुर्योधन को प्रसन्न करें। साम नीति से जो पाया जाए वही अर्थकर है, युद्ध अनुचित है, अनिष्टकर है।"

यह बात किसी को न पसन्द आई। युधिष्ठिर द्रुपद प्रभृति गुप्त रीति से युद्ध का आयोजन करने लगे और नाना देशों के राजाओं के पास उन्होंने दूत भेजे। आमन्त्रण पाकर राजा लोग आने भी लगे।

सात्यकि क्रुद्ध होकर बोले, "दुर्योधन ने छल से युधिष्ठिर का राज्य हरण किया है। शकुनि ने कपट पाँसे से युधिष्ठिर को हराया है। आप दुर्योधन से कहें, दुर्योधन जिस भरोसे से युद्ध करना चाहते हैं वह मिथ्या है। पांडव ही अधिक बली हैं।"

बलदेव ने कहा, "युधिष्ठिर अतिशय सम्पन्न थे, किन्तु द्यूत प्रमत्तता वश उनका पूरा राज्य दूसरे के हाथ चला गया। इसमें शकुनि का जरा भी कसूर नहीं। अतः कोई वाग्मी व्यक्ति धृतराष्ट्र के पास जाकर प्रणामपूर्वक सन्धिविषयक प्रस्ताव करे।"

सात्यकि बलदेव को दोषी ठहराते हुए कहने लगे, "एक वंश में नपुंसक और वीर दो प्रकार के पुरुष जन्म लेते हैं। जैसे तुम, वैसी ही तुम्हारी बात ! द्यूत-विशारदों ने इन द्यूत-अनभिज्ञ महात्मा को द्यूतक्रीड़ा के लिए बुलाया क्यों ? वह न होता (बुलावा) तो ये हारते क्यों ? अब यदि तुम लोग सतर्क रहो तो महाराज युधिष्ठिर दीर्घकालीन

आशापोषित (इस शब्द पर ध्यान दें) धृतराष्ट्र-रचित राज्य ग्रहण कर सकेंगे।"

दुर्योधन ने जो समझा वह कितना सत्य है, यह वाक्य उसी का प्रमाण है। उन्हें सिंहासनच्युत करने के लिए युधिष्ठिर को इस युद्ध की आवश्यकता थी। द्रुपद बलराम की ओर देखकर समझौते के स्वर में बोले, "महाराज ! आपने जो कहा है, वही होगा।"

असल में बलराम के निर्मल हृदय में कभी किसी अनृत का कलंक नहीं लगा। जिसमें उनके भ्राता कृष्ण अत्यन्त योग्य हैं। न्याय-अन्याय दोनों शब्दों को बलदेव कसौटी पर घिसकर परीक्षा करते हैं। अन्याय के साथ समझौता करने में वे जितने अक्षम हैं, उतने ही सक्षम हैं सत्य को उसकी मर्यादा देने में। अकारण ईर्ष्या, विद्वेष, स्वार्थ, कुटिलता उनके चरित्र के विपरीत हैं। शकुनि ने कपट पाँसे से नहीं हराया इसके साक्षी थे अन्यान्य नृपति एवं भीष्म। स्वयं युधिष्ठिर भी वहाँ यह झूठ न बोल सके कि शकुनि ने उन्हें कपट पाँसे से हराया है। सभी सभासदों ने देखा है, इस खेल में शकुनि की प्रतिभा कितनी उच्चकोटि की है। एकमात्र विदुर उसके प्रतिकूल हैं। उन्होने ही एक कान से दूसरे कान में यह अफ़वाह उड़ाई कि युधिष्ठिर को कपट पाँसे से हराया मामा शकुनि ने।

आज तक वह मिथ्या वाक्य अकाट्य सत्य के रूप में प्रचलित है। पाँसा खेलने में सौबल (शकुनि) प्रकृत्या अद्वितीय हैं और युधिष्ठिर उन जैसे खिलाड़ी के सामने एक फूत्कार भी नहीं, यह बात युधिष्ठिर को प्रथम खेल में ही समझ लेनी थी। तभी वे खेल समाप्त कर सकते थे। अन्य किसी के साथ खेल सकते थे। उनके समकक्ष खिलाड़ी का अभाव न था वहाँ। किन्तु हर विषय में अक्षम व्यक्तियों में एक मात्राहीन दुराग्रह रहता है, किसी प्रकार भी हार स्वीकार नहीं कर पाते। आत्मसम्मान-रक्षार्थ वही ज़िद युधिष्ठिर को परिचालित किए थी। सर्वत्र हारना कौन चाहता है ? इसके अलावा, राजसूय यज्ञ कर इतनी अतुल सम्पदा के मालिक हुए हैं कि उन्हें लगा, उनके साथ ये कौरव बराबरी न कर सकेंगे, और वे खेलते-खेलते किसी बार तो जीत ही सकेंगे। तब ये कौरव उनका अर्थ-प्राचुर्य देखकर स्वयं को बहुत दीन समझेंगे और यथेष्ट अपमानित होंगे। यह इच्छा वे अन्त तक न छोड़ पाए। यह असत् इच्छा ही उन्हें उस नरक में ले गई है जहाँ से उन्होंने भाइयों को बाज़ी पर रखा है, पत्नी को दाँव पर लगाया है, आत्मविक्रय कर अन्त में निःस्व हुए हैं।

युद्ध की चर्चा सब एकपक्षीय चल रही थी। अभिमन्यु-उत्तरा के विवाह में सब महानुभाव अतिथि रूपेण आमन्त्रित होकर आए थे। इसलिए, वह पक्ष क्या कर रहा

है, यह बिना जाने ही यह चर्चा चल रही थी। कृष्ण आमन्त्रित राजाओं की ओर देखकर बोले, ''पराजित होने पर हृतराज्य पांडवों को वनवास के लिए सौबल ने शठतापूर्वक प्रतिज्ञाबद्ध कर लिया था। अब कौरवों और पांडवों के लिए जो मांगलिक हो उसका विचार आप लोग करें। धर्मराज युधिष्ठिर अधर्म पूर्वक सुरसाम्राज्य की भी कामना नहीं करते। यद्यपि धृतराष्ट्र के पुत्रों ने बलवीर्य से इन्हें पराजित करने में असमर्थ होकर ही शठतापूर्वक इनका पैतृक राज्य अपहरण कर इन्हें इतने दिनों तक दुःख-दग्ध किया है।'' कृष्ण सब कुछ जानकर भी यह झूठ बोले।

स्वभाव दोष से अनर्थक ईर्ष्या विभिन्न पिताओं की पाँच सन्तान के लिए सम्भव हो सकती है। उनका शैशव कहाँ कैसे कटा है, यह किसी को पता नहीं। उन्हें क्या समझाया गया है, वह भी अज्ञात है। किन्तु कृष्ण क्यों दुर्योधन के वैवाहिक समधी होकर भी उनके घोर शत्रु हैं यह समझना दुरूह है।

महाभारत नामक वृहत् ग्रन्थ में हम कृष्ण को द्रौपदी की स्वयंवर सभा में सर्वप्रथम देख पाए हैं। दुर्योधन के साथ उनकी किसी शत्रुता की बात भी अज्ञात थी। दुर्योधन उनके समधी हैं। दुर्योधन की पुत्री से उनके पुत्र का विवाह हुआ है। अतः विशेष आत्मीय हैं दुर्योधन। उनका इस तरह अपमान करने में जो अशिष्टता-अभद्रता दिखाई पड़ती है वह उन्नत मन के सज्जन को शोभा नहीं देती।

कृष्ण प्रौढ़ता की ड्योढ़ी पर आ गए हैं, दुर्योधन की उम्र भी कुछ रुकी नहीं है, वे एक विशिष्ट राजा हैं। उनके साथ किसी कारण से यदि कृष्ण की कोई शत्रुता है तो भी यह व्यवहार उन्हें फबता नहीं। तो क्या यादव वंश का यह नेता कौलीन्य के अभाव में नहीं समझ पाता कि कोश में व्यक्ति विशेष नामक एक शब्द है ! यह बात जरूर जाननी चाहिए कि कोई आत्मसम्मान-बोध से सम्पन्न व्यक्ति कभी अपमान न भूलेगा, भूल भी न सकेगा। व्यास ने घटना को ऐसा सजाया जैसे दुर्योधन ने ईर्ष्यावश, इस कौशल से, नितान्त अकारण ही, सरल, साधु युधिष्ठिर को इस अन्धकार में ठेल दिया। जैसे एक बार भीम को ज़हर खिलाकर पानी में फेंक देने की अफ़वाह उड़ाई गई थी, यह घटना भी उसी का एक रूपान्तर है। पीछे कोई कारण नहीं। जो है वह दुर्योधन की युधिष्ठिर के प्रति एक अविमिश्र नारकीय ईर्ष्या है। बलराम की बात ने किसी के कानों में अमृत न बरसाया, केवल कटुता उँड़ेली। अतः सत्य कब का पुँछ गया और मिथ्या ही उज्ज्वल हो उठी।

कृष्ण उपस्थित राजन्यवर्ग से बोले, ''यदि कौरव इनसे युद्ध करेंगे तो ये आहत होते ही उन लोगों को मार डालेंगे।'' और, ''यदि आप लोगों को लगे कि पांडव संख्या में अल्प होने से उन्हें पराजित करने में अक्षम होंगे, तो सभी सुहृद समवेत

होकर कौरवों का संहार करने में यत्नशील होंगे।" इस विचारणा में यह अति स्वच्छ है कि कृष्ण युद्ध ही चाहते हैं। कौरववंश का ध्वंस करने में कृष्ण और विदुर एक समान उग्र इच्छा के अधीन हैं। युधिष्ठिर तो हैं ही।

इस ओर पांडवों ने सैन्य संग्रह किया है, यह जानकर दुर्योधन भी सैन्य संग्रह में निरत हुए। उनके आह्वान पर प्रचुर सेना संगृहीत हुई। अनेक प्रकार की ध्वजा पताकावाली सेनाओं के समावेश से हस्तिनापुर भी परिपूर्ण होकर उद्वेल हो गया।

पुरोहित ने कौरवों से भेंट की और राजा द्रुपद की शिक्षा के अनुसार जो-जो कहना था सब कहा। धृतराष्ट्र, भीष्म इत्यादि ने उन्हें ससम्मान ग्रहण भी किया और अपनी ओर से भी संजय को सन्धि प्रस्ताव के साथ भेजा। युधिष्ठिर बोले, "दुर्योधन हम लोगों के साथ सद्व्यवहारपूर्वक हमें इन्द्रप्रस्थ प्रदान करें तो हम शान्तिपक्ष का अवलम्बन करेंगे। प्रदीप्त अग्नि जैसे घृत पाकर तृप्त नहीं होती, उसी तरह विपुल भोग्य विषय पाकर भी धृतराष्ट्र तृप्त नहीं हुए हैं। अब संकट में पड़कर दूसरों पर निर्भर करते हैं। इससे उनका मंगल न होगा। अब वे अपने दुर्बुद्धि क्रूर स्वभाव कुमन्त्रीवेष्टित पुत्र के लिए विलाप क्यों करते हैं? विदुर का उपदेश अस्वीकार कर अधर्म के पथ पर क्यों चले ?"

संजय के विनीत निवेदन के उत्तर में यह जवाब नितान्त निर्लज्ज जवाब है। राजा होना चाहकर भी वे राजा का आचरण नहीं जानते। उसके अलावा, धृतराष्ट्र को यदि अपना चाचा मानते, तो इस तरह, उनके विषय में न बोलते। जन्म से यदि वे पांडु के समीप बड़े हुए होते तो इस प्रकार की शिक्षा में न शिक्षित होते ! बात कैसे की जाए यह जानना भी एक शिक्षा है। कथा-वार्ता में भी मनुष्य अपनी संस्कृति और अपने आभिजात्य का प्रमाण देता है। इतना राजकीय ज्ञान उन्हें होना चाहिए था। जो आदमी जुए के नशे में पत्नी तक को बेच बैठा, उसे हम किसी प्रकार भी सम्मानित व्यक्ति के रूप में नहीं स्वीकार कर सकते। युधिष्ठिर को यदि सामान्य अपराधबोध भी होता तो वे इस तरह की बात न करते। विदुर का पुत्र विदुर हुआ। राजप्रासाद का प्रलेप उस पर न पड़ा। वे जानते हैं, शान्तनु के सिंहासन पर कब्ज़ा न पाने तक, कौरवों को अधीन न कर पाने तक, शत्रुता न रुकेगी, और किसी चीज़ से उनकी तुष्टि न होगी। भीष्म की उन्हें राजपुत्र बनाने की शिक्षा भी यहाँ समग्रतः व्यर्थ हुई है, ऐसा प्रतीत होता है। प्रकृत्या जिनका कुछ भी स्वोपार्जित नहीं—सिंहासन तो नहीं ही, यहाँ तक कि पत्नी भी नहीं—भोग लालसा उनमें सर्वाधिक है। आधा राज्य पाकर वे तुष्ट न थे, समस्त राज्य पाने की आकांक्षा लेकर ही शकुनि के साथ खेले थे। सारे राज्य का अधिकार पाने के लिए ही विदुर ने उनका हाथ पकड़कर जिस रास्ते पर पाँव रखने को कहा था उन्होंने उसी पर पाँव रखा। फिर

पितामह व्यास का हाथ पकड़कर द्रुपद पुत्री की स्वयंवर सभा में। छोटे भाई द्वारा उपार्जित पत्नी तक उन्होंने द्विधाहीन भाव से ग्रहण की है। उधर धृतराष्ट्र ने उनके लिए क्या न किया ? क्षत्रिय होकर भी सादर आमन्त्रित कर ले आए उन्हें, प्रसन्नचित्त से आधा राज्य दे दिया ताकि वे सुख से रहें।

संजय बोले, "आप उद्वेगहीन होकर स्वयं हट जाइए। स्वर्ग के पथ से भ्रष्ट न होइए।"

कृष्ण बोले, "दस्यु का वध करने से पुण्य होता है। अधर्मज्ञ कौरवगण ने दस्युवृत्ति का सहारा लिया है।"

कृष्ण सहसा इन नूतन परिचित पाँच भाइयों के साथ मित्रता कर क्यों विवाद और दृढ़ कर रहे हैं उसका कोई कारण इस महाग्रन्थ में नहीं लिखा है। दस्युवृत्ति कौरवों ने की नहीं है। जो किया है पांडवों ने ही किया है। ग्रन्थ के प्रारम्भ से अन्त तक का अविश्रान्त दुर्व्यवहार करना ही था उनका दुर्योधन के साथ एकमात्र सम्बन्ध। किसी-न-किसी छल से उन्हें अपदस्थ करना और हरा देना। यदि दुर्योधन बीच में न होते तो अन्धे राजा को राजच्युत कर उन्हें अपना कर्मचारी बनाने में कोई असुविधा न थी। क्या शत्रुता का मूल कारण यह है ? किन्तु कृष्ण क्यों उसमें कूद पड़े, वास्तव बुद्धि से उसकी व्याख्या नहीं मिलती।

पहले बहुत तेज दिखाकर युधिष्ठिर अपना राजत्व वापस पाना चाहते थे, अन्त में भाइयों को चुप देखकर कुछ डरकर बोले, "ठीक है, हमें राज्य का एक प्रदेश दें, नहीं तो पाँचों भाइयों को एक-एक ग्राम दे दें।"

संजय ने लौटकर जो कहा उसे सुनकर भीष्म बोले, "वत्स दुर्योधन ! धर्म और अर्थ से तुम्हारी बुद्धि च्युत हुई है। यदि तुमने मेरी बात न मानी तो अनेक लोगों की मृत्यु होगी।"

द्रोण ने भी वही कहा, किन्तु दुर्योधन चुप रहे। सभी जब पांडवों की शक्ति वर्णित कर धृतराष्ट्र को भय दिखाने लगे, तब उन्हें सम्बोधित कर दुर्योधन बोले, "महाराज ! डरें मत। पांडवों के वन जाने पर कृष्ण, केकयगण, धृष्टकेतु, धृष्टद्युम्न और अनेक राजा सेना सहित इन्द्रप्रस्थ के समीप आकर हम लोगों की निन्दा कर रहे थे। वे कह रहे थे, पांडवों को चाहिए कि कौरवों का उच्छेद कर फिर राज्य-उद्धार करें। गुप्तचरों के मुख से यह संवाद पाकर मेरी धारणा हुई थी कि पांडव अपने वनवास की प्रतिज्ञा का पालन न करेंगे। युद्ध में हमें परास्त करेंगे। उस समय पूर्वापर न जानकर हमारे मित्र और प्रजागण सभी क्रुद्ध होकर हम लोगों को धिक्कार रहे थे। तब मैंने भीष्म, द्रोण, कृप और अश्वत्थामा से कहा, पिता मेरे कारण दुखी हैं। अतः सन्धि करना ही ठीक है। इस पर भीष्म, द्रोण आदि ने मुझे आश्वस्त किया,

"डरना मत, युद्ध में हमें कोई न जीत पाएगा।" महाराज ! असीमतेज भीष्म, द्रोणादि की तब यह दृढ़ धारणा थी। अब पांडव पहले की अपेक्षा निर्बल हैं। सारी पृथ्वी हमारे अधीन है। जो राजा हमारे पक्ष से जुड़े हैं वे शोक-दुःख में हमारे सहभागी होंगे। अतः आप भय दूर करें। हमारे सैन्य समावेश से युधिष्ठिर डर गए हैं। तभी वे केवल पाँच गाँव चाहते हैं। अपनी राजधानी नहीं चाहते। युद्ध जीतने के बल के विषय में वे जो सोचते हैं वह झूठ है। मैं जब बलराम से अस्त्र शिक्षा ले रहा था, तब सभी कहते थे, सम्मुख युद्ध में मेरे समान कोई नहीं। मैं एक प्रहार से भीम को यमलोक भेजूँगा। भीष्म, द्रोण, अश्वत्थामा, कृप, कर्ण, भूरिश्रवा, शल्य, भगदत्त और जयद्रथ—इनमें से कोई भी पांडवों का वध कर सकता है। ये सम्मिलित होकर उन लोगों को क्षणमात्र में ही यमालय भेजेंगे। कर्ण ने इन्द्र से अमोघ शक्तिवाला अस्त्र पाया है। उससे युद्ध कर, अर्जुन कैसे बचेंगे ? महाराज ! विपक्ष का बल हमारी तुलना में हर तरह से हीन है। मैं जीवन, राज्य और सारी सम्पदा त्याग दूँगा, किन्तु किसी तरह भी पांडवों के साथ न रहूँगा।"

दुर्योधन ने स्पष्ट कर दिया कि पाँच गाँव तो दूर की बात, तीक्ष्ण सुई की नोंक से जितनी भूमि विद्ध की जाती है वह भी वे पांडवों के लिए न छोड़ेंगे।

पुत्र के प्रति क्रुद्ध होकर धृतराष्ट्र बोले, "देवगण पांडवों के पिता हैं, वे अपने पुत्रों की सहायता करेंगे। देवगण का साथ मिलने पर पांडवों को, विपरीत पक्ष का कोई भी, उन्हें देखते भी डरेगा।"

दुर्योधन बोले, "यदि यही होता तो उन्हें इतने दिन कष्ट न भोगना पड़ता। देवतागण मुझ पर विक्रम न दिखाएँगे क्योंकि मेरा भी यथेष्ट तेज है। मैं मन्त्रबल से आग बुझा सकता हूँ, भूमि या पर्वतशृंग के विदीर्ण होने पर उन्हें फिर से संस्थापित कर सकता हूँ, शिलावृष्टि और प्रबल वायु को रोक सकता हूँ, जल को स्तम्भित कर उस पर से रथ और पैदल सेना ले जा सकता हूँ। मैं जो कहता हूँ वह सदा सच होता है। इसीलिए लोग मुझे सत्यवाक कहते हैं।"

कृष्ण हस्तिनापुर आए। कृष्ण आ रहे हैं यह सुनते ही धृतराष्ट्र ने प्रसन्न होकर उनके उपयुक्त सम्वर्धना के लिए पुत्र को आदेश दिया। दुर्योधन ने अनेक स्थानों पर सुसज्जित परिमंडल निर्मित कराकर खाद्य-पेय इत्यादि की व्यवस्था की। इस बीच विदुर ने पुनः धृतराष्ट्र को उनके बेटे के विरुद्ध और पांडवों के पक्ष में अनेक बातें बोलते हुए लम्बी वक्तृता दे डाली।

कृष्ण आकर, अपने सम्बन्धी दुर्योधन और राजा धृतराष्ट्र का कोई आदर-आप्यायन न स्वीकार कर पहले ही विदुर के यहाँ गए। और विदुर के पास जाना माने कुन्ती

के पास जाना। दुर्योधन ने कृष्ण के आने की बात जानकर जो आयोजन किया था उसका असली उद्‌देश्य अच्छा न था। वे उन्हें बन्दी बनाना चाहते थे। और इधर जो कृष्ण सन्धि के बहाने आए थे, वह भी इस बहाने कर्ण को अपने दल में खींच लाने की चेष्टा से। सम्बन्धी दुर्योधन का भोज्य-पेय न स्वीकार कर भी, सभा के सभी लोगों से मिलने आए कृष्ण ने अपना विश्वरूप दिखाकर एकदम सबको मूर्च्छित कर दिया।

दुर्योधन ऐसे प्रदर्शन से विचलित नहीं होते थे। वरन् पांडव शिविर में उलूक को भेजते समय कह दिया था, "कृष्ण से मेरी ओर से कहना, तुम्हारा इन्द्रजाल देखकर अस्त्रधारी वीर नहीं डरता, वह सिंहनाद करता है। हम भी अनेक प्रकार की जादू विद्या दिखा सकते हैं, लेकिन उस उपाय से कार्यसिद्धि नहीं करना चाहते। राजाओं के लिए वह लज्जाजनक है। थे तो तुम कंस के नौकर, इसलिए मुझ जैसा राजा तुम्हारे साथ युद्ध तक नहीं करता।"

महाभारत में उल्लेख है कि ऐसा विश्वरूप दो व्यक्ति और दिखा सकते थे। यह एकान्त सत्य है कि पांडवों का जितना क्लेश, जितनी ग्लानि है सभी युधिष्ठिर के कारण। राज्यलिप्सा भी युधिष्ठिर की ही प्रबल है। युधिष्ठिर ही राजा हुए हैं, वे ही राजसूय यज्ञ के अधिकारी हुए हैं, उस साध को पूरा करते अति निकृष्ट पद्धति से जरासंध-वध किया है, शिशुपाल का मस्तक चूर्ण किया है, अवश्य सब भाइयों के हाथों से। देश-देशान्तर घूमते, थके-हारे भाइयों ने कितने ही राज्य जीतकर, कितने राजाओं को युधिष्ठर के पाँवों में ला रक्खा है, सीमाहीन धनरत्न का स्वामी बना दिया है। इस सबके बाद उन्होंने क्या किया ? जुआ खेलकर सबको डुबाया। अब भी जो युद्ध के लिए इतना आस्फालन कर रहे हैं, वह भी अपनी निजी क्षमता से नहीं। अब तो चतुर कृष्ण आकर संयुक्त हो गए हैं।

दुर्योधन पांडव पक्ष के सब लोगों के 'शत्रु' हैं। ऐसा कोई अपयश नहीं जो विदुर की कृपा से उनके माथे नहीं लगा। वह विद्वेष परिजनों में खूब अच्छी तरह संक्रमित हुआ है। अतः बदनामी का अब भय नहीं दुर्योधन को। जैसे पांडवों के सुनाम का क्षय नहीं।

दुर्योधन ने यह ठीक ही समझा है कि पाँच गाँव क्या इन्द्रप्रस्थ दे देने पर भी विदुर, युधिष्ठिर शान्त न होंगे। मात्र आधे राज्य के लिए वे पर्वत शिखर से नहीं उतरे। दिवंगत शान्तुन के सिंहासन पर बैठकर सम्पूर्ण हस्तिनापुर का अधीश्वर होने की अभिलाषा ही उनका मुख्य उद्‌देश्य है। वनवास को जाते समय भी वे यह प्रतिज्ञा करके ही गए थे कि युद्ध में दुर्योधन की जंघा तोड़ेंगे, दुःशासन का रक्तपान करेंगे। जब लाक्षागृह में आग लगाकर विदुर-प्रेषित यन्त्रयुक्त नाव पर चढ़े तब भी मल्लाह

बोला था, "विदुर ने आप लोगों से आलिंगनपूर्वक कहा है कि आप लोग दुर्योधन, कर्ण एवं शकुनि को युद्ध में जीतेंगे।" अनुकूल अवस्थावश उनकी वह इच्छा अवदमित रहने पर भी, सुयोग पाते ही उसे वे कार्यकर करेंगे, इसमें दुर्योधन को ज़रा भी सन्देह नहीं। अतः अर्जित सम्पत्ति लौटाकर अपने को बलहीन करने और उन्हें बलवान करने जैसी मूर्खता और क्या हो सकती है ? क्षत्रिय लोग युद्ध से पराङ्मुख नहीं होते।

कृष्ण के विश्वरूप-दर्शन से मुग्ध भीष्म और द्रोण बोले, "दुर्योधन ! युधिष्ठिर को प्रणाम करो, वे अपनी सुलक्षण दाईं बाँह तुम्हारे कन्धे पर रखें, तुम्हारी पीठ पर हाथ फेर दें, (हे ईश्वर, ये लोग कितनी झूठी कल्पनाएँ कर सकते हैं) भीम तुम्हें आलिंगन करें (सर्वनाश !)।"

इस सबका क्या जवाब दें दुर्योधन ! मन-ही-मन उन्होंने विदुर को वाहवाही दी कि कैसे इन सरल धर्मज्ञ वृद्धों को अपनी कूटनीति से वश कर रखा है। वे तो मेरी भलाई के लिए बोल रहे हैं। सोचते हैं, इस प्रकार हमारा उनका भाईचारा पुनः स्थापित होगा। प्रथमतः, वे भाई नहीं, इसके अतिरिक्त, उस भ्रातृत्व का कभी जन्म ही न हुआ। विदुर के सिवा पांडव किसी को नहीं पहचानते। जानते नहीं। मानते नहीं।

इधर हस्तिनापुर से सबसे विदा लेकर लौट जाने के लिए कृष्ण जब अपने रथ पर चढ़े तब उन्होंने कर्ण को भी साथ ले लिया। कृष्ण का असली उद्‌देश्य यह था कि युद्ध में कर्ण को पा़ंडवों का साथी होने को कहें। सन्धि का प्रस्ताव छलना मात्र था। ऐसा योद्धा पाकर पांडव-शक्ति दुगुनी हो जाएगी।

रथ में कर्ण को चढ़ाकर बोले, "कुमारी कन्या के गर्भ से जन्मे पुत्र को कानीन पुत्र कहते हैं। कर्ण, तुम कानीन पुत्र हो। राधेय, तुमने वेदज्ञ ब्राह्मणों की सेवा की है, धर्मशास्त्र के सभी सूक्ष्म तत्त्व तुमने जाने हैं। तुम धर्मानुसार पांडुपुत्र हो। अतः तुम राजा होओ। तुम्हारे पितृपक्षीय हैं पांडवगण अैर मातृपक्षीय हैं वृष्णिगण। दोनों पक्षों को अपना सहायक समझो। तुम आज मेरे साथ चलो, पांडव जान लें कि तुम युधिष्ठिर के बड़े भाई हो। तुम्हारे पाँच भाई, द्रौपदी के पाँच पुत्र, एवं अभिमन्यु, तुम्हारा चरणस्पर्श करेंगे, द्रौपदी भी छठे क्रम में तुमसे मिलेंगी। हम लोग तुम्हें पृथ्वी के राजपद पर अभिषिक्त करेंगे। कुन्तीपुत्र, तुम भाइयों से वेष्टित होकर राज्य शासन करो, पांडव भाइयों के साथ तुम्हारा सौहार्द हो।"

हलके से हँसकर कर्ण बोले, "धर्मशास्त्र के अनुसार मैं पांडु का ही पुत्र हूँ, यह मुझे मालूम है। कुन्ती ने मुझे गर्भ में धारण किया और मेरी हित चिन्ता न

करके मुझे त्याग दिया। अधिरथ मुझे अपने घर लाए, उनकी पत्नी राधा को स्नेहवश स्तनों से दूध बहने लगा। मैं कैसे उनका पिंडलोप कर सकता हूँ ? पत्नियों के साथ मेरा प्रेम बन्धन है। गोविन्द ! समस्त पृथ्वी एवं स्वर्णराशि पाकर भी मैं कभी वह सम्बन्ध अस्वीकार न कर सकूँगा। इसके अलावा, मैंने तेरह वर्ष दुर्योधन के आश्रय में निष्कंटक राज्यभोग किया है, सूतगण के साथ मैंने अनेक यज्ञ किए हैं, उनके साथ मेरे गम्भीर सम्बन्ध हैं। और सर्वोपरि, दुर्योधन मेरे भरोसे ही युद्धोद्योग कर रहे हैं। द्विरथ युद्ध में अर्जुन के प्रतियोद्धास्वरूप उन्होंने मुझे वरण किया है। किसी प्रकार के विनिमय में मैं उनके साथ मिथ्याचार न कर सकूँगा। केशव ! सारे विश्व के पुण्यतम स्थल कुरुक्षेत्र में क्षत्रिय गण अस्त्र युद्ध में मृत्यु पाएँ। ताकि सभी क्षत्रिय स्वर्गलाभ करें।''

कृष्ण थोड़ा हँसे, ''तो तुम पृथ्वी का राज्य नहीं चाहते ?''

कर्ण भी कोमल हास्यपूर्वक बोले, ''सब जानकर भी मुझे क्यों बहका रहे हो ? पृथ्वी का ध्वंस आसन्न है, हम लोग उसके निमित्त मात्र हैं। मैंने एक स्वपन देखा है, तुम एक रक्ताक्त पृथ्वी को हाथ में पकड़कर फेंक रहे हो, और अग्निस्तूप के ऊपर खड़े युधिष्ठिर स्वर्णपात्र में घृतपायस खा रहे हैं, और तुम्हारी पृथ्वी उसे ग्रहण कर रही है।''

कृष्ण बोले, ''तो तुम इस पृथ्वी का विनाश ही चाहते हो ?''

कर्ण कृष्ण को दृढ़ आलिंगन कर बोले, ''सम्भवतः स्वर्ग में ही फिर हमारा मिलन होगा।'' यह कहकर रथ पर से उतर गए।

कृष्ण विफल होकर जब लौट गए तो कुन्ती ने सोचा, कर्ण तो मेरा ही पुत्र है। यदि मैं कुछ कहूँगी तो वह न सुनेगा ? सबकी तरह मैं भी जानती हूँ मेरा पुत्र दयालु, सत्यनिष्ठ है। यह विचार कर कुन्ती भी कर्ण के पास गईं। उन्हें देखकर सविस्मय प्रणाम कर हाथ जोड़कर कर्ण बोले, ''मैं अधिरथ और राधा का पुत्र कर्ण हूँ। आज्ञा दें, आपके लिए क्या कर सकता हूँ ?''

कर्ण का वचन सुनकर कुन्ती ने कहा, ''कर्ण, तुम कौन्तेय हो, राधा के पेट से तुम्हारा जन्म नहीं हुआ, अधिरथ तुम्हारे पिता नहीं, सूर्य तुम्हारे जन्मदाता हैं। तुम सर्वगुणसम्पन्न, मेरे बेटों में सबसे बड़े–''

कर्ण ने कहा, ''क्षत्रिय जननी, आपके प्रति मेरी श्रद्धा नहीं। मैं आपका अनुरोध भी धर्मसंगत नहीं मानता। आपने मुझे त्यागा था। उससे आपने मेरी कीर्ति नष्ट की है। जन्म से क्षत्रिय होकर भी आपके कारण मुझे क्षत्रियोचित सम्मान न मिला। इससे अधिक अपराध कोई शत्रु भी नहीं कर सकता। उस समय मेरे प्रति आपकी ज़रा भी दया न थी। अब आप आई हैं मात्र अपने हितार्थ। मेरे लिए नहीं। किन्तु

आपका आगमन निष्फल न करूँगा। मैं अर्जुन का वध कर अभीष्ट फल लाभ करूँगा अथवा उसके हाथों निहत होकर यशलाभ करूँगा। जो भी मेरे, अर्जुन या मुझे लेकर आपके पाँच पुत्र जीवित रहेंगे।''

स्वार्थपर कुन्ती बोली, ''लेकिन इसे याद रखना''—कहते-कहते पुत्र के मुख की ओर देखकर सहसा स्नेहाप्लुत होकर पुत्र को गले लगाया, आशीर्वाद दिया। कर्ण ने उन्हें अभिवादन किया।

9

इसके बाद जो अवश्यम्भावी था वही हुआ। युद्ध की तैयारी शुरू हो गई। कुरु पितामह भीष्म ने सिंहनाद कर शंख बजाया। तब भेरी पणव* (छोटी ढोल) आनक (नगाड़ा) प्रभृति रणवाद्य जोरों से बज उठे। कृष्ण ने भी अपना पांचजन्य शंख बजाया। उस शब्द ने जैसे आकाश-पृथ्वी को निनादित कर दुर्योधनादि का हृदय विदीर्ण कर डाला। कृष्ण कुरु-पांडव सेनाओं के बीच रथ ले गए। अर्जुन भी उस पक्ष के आत्मीयों को देखकर वेदना-कम्पित हुए। उनका भी हृदय दुर्योधन के हृदय की तरह विदीर्ण हुआ। व्याकुल होकर बोले, ''मैं विजय नहीं चाहता। जिनके साथ विजित होने जा रहा हूँ, वे कौन हैं ? किन्हें देख रहा हूँ ? किन्हें देखकर मेरा वक्षस्थल मुझे विरत होने को कह रहा है ? दोनों पक्षों में पिता, पितामह—स्थानीय गुरुजन हैं, आचार्य, मामा, ससुर, भाई, पुत्र और मित्रगण हैं। तो मैं युद्ध किसके साथ करूँगा ?'' कृष्ण उन्हें अवसन्न एवं व्यथित देखकर बोले, ''इस संकट काल में यदि तुम मोहग्रस्त हुए तो कैसे चलेगा ? क्लीव न होना।'' फिर भी अर्जुन को युद्ध विमुख देखकर, शोकाच्छन्न देखकर, और अनेकशः समझाने पर भी वे नहीं समझ रहे—यह देखकर कृष्ण ने उन्हें अपना विश्वरूप दिखाया। अर्जुन ने देखा कराल दाँतोंवाले, कालाग्नि सदृश मुख में पतंग जैसे प्रदीप्त अनल में प्रवेश करे, वैसे ही द्रुतवेग से वह मुँह सबमें प्रविष्ट हो रहा है। जलते मुख से सब दिशाओं में समग्र लोक ग्रास करते हुए चाट रहा है। सारा विश्व उस तेज से भरकर सन्तप्त हो रहा है। अर्जुन ने अभिभूत होकर अंजलिबद्ध प्रणाम किया। भयार्त आवेग में बोले, ''तुम कौन हो ? तुम्हें नमस्कार ! हे देवेश, प्रसन्न होओ।''

कृष्ण बोले, ''मैं लोकक्षयकारी काल हूँ। यहाँ जो एकत्र हुए हैं, तुम न मारो तो भी वे मरेंगे। सव्यसाची ! तुम निमित्त मात्र हो। उठो, यश अर्जित करो। शत्रु को जीतकर समृद्ध राज्य भोगो।''

---

* बुद्धचरित, सर्ग 5, श्लोक 56 : पणवं युवतिर्भुजा...

अर्जुन का हृदय जब स्वजनों को देखकर व्यथित, अवसन्न है, इनसे युद्ध जीतने की अपेक्षा भिक्षान्न-भोजन भी अधिक अच्छा है—मन में यह सोच रहे हैं, एवं कृष्ण ने जब उन्हें उत्तप्त करने के लिए विश्वरूप दर्शन कराया, उसी समय युधिष्ठिर अपना कवच खोलकर, अस्त्र त्यागकर, शीघ्र रथ से उतरे और शत्रुसेना के अन्दर पैदल चलकर, हाथ जोड़कर भीष्म के सामने आए। उन्हें ऐसे जाते देख सभी चिन्तित हुए। भाइयों ने आगे बढ़कर जिज्ञासा की, "यह क्या ? शत्रुसेना के बीच से आप कहाँ जा रहे हैं ? आपका क्या अभिप्राय है ?" क्षण-भर के लिए लगा कि युधिष्ठिर इसीलिए महात्मा युधिष्ठिर हैं। अब वे और युद्ध नहीं चाहते। इसी तरह सब रोक देने चले हैं। उन्होंने कोई उत्तर न दिया। जैसे जा रहे थे, चलते गए। कृष्ण सहास्य बोले, "ये भीष्म, द्रोणादि गुरुजनों को सम्मान देकर युद्ध में नियोजित होंगे। शास्त्र में है, गुरुजनों को सम्मानित कर किसी कार्य में प्रविष्ट होने से वह काज सम्पन्न हो जाता है।"

इतने बुद्धिमान होकर श्रीकृष्ण युधिष्ठिर को न पहचान सके। या फिर, समझकर भी अर्जुन को प्रबोध दे रहे हैं। हज़ार हो, युधिष्ठिर विदुर के पुत्र हैं, स्वार्थसिद्धि की बुद्धि में वे सबके ऊपर हैं। अन्ततः इस कर्म में उन्होंने यही प्रमाणित किया। अर्जुन के समान उनके हृदय में किसी दुर्बलता का प्रश्न नहीं। उनका एकमात्र उद्देश्य है युद्ध में जयी होकर राज्य-ग्रहण। जिस उद्देश्य से अज्ञातवास में रहकर द्रुपद के दामाद हुए थे, उद्देश्य में वही गन्तव्य स्थिर हो चुका है। वे जानते थे भीष्म को जीतना किसी तरह सम्भव नहीं। कैसे उनका वध किया जाए यह जानने के लिए ही उनकी यह गुरु प्रणाम की छलना थी।

भीष्म के पास आकर पदवन्दना से उन्हें विगलित किया। कहा, "पितामह, आशीर्वाद दें। युद्ध की आज्ञा दें।"

भीष्म बोले, "युदि तुम इस तरह मेरे पास न आते, तो मैं तुम्हारी पराजय का अभिशाप देता। तुम्हारे व्यवहार से मुझे सहज प्रसन्नता हुई है।"

युधिष्ठिर यथायोग्य विनीत स्वर में बोले, "महाप्राज्ञ, हमारे कल्याणार्थ आप मन्त्रणा दें।"

भीष्म बोले, "मैं तुम्हारे शत्रुपक्ष में युद्ध कर रहा हूँ। तुम मुझसे क्या सहायता चाहते हो ?"

युधिष्ठिर, "पितामह, आप अपराजेय हैं। यदि हमारी शुभकामना करते हैं तो बताएँ आपको किस उपाय से जीतें ?"

भीष्म ने हँसकर कहा, "मैं सबका अवध्य हूँ। मुझे तुम लोग न जीत सकोगे। तुम बाद में मेरे पास आना।"

भीष्म से उनकी मृत्यु का उपाय बाद में जानने की प्रतिश्रुति लिए युधिष्ठिर द्रोण के पास गए। वहाँ जाकर भी भक्ति-गद्गद् भाव दिखाकर अनेक छलों से उनकी मृत्यु का उपाय जान लिया। अब कृपाचार्य के पास गए। कृपाचार्य कुछ न बोले। वे युधिष्ठिर का मनोभाव समझ गए थे। फिर शल्य के पास गए। अभिवादन और प्रदक्षिणा कर बोले, ''आपने पहले वर दिया था कि युद्ध के समय सूतपुत्र का तेज नष्ट करेंगे। मैं उसी की पुनः कामना करता हूँ।'' शल्य बोले, ''वही होगा।'' इसके बाद, कार्य सिद्ध कर युधिष्ठिर लौट आए।

कृष्ण जिस तरह अर्जुन को चलाना चाहते थे अर्जुन उसी तरह चल रहे हैं। किन्तु युधिष्ठिर नाम से ही धार्मिक हैं। यह धार्मिकता भी कानों-कान व्याप्त प्रचार के सिवा और कुछ नहीं। यह उनके प्रत्येक पदक्षेप में प्रकट है। अर्जुन की चित्तवृत्ति कहीं अधिक बड़ी है, बहुत महत्। सबसे बड़ा विस्मय है भीम का शान्त रहना। आखिर तक भीम भी युद्ध न करना चाहते थे। बोले, ''हे मधुसूदन ! युद्ध की बात न करो। तुम हमारे पितामह भीष्म और अन्य सभासदों से कहो जो करने से हमारा परस्पर सौभ्रात्र जन्मे और दुर्योधन शान्त हों, वही उपाय तुम निर्धारित करो।''

यदि कृष्ण उस दिशा में उद्योगी होते तो शायद वह सम्भव होता। दुर्योधन जन्म से सुनते आ रहे हैं कि उन्हें मारकर फेंक क्यों न दिया गया, वे निष्ठुर, पाप-परायण, ऐश्वर्यमत्त हैं। परिजनों में विदुर ने उन्हें एक नारकीय कीड़ा बता रखा है। कभी किसी से उन्हें अच्छा व्यवहार न मिला, किसी के मुख से कटु विशेषण के सिवा उन्होंने कोई स्वाभाविक वार्ता न सुनी, जन्म से यही सुनते आ रहे हैं कि जन्मते ही उन्हें न मार डालने से घोर अन्याय हुआ है। तथापि दुर्योधन जो अपना प्रकृत चरित्र लेकर बड़े हुए हैं उससे बड़ी घटना क्या हो सकती है ? एकमात्र कर्ण के अतिरिक्त कहीं जिसे शान्ति नहीं, सान्त्वना नहीं, आश्रय नहीं, प्रेम नहीं, स्नेह ममता प्रीति कुछ भी नहीं, उन्हें तुष्ट करते कृष्ण को एक निमेष से अधिक समय न लगता। लेकिन उन्होंने वह न किया। युद्ध शुरू हो गया।

कुल मिलाकर अट्ठारह दिनों के युद्ध में नवें दिन भीष्म ने सर्वतोभ्रद नामक एक महाव्यूह की रचना की। कृप, द्रोण, भूरिश्रवा, शल्य, भगदत्त, दुर्योधन इत्यादि इस व्यूह के विभिन्न स्थलों पर रहे। उस दिन भीष्म की प्रचंड बाण वर्षा से पांडव सेना विध्वस्त हुई। सब भागने लगे। हाथी-घोड़ों की मृत देहों से, टूटे रथों-झंडों से रणस्थल व्याप्त हो गया, सैनिक हाहाकार करने लगे।

कृष्ण, अर्जुन को उकसाते हुए बोले, ''तुमने विराट नगर में संजय से कहा था, भीष्म, द्रोण प्रमुख कुरुसैन्य का संहार करोगे ? क्षात्रधर्म मन में रखकर अब

वह वचन याद करो।'' अर्जुन विषण्ण स्वर में बोले, ''जो अवध्य हैं, उनका वधकर नरक के पथस्वरूप राज्यलोभ की अपेक्षा वनवास का कष्ट भोग भी बहुत अच्छा है। ठीक है, अपनी बात रखूँगा, भीष्म के निकट रथ ले जाऊँगा। कुरुपितामह को गिराऊँगा।'' इसके बाद दोनों ओर से प्रबल युद्ध होने लगा, दोनों पक्षों की काफ़ी सेना निहत हुई। सूर्यास्त होने पर युद्ध समाप्त हुआ।

लेकिन दसवें दिन भीष्म गिर गए। नवें दिन के युद्ध के बाद पांडवगण कृष्ण के साथ पुनः भीष्म के पास गए यह पूछने कि उनकी मृत्यु कैसे होगी, और जान लेने पर चले आए। वस्तुतः, पांडवों की जीत के लिए भीष्म ने स्वेच्छामरण वरण कर लिया था। भीष्म ने कहा था, ''मैं जीवित रहूँगा तो तुम्हारी जीत न होगी। मैं सुर-असुर से भी अवध्य हूँ। लेकिन यदि मैं अस्त्र त्याग करूँ तो तुम लोग मेरा वध कर सकते हो। कभी शरणापन्न, स्त्री, स्त्रीनामधारी, विकलेन्द्रिय, एक पुत्र के पिता, निरस्त्र, भूपतित, कवच एवं ध्वजहीन इत्यादि जन के साथ युद्ध करने की मेरी प्रवृत्ति नहीं होती। तुम्हारी सेना में शिखंडी हैं। वे पहले स्त्री थे यह तुम्हें पता है। उसे सामने करके अर्जुन मेरा वध करे।''

भीष्म से यह गुह्य तथ्य जानकर दसवें दिन शिखंडी को सामने रखकर कृष्ण ने अर्जुन को युद्ध में प्रवृत्त किया। भीष्म शिखंडी की रथसेना को दग्ध करने लगे। किन्तु उसकी ओर बाण न मारा। और इधर भीम, नकुल, सहदेव, सात्यकि—इन्हें भी वे ध्वंस करने लगे। जिस समय भीष्म उन्हें विनष्ट करते रहे, शिखंडी को सामने कर, भीष्म को पराजित करने में अक्षम अर्जुन को कृष्ण पुनः-पुनः अनुचित रूप से बाण मारने के लिए प्रोत्साहित करने लगे। युद्ध की कोई रीति न मानकर शिखंडी के पीछे छिपे रहकर अर्जुन कृष्ण के परामर्श पर अनवरत बाण मारने लगे। शिखंडी के शर द्वारा भीष्म के वक्ष में आघात होने पर भीष्म बोले, ''शिखंडी, तुम मुझ पर बाण मारो या न मारो, मैं तुम्हारे साथ हर्गिज़ युद्ध न करूँगा। विधाता ने तुम्हें शिखंडिनी रूप में रचा था, तुम वही शिखंडिनी हो।''

भीष्म की बात सुन शिखंडी बोले, ''हे भीष्म ! मैं तुम्हें ख़ूब जानता हूँ। तुम्हारी दिव्यप्रभा मुझे अविदित नहीं। तथापि तुमसे युद्ध करूँगा। तुम मुझ पर बाण मारो या न मारो, तो भी मैं तुम्हारे साथ युद्ध करूँगा। तुम जीवित रहते मुझसे न बचोगे।''

अर्जुन पीछे से उत्तेजित कर बोलने लगे, ''मैं तुम्हें यथासाध्य सहायता दूँगा, तुम भीष्म पर अनवरत प्रहार करो, संहार करो, मैं तुम्हारे पीछे ही हूँ। मैं बचाऊँगा तुम्हें। तुम यथासम्भव शीघ्र भीष्म की ओर दौड़ो। उनका वध करो। युधिष्ठिर की सेना में ऐसा कोई नहीं जो भीष्म से प्रतियुद्ध कर सके। भीष्म के सामने खड़े होकर तुम शरनिक्षेप करो।''

अर्जुन की बात सुनने के बाद शिखंडी नाना प्रकार के बाणों से भीष्म को आकीर्ण करने लगा, लेकिन हर बार भीष्म उसकी उपेक्षा कर प्रज्ज्वलित दावानल के समान सैनिक वीरों को दग्ध करने लगे। अर्जुन भी शिखंडी को सामने रख पुष्कल बाणों से भीम को ढँकने लगे। शरों से ढँक जाने पर भी उन्हें अग्राह्यकर, पांडव सेना को निपातित कर, ''भीष्म रूपी अनल रथरूपी अग्निगृह में अवस्थित होकर चारु शिखाओं से शोभित हुए।'' सबने एक अपूर्व शोभा देखी। कृष्ण के परामर्श से तब सारे पांडवों और संजय ने भीष्म को घेर लिया और पीछे से मारणास्त्र प्रयोग कर उनके वध का प्रयत्न करने लगे। कुछ समय में अजस्त्र बाण भीष्म के शरीर में प्रविष्ट हुए, तब भी वे पांडवों के हज़ारों सैनिकों का ध्वंस करते गए। शिखंडी भी जैसे शतसहस्र शरनिक्षेप से उन्हें विचलित करने में सक्षम न हुआ। वैसे ही छिपकर पीछे खड़े होकर युद्ध कर अर्जुन भी किसी प्रकार उन्हें व्याहत न कर सके। भीष्म ने स्थिर किया था शिखंडी के साथ कभी युद्ध न करेंगे, अर्जुन को भी प्राण से न मारेंगे।

युधिष्ठिर अस्थिर हो उठे। मृत्यु का उपाय ज्ञात कर आने पर भी क्या अन्ततः त्राण न मिला ? अन्त में अवश्य शिखंडी के पीछे छिपकर अनवरत बाण विद्ध करते-करते अर्जुन ने भीष्म को एक बार भूशायी कर दिया। प्रतियोद्धा का सम्मान न मिला, केवल अन्याय के ऊपर खड़े होकर अपना काम पूरा किया। युधिष्ठिर आश्वस्त हुए। अर्जुन ने भीष्म के शरीर में इतना शरनिक्षेप किया था कि दो उँगली-भर जगह भी न बची थी, लेकिन भीष्म ने अर्जुन पर एक प्रतिशर भी न मारा। नहीं कहकर वे रथ से गिर पड़े। कापुरुषों की तरह, अन्याय युद्ध का आश्रय न लेने पर पांडव जीत न सकते थे, उसकी प्रथम नज़ीर भीष्म-पतन। अवश्य महाभारत में कृष्ण, अर्जुन, शिखंडी कोई भीष्म को मारने के उत्तरदायी नहीं, कारण 'इच्छा मृत्यु' के सिवा उन्हें गिराना असम्भव था। फिर भी युद्ध का एक नियम-बन्धन था। उस नियम को कृष्ण के परामर्श पर अतिक्रम किया गया। और निष्ठुरता की तो कोई तुलना ही नहीं।

भीष्म-पतन कुरु-पांडव सबके लिए अत्यन्त वेदनादायक घटना थी। ये सब उनकी शिक्षा से शिक्षित हुए हैं, द्रोणाचार्य को उन्होंने ही इन लोगों की अस्त्र शिक्षा के लिए ससम्मान आमन्त्रण कर बुलाया था। ताकि उस शिक्षा से वे बड़े हो जाएँ, वीर श्रेष्ठ गिने जाएँ, दिशा-दिशा में उनकी प्रशंसा फैल जाए, यह थी उनकी एकान्तिक प्रार्थना। सबकी आँखें सजल हो गईं। सूर्यास्त के कुछ पूर्व अर्जुन के शरप्रहार से क्षत-विक्षत होकर भीष्म पूर्व दिशा में माथा रखे रथ से गिर पड़े। सब लोग हाय-हाय कर उठे। भीष्म बोले, ''पृथ्वी पर पड़े रहकर मैं उत्तरायण की प्रतीक्षा

करते हुए प्राण धारण करूँगा।''

कहना अनावश्यक होगा कि, कौरव किंकर्तव्यविमूढ़ हुए। कृप, दुर्योधन प्रभृति रोने लगे, युद्ध में उनका मन न गया। उधर, इस प्रकार के दुर्जय, अनुचित रूप से, कापुरुष की तरह, प्रतियोद्धाहीन युद्ध कर, लज्जित न होकर, पांडव सिंहनाद करने लगे। दुःशासन के मुँह से भीष्म-पतन का संवाद पाकर द्रोण मूर्च्छित हो गए। संज्ञा लाभकर उन्होंने सेना को युद्ध से विरत किया।

10

राजा का धर्म त्याग कर कर्ण भीष्म के पास जाकर, उन्हें प्रणाम कर, निश्शब्द खड़े रहे। पांडव सेना में हजारों तूर्य बजने लगे, भीम महा आनन्द में नाचने लगे। जब रात कुछ गहरी हुई, सब अपने-अपने शिखर लौट गए, तब कर्ण कुछ भीत भाव से भीष्म के पास आए और उनके चरणों में माथा रखकर वाष्परुद्ध कंठ से बोले, ''कुरुश्रेष्ठ, मैं राधेय कर्ण हूँ। बिना कोई अपराध किए मैं आपका विरागभाजन हूँ।''

भीष्म को आँख खोलने में कष्ट हो रहा था। प्रयत्नपूर्वक नेत्रोन्मीलित कर देखा वहाँ कोई नहीं। रक्षी लोगों को भी हटा दिया। फिर एक हाथ से कर्ण को पिता की तरह आलिंगन कर सस्नेह बोले, ''मैं जानता हूँ तुम कुन्ती पुत्र हो, तुम्हारे पिता सूर्य हैं। सच कहता हूँ, तुम्हारे प्रति मेरा कोई विद्वेष नहीं। तुम न आते तो मैं दुखी होता। मैं तुम्हारे दुर्जय वीरत्व, वेदनिष्ठा, एवं दान के विषय में जानता हूँ।'' कुछ और बातचीत के बाद भीष्म का अभिवादन कर, रोते हुए कर्ण रथ में बैठकर दुर्योधन के पास चले आए।

भीष्म ने कर्ण के प्रति कोई कटूक्ति की थी, फलतः कर्ण ने प्रतिज्ञा की थी कि उनके पतन के पूर्व वे युद्ध न करेंगे। दुर्योधन के पास जाकर सबको सान्त्वना देकर बोले, ''महात्मा भीष्म जैसे तुम्हारी रक्षा करते थे, वैसे ही मैं भी करूँगा। मैं पांडवों को यमालय भेजकर परम यशस्वी होऊँगा। अथवा शत्रु के हाथों निहत होकर भूतल पर शयन करूँगा।''

दूसरे दिन रणसज्जा से सज्जित होकर पुनः कर्ण रथ पर आरुढ़ होकर भीष्म के पास आए। अश्रुभरी आँखों और वद्धांजलिपूर्वक बोले, ''भरतश्रेष्ठ ! मैं कर्ण हूँ। आप मुझे शुभ वचन कहें। कुरु वीरों को विपद-सागर में फेंककर आप पितृलोक जा रहे हैं। क्रुद्ध व्याघ्र जैसे मृगनिधन करता है वैसे ही पांडव अब कौरवों का विनाश करेंगे। आपकी आज्ञा पाऊँ तो मैं प्रचंडविक्रम अर्जुन को अस्त्रबल रो निहत कर सकता हूँ।''

भीष्म बोले, "कर्ण ? समुद्र जैसे नदियों का, सूर्य जैसे प्रत्येक तेज का, साधुगण जैसे सत्य का, उर्वरभूमि जैसे बीज का, मेघ जैसे जीवों का आश्रय है, तुम भी वैसे ही बान्धवों के आश्रयस्थल होओ। मैं प्रसन्नचित्त से कहता हूँ, तुम शत्रुओं से युद्ध करो। दुर्योधन की तरह तुम भी मेरे पौत्र हो। तुम उन लोगों की रक्षा करो।"

भीष्म को प्रणाम कर कर्ण रणस्थली की ओर चले गए। फिर, कौरवों ने कर्ण के परामर्श से सर्वसम्मति से द्रोणाचार्य को सेनापति बनाया। द्रोण सभी योद्धाओं के शिक्षक थे, माननीय एवं श्रेष्ठ अस्त्रधर थे। उनके बराबर और कौन है ? भीष्म जब तक युद्ध से विरत न हों, कर्ण युद्ध न करेंगे, यह कृष्ण जानते थे। जब युधिष्ठिर भीष्म-द्रोण-कृपाचार्य इत्यादि अवध्य योद्धाओं के पास जाकर भक्ति-गद्‌गद भाव से चरणवन्दना कर बात की। बाद में उनकी मृत्यु की गुप्त ख़बर संग्रह कर और शल्य को भी सम्मान प्रदर्शित कर, प्रदक्षिणा कर, कह आए कि अपनी पूर्वकालीन वर देने की बात विस्मृत न कर युद्धकाल में सूतपुत्र का तेज नष्ट करें, उसी समय कृष्ण कर्ण के पास गए। बोले, "हे कर्ण ! जितने दिन भीष्म युद्ध करें, उस समय तुम हमारे पक्ष में रहो।" कर्ण बोले, "केशव ! मैं दुर्योधन का अप्रिय कार्य न करूँगा। जान रखो कि मैं उनका हितैषी हूँ, उनके लिए प्राण देने को प्रस्तुत हुआ हूँ।" कर्ण की सतता और कृष्ण में सतता का अभाव, एक-दूसरे के सम्पूर्ण विपरीत।

कर्ण को पांडव दल में लाने के लिए कृष्ण ने कितने प्रकार की अनुचित चेष्टाएँ कीं, हमने प्रत्यक्ष देखा। अत्यन्त क्रूर ढंग से भीष्म को जिस तरह कृष्ण के परामर्श पर अर्जुन ने घोर कायर की तरह मार गिराया वह भी युद्ध के दसवें दिन स्पष्ट हुआ। इस युद्ध में पांडवों की ओर से कोई धर्म न था, वीरत्व न था, योद्धा का गौरव भी न था। नियम कानून की परवाह तो थी ही नहीं। जो था उसका नाम शठत्व है और तुलनाहीन चक्रान्त (षड्यन्त्र) है, हृदयहीनता है। यह हृदयहीनता कितनी दूर तक जा सकती है इसका चरम उदाहरण है द्रोण की मृत्यु। रणभूमि में प्रवेश कर युद्ध न करना, छिपकर युद्ध करना, और समर परित्याग कर भागना यह यादव वंश का और कृष्ण का धर्म है। अर्जुन में वस्तुतः एक महावीर के सम्मान से भूषित होने जैसी योग्यता है। वे युधिष्ठिर की तरह राज्यलोभी नहीं, भीम की तरह धैर्यहीन नहीं, अपने हित के लिए झूठ बोलने को वे राज़ी नहीं। किन्तु कृष्ण के षड्यन्त्र में उन्होंने जो-जो किया है उसने उन्हें निश्चय ही कलंकित और निन्दार्ह बनाया है। उन्होंने अपने वीरत्व का सम्मान अधार्मिक कर्म में गिरा दिया। सेनापति होकर द्रोण अविश्रान्त भाव से केवल पांडव सैनिकों को ही नहीं, बड़े-बड़े योद्धाओं, राजाओं, महाराजाओं को विनष्ट करने लगे और कुन्ती-पुत्रों को निपीड़ित एवं भयार्त करने लगे। इससे यह बात स्पष्ट अनुमित हुई कि पांडवों की विजय-आशा को वे

ही समूल उखाड़ फेंकेंगे। तभी कृष्ण ने अर्जुन को सलाह दी, ''धर्म परित्याग करो। नहीं तो द्रोण आज किसी को जीवित न छोड़ेंगे।''

पाठकों को याद होगा कि युधिष्ठिर द्रोण की मृत्यु का गुप्त उपाय भी संग्रह कर लाए थे। उसी रास्ते सकौशल पाँव रखते हुए कृष्ण ने उपदेश दिया। कृष्ण के अन्तर में कोई विवेकबोध न था। षड्यन्त्र के सिवा वे जरासंध को न जीत पाते, शिशुपाल-वध भी न कर पाते। इस युद्ध में भी उन्होंने अर्जुन द्वारा उसी तरह जय का मार्ग परिष्कृत करना चाहा। बोले, ''सुनो, लग रहा है, द्रोण आज सबका विनाश करेंगे। तुम कहो कि उनका बेटा संग्राम में मारा गया।''

कृष्ण असत्य बोलने से जैसे विमुख नहीं, वैसे ही कोई भी हीन कर्म करते द्विधामुक्त हैं। लेकिन कृष्ण के जादू से मोहाच्छन्न अर्जुन भी इस मिथ्या भाषण से किसी प्रकार सहमत न हुए। द्रोण ने कहा था, हाथ में धनुष-बाण रहते वे देवताओं से भी अजेय हैं। किन्तु यदि अस्त्र त्याग करें तो मनुष्य भी उनका वध कर सकता है। द्रोण अतिशय पुत्र वत्सल थे, उसकी मृत्यु की ख़बर सुनकर शोकविह्वल होकर अवश्य ही वे अस्त्र त्याग करेंगे, और तब उन्हें मारा जाएगा।

अर्जुन को राज़ी न किया जा सका, किन्तु 'सत्यवादी' युधिष्ठिर राजी हो गए। मालवराज इन्द्र वर्मा के पास अश्वत्थामा नाम का एक हाथी था। भीम ने गदा से उसका संहार कर द्रोण के पास जाकर कहा, ''अश्वत्थामा मारे गए हैं।'' भीम से यह सुनकर कि अश्वत्थामा हत हुए, द्रोण विमन हो गए, लेकिन विश्वास न हुआ। तब उन्होंने व्यथित हृदय से युधिष्ठिर से पूछा क्या मेरा पुत्र निहत हुआ है ? प्रचार कौशल वश वे बहुत दिनों से सुनते आ रहे थे कि युधिष्ठिर सत्यवादी है। उनके मन में हुआ कि युधिष्ठिर त्रैलोक्य के ऐश्वर्यलाभ के लिए भी कभी असत्य न बोलेंगे। अतः और किसी से न पूछकर युधिष्ठिर से ही उन्होंने पूछा। कृष्ण ने युधिष्ठिर से कहा, 'द्रोणाचार्य रोष से अवश होकर डेढ़ दिन और युद्ध करें तो आपकी सारी सेना विनष्ट हो जाएगी। शान्तनु के सिंहासन पर फिर किसी दिन भी बैठने का सुयोग न होगा। आप असत्य बोलकर रक्षा करें।''

प्रथम भीम ने कहा था, ''हे ब्राह्मण ! अश्वत्थामा विनष्ट हुए। तब आप और युद्ध क्यों कर रहे हैं ?'' युधिष्ठिर राज्य के लोभ से झूठ बोले। 'अश्वत्थामा हत' में दो शब्द ख़ूब ज़ोर से बोले। बाद में धीरे से 'इति कुंजर।' यह न सुनाई पड़ा।

द्रोण जब युधिष्ठिर के वचन का विश्वास कर पुत्रशोक से अत्यन्त कातर होकर 'अश्वत्थामा' कहते हुए ज़ोरों से रो पड़े और रथ पर सारे अस्त्र-शस्त्र रखकर अस्त्रत्यागी होकर विसुध हुए, तब युधिष्ठिर ने कहा, ''शीघ्र तुम लोग द्रोण की ओर दौड़ो, यही अवसर है।''

युधिष्ठिर के आदेश पर तब धृष्टद्युम्न ने उस अचेत अवस्था में ही द्रोण को गिरा दिया, बाल खींचकर, तलवार से मस्तक काट डाला। इसके बाद गुरु का प्रकांड मस्तक लिए, उल्लास में मत्त होकर, तलवार घुमाकर सिंहनाद किया। युधिष्ठिर एवं भीम आनन्द से पागल। अचेतन दशा में गुरु हत्या का यह भयंकर दृश्य देखकर अर्जुन क्षुब्ध हुए। बड़े भाई का तिरस्कार कर बोल उठे, "हे महाराज ! द्रोणाचार्य सौहार्दवश और धर्मानुसार हम लोगों के पिता तुल्य थे। वे आपको शिष्य और सत्यपरायण समझते थे। उन्हें विश्वास था आप उनसे कभी झूठ न बोलेंगे। गुरु केवल आपका वाक्य सुनते ही शस्त्रहीन होकर टूटी नाव के समान आपके सामने ही विह्वलतावश चैतन्य खो बैठे। और आप राज्य लालसा में, शिष्य होकर भी, उन शोकसन्तप्त गुरु की ऐसी नृशंसता से हत्या कर प्रसन्न हो रहे हैं ? मैंने बारम्बार आपको मना किया था कि झूठ न बोलें। फिर भी तुच्छ राज्यलोभवश आपने लघुचित्त और अनार्य की तरह स्वधर्म परित्याग कर नित्योपकारी योगारूढ़ वृद्ध आचार्य का प्राण-संहार किया ? धिक्कार है। अब जीवन की क्या आवश्यकता है ? मरण ही श्रेय है। इस उम्र में और कितने दिन राजत्व भोग करेंगे ?"

लक्ष्य योग्य बात है कि अर्जुन जितनी बार युधिष्ठिर का तिरस्कार कर रहे हैं उतनी बार राज्यलोलुप कह रहे हैं। वस्तुतः जिस प्रकार द्रोणवध किया गया है और उनका कटा सिर लेकर जिस तरह वीभत्स उल्लास में युधिष्ठिर और भीम ने नृत्य किया है, वह दृश्य देखना किसी भी स्वस्थ मनुष्य के लिए असह्य है। युद्धक्षेत्र में उसका प्रमाण भी मिला है। प्रत्येक ने इस अपकर्म की निन्दा की, धिक्कारा। किशोरावस्था से ही द्रोण इनके गुरु थे। इन लोगों को वे बहुत स्नेह करते थे। प्यार करते थे। और अर्जुन के प्रति उनका अनिरुद्ध पक्षपात था। युधिष्ठिर यदि क्षत्रिय की तरह न्याय युद्ध में जयी होते, वीर की तरह संहार करते, तो उल्लसित होने का कारण घट सकता था। यह उन्होंने किया नहीं। झूठ बोलकर एक अचेत मनुष्य का गला काटा है, और उस पर लज्जा नहीं, दुःख नहीं, सानन्द नृत्य कर रहे हैं। कुछ दिन पूर्व भीष्म को भी ठीक इसी तरह शिखंडी को सामने रखकर अर्जुन ने अनवरत बाणविद्ध किया है। सामने खड़े होकर शिखंडी भी उसी तरह बाण वर्षा करते गए हैं और जानते हैं कि वे उन्हें चाहे जितने बाणों से विद्ध करें, भीष्म उन्हें न मारेंगे। अर्जुन को न मारेंगे। स्वधर्म में निरत रह कुरुक्षेत्र के युद्ध में वे लोग नहीं जीते। स्वधर्म में निरत रहकर हारे दुर्योधन। महाभारत में धर्म की कोई जय नहीं, न्याय का कोई स्थान नहीं, सत्य का कोई मूल्य नहीं, विवेक का कोई दर्शन नहीं।

कृष्ण के कुटिल परामर्श से हीनकर्म का अन्त यहीं नहीं, और भी है, जो और वीभत्व है। पाठकों को स्मरण होगा, चौदह दिनों के युद्ध में अर्जुन की प्रतिज्ञा थी

कि वे जयद्रथ का वध सूर्यास्त के पूर्व करेंगे। यह वे न कर पाए। जब सूर्य अस्त हुआ और जब जयद्रथ ने युद्ध बन्द हुआ समझकर ग्रीवा उठाकर आकाश की ओर देखा, उसी समय कृष्ण ने कहा, ''छलना के बिना जयद्रथ का वध न हो सकेगा। इस सुयोग में तुम जयद्रथ का वध करो।'' अर्जुन जयद्रथ की ओर दौड़े और कृष्ण के परामर्श से उसका सिर काट लिया। केवल यही नहीं, कृष्ण ने कहा, ''अब यह कटा शिर जयद्रथ के वृद्ध पिता बुद्धक्षत्र की गोद में फेंको।'' अर्जुन ने वही किया। बुद्धक्षत्र तब सन्ध्या वन्दना कर रहे थे। सहसा काले बालों तथा कुंडलों से भूषित जयद्रथ का कटा सिर गोद में गिरते ही वे चौंककर शीघ्र खड़े हो गए, पुत्र का कटा सिर देखकर उनकी भी मृत्यु हो गई।

और है। कृष्ण के परामर्श से सात्यकि के साथ युद्धरत भूरिश्रवा का दायाँ हाथ अर्जुन ने पीछे से काट डाला। क्योंकि भूरिश्रवा से सात्यकि हारे जा रहे थे। युद्ध के नियम-बहिर्भूत यह अपकर्म देखकर भूरिश्रवा अत्यन्त क्रुद्ध हुए। बोले, ''अर्जुन, तुमने अत्यन्त गर्हित एवं नृशंस कर्म किया। मैं अन्य के साथ युद्ध में रत था, उसी समय तुमने यह काम किया ? युद्ध की यह शिक्षा तुम्हें किसने दी है ? अन्धकवंश के सभी लोग व्रात्य हैं, निन्दार्ह कर्म करना ही उनका स्वभाव है। मैं जानता हूँ, उस वंश में जन्मे कृष्ण के आदेश पर ही तुम इस अन्याय कर्म में प्रोत्साहित हुए हो। उनकी बात तुमने सुनी क्यों ? तुम्हारा अपना धर्मबोध क्या तुम्हें विरत न कर सका ?'' यह कहकर वे प्रायोपवेशन पर बैठे और मृत्यु के लिए योगस्थ हुए।

द्रोण की मृत्यु के बाद दुर्योधन ने आनुष्ठानिक रूप से कर्ण ही को सेनापति वरण किया था। किन्तु भीष्म की युद्धविरति के बाद से ही कर्ण युद्ध में उतर पड़े थे। कृष्ण शुरू से ही इस व्यक्ति से डरते थे। वे समझ गए थे कि आमने-सामने के युद्ध में अर्जुन कर्ण से कभी न जीत सकेंगे। पाठक जानते हैं, इसीलिए अनेक कौशलों से वे कर्ण को अपने दल में लाने की कितनी ही चेष्टा कर चुके थे। किन्तु उनका वह मनोरथ पूर्ण न हुआ। तदनन्तर कर्ण की स्वार्थी माँ कुन्ती भी गई थीं वही अभिप्राय लेकर। फिर भी उन्हें टस-से-मस न किया जा सका। केवल यह कहा था, ''अर्जुन के सिवा और किसी को मैं प्राण से न मारूँगा। मैं अर्जुन के साथ ही युद्ध करना चाहता हूँ। इसमें या तो मेरी या उसकी मृत्यु होगी। आपके पंचपुत्र पंचपुत्र ही रहेंगे।''

भीम के साथ जब उनका युद्ध हो रहा था, तब कर्ण भीम को निदारुण व्याकुल और बारम्बार अभिभूत करने लगे। लेकिन सहसा कुन्ती को दिया वचन स्मरण कर भीम का प्राणसंहार न कर सके। बोले, ''हे तुवरक ! तुम मूर्ख हो ! रणस्थल तुम्हारा उचित स्थान नहीं। जहाँ अनेक प्रकार के भोजन और पेय हैं, तुम उसी स्थान के

योग्य हो।" इस प्रकार का उपहास कर, भीम ने तारुण्य में जो अप्रिय कार्य किए थे, वह सब कर्ण उन्हें सुनाने लगे। तदुपरान्त धनुष्कोटि द्वारा स्पर्श कर हँसते-हँसते बोले, "मुझ जैसे व्यक्ति के साथ युद्ध करने पर कुछ ऐसी-वैसी अवस्था भी घटित होती है। अतएव जहाँ कृष्ण और अर्जुन हैं तुम वहीं जाओ। वे तुम्हारी रक्षा करेंगे।"

कर्ण ने मात्र भीम को ही प्राण से नहीं मारा। युधिष्ठिर भी एक बार अपने अपटु वीरत्व के साथ आगे आए थे। उन्हें भी कर्ण ने प्राण से न मारा। जैसे कोई लोभ उन्हें मित्र के प्रति विश्वासघातकता कराने में समर्थ न हुआ, वैसे ही यतः कुन्ती को वचन दिया था अतः भीम को हराकर भी प्राण से न मारा, युधिष्ठिर को पराजित करके भी प्राण से न मारा। कुबुद्धि में कृष्ण जितने पटु हैं, सद्बुद्धि में कर्ण उतने ही महान हैं। कौरव पक्ष में ऐसा कोई नहीं, जिसने युद्ध में आकर युद्ध न कर, युद्ध का नियम भंगकर, मिथ्याचार की सहायता से शत्रु-वध कर अपने को नीचता में रँगा हो। भीष्म, द्रोण, जयद्रथ जैसे सभी महारथियों की जिस प्रकार कृष्ण ने अर्जुन से हत्या कराई है, उससे बढ़कर कापुरुषोचित नीचकर्मसिद्धि का कलंक और किसी पर नहीं।

कर्ण ने युद्ध में उतरते ही पांडवों को एकदम बेहाल कर डाला था। पांडव सेना भयार्त होकर भागने लगी। अर्जुन कृष्ण से बोले, "कर्ण के भार्गवास्त्र की शक्ति देखो, मैं किसी भी प्रकार इस अस्त्र का निवारण न कर सकूँगा। किन्तु कर्ण से युद्ध किए बिना पलायन भी न कर सकूँगा।"

कृष्ण ने कहा, "राजा युधिष्ठिर कर्ण से युद्ध करने जाकर क्षत-विक्षत हुए हैं। पहले तुम्हारा उनके पास जाना उचित है। अभी वहाँ चलो तो। फिर लौटकर जो होगा सो होगा।"

असल में यह बात कही अर्जुन को बचाने के लिए ही। इस समय कर्ण को युद्ध-निरत रख उन्हें थकाना ही उनका उद्देश्य था। इसीलिए इस बहाने वे अर्जुन को युद्धक्षेत्र से हटा ले गए।

कर्ण द्वारा स्वभावतः युधिष्ठिर क्षत-विक्षत हुए थे। कर्ण ने उन्हें प्राण से न मारा। किन्तु उपहास करना न छोड़ा। उपहासपूर्वक उनकी पीठ पर हाथ रख कर्ण ने कहा था, "हे पांडुनन्दन ! तुम क्षत्रियकुल में जन्म लेकर भी, क्षत्रियधर्म पालन न कर, प्राणभय से समर परित्याग कर, पलायन क्यों कर रहे हो ? मुझे ऐसा लगता है, तुम क्षात्रधर्म से अवगत नहीं। युद्ध करना तुम्हारा कर्म नहीं। अब संग्राम-इच्छा त्यागो, वीर पुरुषों के समीप अब न जाना, और कोई अप्रिय वचन न बोलना।"

रणक्षेत्र से महात्मा युधिष्ठिर ने तत्क्षण भागकर अपने प्राण बचाए।

अर्जुन ने कृष्ण से कहा, "वह देखो, सूतनन्दन कालान्तक यम की तरह क्रुद्ध होकर रणस्थल में निदारुण कार्य सम्पादित कर बारम्बार हमारी ओर कटाक्ष फेंक रहे हैं। इस समय कर्ण को छोड़कर पलायन करना मेरा अकर्तव्य होगा।"

कृष्ण रणस्थल से अर्जुन को खिसकाते हुए बोले, "हे पार्थ ! राजा युधिष्ठिर कर्ण के बाण से अत्यन्त पीड़ित हुए हैं। तुम सबसे पहले उन्हें दर्शन और आश्वासन देकर बाद में कर्ण को निपीड़ित करो।"

इस बीच अर्जुन ने भीम को देखकर जिज्ञासा की, "हे महात्मन् ! इस समय धर्मराज कहाँ हैं ?"

भीम ने कहा, "भ्रातः ! धर्मनन्दन राजा युधिष्ठिर सूतपुत्र के बाणों से सन्तप्त होकर यहाँ से चले गए हैं। वे जीवित हैं कि नहीं; संदिग्ध है।"

तब अर्जुन परेशान होकर बोले, "मुझे लगता है वे सूतपुत्र के बाणों से गहरे बिंधकर शिविर में प्रविष्ट हुए हैं। पहले उन्होंने द्रोणाचार्य के धारदार बाणों से विद्ध होकर भी विजय-लाभ की आशा से संग्राम-स्थल न छोड़ा था। आज जब उन्हें संग्राम-स्थल में नहीं देखता, तब कर्ण के साथ युद्ध में निश्चय ही उनका प्राण-संशय उपस्थित हुआ है। अतः चलो, शीघ्र उनके पास चलें।"

अन्य किसी कारण से नहीं, जिस कुन्ती को वे ज़रा भी श्रद्धा नहीं करते, उन्हें दिए वचन की रक्षा के लिए ही, निश्चित विजय की उपेक्षा कर, भीम और युधिष्ठिर को कर्ण ने छोड़ दिया था। उनके महत्त्व की कोई तुलना नहीं। वाक् पृथ्वी का आदि सत्य है। उस सत्य की रक्षा ही कर्ण के चरित्र की महत्तम वस्तु है, उनका धर्म है। इस प्रसंग में दुर्योधन को भी कृतित्व देना आवश्यक है। क्योंकि युद्ध राजा के आदेश और आदर्श से ही चलता है। कौरवपक्ष में असत् रणनीति के अनुसरण का दृष्टान्त विरल है। दुर्योधन के साथ प्रत्येक अवध्य वीर की, कृष्ण की प्ररोचना पर, पांडवों ने अन्याय युद्ध में हत्या की है।

कृष्ण, भीम से संशप्तगण का संहार करने को कहकर, वेगगामी अश्वों का संचालन कर, अत्यन्त शीघ्र अर्जुन को लेकर राजा युधिष्ठिर के पास गए। देखा, वे अकेले लेटे हैं। और अच्छे ही हैं। उन लोगों को देखकर युधिष्ठिर ने आह्लादित होकर उनका अभिनन्दन किया और कहा, 'हे कृष्ण ! हे धनंजय ! तुम लोगों को देखकर बहुत अच्छा लग रहा है। तुमने अक्षत शरीर रहकर कर्ण को मारा है। महावीर सूतपुत्र रणांगण में अशिविष सदृश हैं और समस्त शस्त्रपारदर्शी कौरवों के कवच हैं। उन्हें वीर परशुराम से दुर्जय अस्त्र मिला है। कर्ण सतत कौरवों के रक्षक होकर शत्रुओं का मर्दन कर रहे हैं और सर्वदा दुर्योधन के हितसाधन में तत्पर हैं। तुम लोग भाग्यवश

उस अनल सदृश तेजस्वी, वायु से वेगवान, हमारे मित्रों के लिए कालस्वरूप महावीर को विनष्ट कर मेरे पास आए हो। उस कर्ण ने सात्यकि, धृष्टद्युम्न, नकुल, सहदेव, शिखंडी और पांचालों को पराजित कर, उन्हीं के सामने मेरे रथध्वज को छिन्न कर घोड़ों को मारकर, मुझे पराजित कर, युद्ध स्थली में मेरा पीछाकर अनेक कठोर बातें कहीं। कर्णकृत अपमान मुझे नितान्त असह्य लग रहा है। मैं इस व्यक्ति के भय से तेरह वर्ष सो न सका, सुखी न हो सका। आज ज़रूर उसने मुझे नहीं मारा, लेकिन हरा कर मज़ाक उड़ाया। कैसे तुम लोगों ने उसे मारा, मुझे बताओ।"

जब यह सुना कि कर्ण को बिना मारे अर्जुन उन्हें देखने आए हैं, तब वे अत्यन्त क्रुद्ध हुए। बोले, "मैं राज्यलाभ में पूरा लोलुप हूँ। हे धनंजय ! बीज जैसे बादल पर निर्भर करता है, वैसे ही मैं केवल राज्यलाभ की आशा से तुम्हारे ऊपर ही निर्भर था। दुर्योधन की उन्नति के विषय में मैं अणुमात्र प्रत्याशा नहीं करता, और तुम सूतपुत्र को देखकर डरोगे यह मैंने कभी विश्वास न किया। विशेषतः वासुदेव तुम्हारे सारथी हुए हैं, फिर भी तुम सूतपुत्र के भय से डरकर रणस्थल से लौट आए। अब तुम वासुदेव को गांडीव धनुष दे दो। तुम समरत्यागपूर्वक पलायन करने की अपेक्षा पाँचवें माह में गर्भस्राव में विनष्ट क्यों न हो गए ? हे दुरात्मा ! तुम्हारे गांडीव को धिक्कार है। तुम्हारे बाहुवीर्य को, बाणों को धिक्कार है !"

इस प्रकार के अनुचित तिरस्कार से अत्यन्त क्षुब्ध होकर अर्जुन ने तलवार उठा ली। कृष्ण ने फ़ौरन बाधा दी। अर्जुन ने युधिष्ठिर की ओर देखकर क्रुद्ध सर्प की तरह साँस छोड़कर कहा, "तुम अन्य को गांडीव दे दो" मुझे जो यह बात कहेगा, मैं उसका सिर काट लूँगा, यह मेरी गुप्त प्रतिज्ञा है। हे राजा ! तुम रणस्थल से एक कोस दूर अवस्थित हो, और तिरस्कार कर रहे हो मेरा। यह अधिकार तुम्हें नहीं। शायद भीम को हो। उस महाबली ने अकेले दुर्योधन की चतुरंग सेना को मथकर अंग, बंग, कलिंग, निषाद, मागध (राजाओं) एवं अन्यान्य शत्रुओं का प्राणसंहार किया है। शिखंडी जब भीष्म के साथ युद्ध में रत था, तब उसकी रक्षा मैंने ही की है, अन्यथा द्रुपदपुत्र शायद भीष्म का संहार कभी न कर पाता। में स्त्री-पुत्र-शरीर और जीवन को पण बनाकर तुम्हारे कल्याण में प्रयत्नशील रहता हूँ, तथापि तुम मुझे वाग्बाण से निपीड़ित करते हो। मैंने तुम्हारे लिए महारथियों को निहत किया है, और तुम निःशंक द्रौपदी की शैया पर शयनकर मेरी अवमानना में लगे हो। तुम अत्यन्त निष्ठुर हो। तुम्हारे पास मैं कभी किसी दिन सुखी न हो सका। तुम जुए में आसक्त होकर, स्वयं घोर अधर्मानुष्ठान कर, इस समय हम लोगों के प्रभाव से शत्रुओं को पराजित करने की अभिलाषा करते हो। मैं तुम्हारे राज्यलोभ से रंचमात्र सन्तुष्ट नहीं। तुम्हारे जुआ खेलने के विषय में सहदेव ने अनेक दोष

गिनाए थे, समझाया था। तुमने क्या वह सब सुना ? आज हम किसके पाप से इस दुख-सागर में गिरे हैं ? तुम्हारे अपराध से ही यह युद्ध हो रहा है, इतने मनुष्यों के देह-खंड भूमि पर पड़े हैं। कौरव वंश आज किसके लिए निर्मूल हो रहा है ? तुम्हारे लिए। तुम्हारे दोष से ही प्राच्य, प्रतीच्य, औदीच्य,अवीच्य (पूर्व, पश्चिम, उत्तर, दक्षिण) के लोग मरे पड़े हैं। हे राजन ! तुम जुए में प्रवृत्त हुए थे, तुम्हारे कारण हम लोगों का राज्य-नाश और असह्य दुख उपस्थित हुआ है।''

क्रोधवश अर्जुन के मन की बात इतने दिनों में उच्चारित हुई। इस व्यक्ति के लिए ही उनका प्रथम प्रणय विनष्ट हुआ। बारह वर्ष वनवास में रहना पड़ा। द्रौपदी को उन्होंने कब पाया ? क्या इसके लिए दुःख न था ? अवश्य था। उन दिनों छोटे भाइयों द्वारा बड़े भाई की अन्धभक्ति करने का ही नियम था। किन्तु इस क्षण मन से सारी वेदना निकल पड़ी है। अर्जुन किसी प्रकार अपना क्रोध सँभाल न पा रहे थे।

अन्त में कृष्ण की मध्यस्थता से फिर सब ठीक-ठाक हो गया और फिर अर्जुन रणस्थल में उपस्थित हुए, एवं कर्ण के विनाश के लिए कृतसंकल्प हुए। कृष्ण ने कहा, ''हे अर्जुन ! तुम कर्ण की अवज्ञा न करो। सूतपूत्र महारथी, महाबली, पराक्रान्त हैं। सुशिक्षित कार्यकुशल विचित्र योद्धा, एवं कैसी जगह, कैसे समय, युद्ध कर्त्तव्य है इस विषय में अभिज्ञ हैं। मैं तुम्हें संक्षेपतः बताए देता हूँ, तुम मन लगाकर सुनो। कर्ण, मेरे मत से, शायद तुम्हारी अपेक्षा अधिक बली होगा। अतः अत्यन्त सतर्क रूप से उसका संहार करना कर्त्तव्य है। कर्ण तेज में अग्नि के समान हैं, वेग में वायु, क्रोध में यम के समान। उस विशाल बाहुओंवाले वीरवर की जैसी लम्बाई है, वैसे ही उनका वक्षस्थल भी अति विस्तृत है। और वह नितान्त दुर्जय, अभिमानी, प्रियदर्शन, योद्धाओं में समलंकृत, मित्रों के अभयप्रद, पांडवों के विद्वेषी और धार्तराष्ट्रों के हित-सम्पादन में निरत हैं। उन्हें विनष्ट करना अत्यन्त कठिन है। आज युद्ध का सत्रहवाँ दिन है। जितने पांडव और समागत अन्यान्य नृपतिगण हैं तुम्हें आश्रय बनाकर यहाँ टिके हैं। कौरव पक्ष में अब भी अश्वत्थामा, कृतवर्मा, कर्ण, मद्रराज, कृपाचार्य—ये पाँच महारथी बचे हैं।''

अर्जुन ने कहा, ''तुम जब हमारे सहायक हो तब जीत हमारी होगी ही। इस समय देख रहा हूँ, सूतपुत्र अशंकित चित्त से समरांगण निरीक्षण कर रहे हैं।''

इधर शल्य ने कर्ण से कहा, ''हे राधेय ! तुम जिसे खोज रहे हो, वह देखो, वह रोष-आरक्त नेत्रों से हम लोगों की तरफ ही दौड़ा आ रहा है। कौरवगण इस महासागर

में द्वीप की तरह तुम्हारा आश्रय लेकर अवस्थित हैं। तुमने जिस तरह धैर्य के साथ वैदेह, काम्बोज, नग्नजित और गान्धारगण को पराजित किया है, वैसा ही धैर्य अवलम्बन कर अपना पुरुषार्थ प्रकाशित कर अर्जुन-कृष्ण की ओर प्रस्थान करो।''

कर्ण बोले, ''हे मद्रराज ! तुमने इतने दिनों मुझे अपने शब्द शल्य से ही विद्ध किया है। लेकिन आज तुम्हारे व्यवहार से मेरा मन शान्त हुआ है। तुम चिन्ता न करो। धनंजय से तुम्हें रंच भी भय नहीं। आज मैं कृष्ण-अर्जुन का वध किए बिना रण भूमि न छोड़ूँगा। मैं जानता हूँ अर्जुन सा योद्धा दूसरा नहीं। अर्जुन बाणयुद्ध में और कृष्ण चक्रयुद्ध में अत्यन्त निपुण हैं। इस वक्त युद्ध के लिए मेरे अलावा और कौन उनकी ओर अग्रसर होगा ?''

इस बीच अर्जुन ने और कौरवों को भी पीस डाला, कर्ण ने भी अनेक पांडव सैनिकों को मारा। भीम के साथ दुःशासन का युद्ध हो रहा था। इस भीम को हराकर भी कर्ण ने प्राण से न मारा। यदि मार देते, तो युद्ध प्रायः वहीं समाप्त हो जाता। उसी भीम ने दुःशासन को हँसकर मार डाला। और उनका वक्ष विदीर्ण कर ईषद् उष्ण रक्त पीते-पीते बोले, ''माँ का दूध, मधु, सुरा, सुवासित उत्कृष्ट जल, दही, दूध और उत्तम रस प्रभृति सभी अमृतोपम जितने भी सुस्वादु पेय हैं, आज यह रक्त मुझे उन सबसे अधिक सुस्वादु लग रहा है।'' उस समय जो सारे वीर वहाँ थे भय से आर्तनाद कर कहने लगे, ''यह व्यक्ति मनुष्य नहीं, निश्चय ही राक्षस है।''

कर्ण ने तब शायद मन-ही-मन सोचा था कि कुन्ती जैसी गर्भधारिणी की कोख में जन्म धारण कर उनका सारा जीवन केवल अपमान-असम्मान में उलट-पलट गया। तो कुन्ती नाम्नी उस महिला को उन्होंने क्यों यह वचन दिया, ''आपके पाँच पुत्र रहेंगे ?'' हम लोग सोचते हैं, वचन देने पर भी उसे निभाने की क्या ज़रूरत थी ? जिनके साथ आज वे युद्ध में उद्‌बुद्ध हैं, उन लोगों ने तो एक के बाद एक महारथी की केवल शठता से हत्या की है। युधिष्ठिर को ही उन्होंने क्यों न मारा ? उनके असत्य भाषण ने ही तो सबके पितृतुल्य गुरु द्रोण को पुत्र-शोक में अचेत कर दिया, और उसी निःसंज्ञ दशा में, युद्ध का कोई नियम पालन न करके, धृष्टद्युम्न ने उनका सर काट उाला। और इस पर कैसा वीभत्स उल्लास ! युद्ध समाप्त होने पर असतर्क जयद्रथ का मस्तक काट डाला गया। इन लोगों के साथ किस मंच पर खड़े होकर वे न्याय युद्ध करेंगे ? यहाँ युद्ध कहाँ ? यह तो युद्ध नहीं। क्यों धर्मयुद्ध के नाम पर इतने प्राण विनष्ट हुए ? जिस प्रकार जरासंध को मार डाला, वैसे ही छद्मवेश में छिपकर किसी भी दिन किसी भी महारथी की पीठ में छूरी मारकर भाग जाते हैं पांडव। जिस महिला को कर्ण श्रद्धा नहीं करते उससे बात न करना ही अच्छा

होता। सच तो यह है, कुन्ती को दी गई इस अर्थहीन प्रतिश्रुति से यदि कर्ण प्रतिबद्ध न होते तो पांडवों के लिए युद्ध जीतना कभी सम्भव न होता। युधिष्ठिर की मृत्यु निश्चित थी।

क्या युधिष्ठिर राजा होने योग्य हैं ? जो राजा हैं, वे ही यदि युद्धस्थल से भाग जाएँ, तो कैसे उन्हें राजा कहा जाए ? दूसरी ओर दुर्योधन, सूर्यास्त पूर्व तक, अर्थात् जब तक युद्ध चलता है, एक बार भी विश्राम नहीं करते, शिविर में जाकर आश्रय नहीं लेते। अपने दल के एक व्यक्ति को भी छोड़कर वे नहीं चले आते। कौन जाने आज कर्ण के भाग्य में क्या है। उनकी भी अन्य सब महारथियों की तरह अर्जुन द्वारा, कृष्ण सुयोग पाकर, हत्या न कराएँगे, क्या कोई कह सकता हैं ?

दूसरे दिन प्रातःकाल कर्ण ने दुर्योधन से कहा, ''मैं धनंजय की अपेक्षा जिन-जिन अंशों में हीन हूँ वह सब तुम्हें बता देना मेरा कर्त्तव्य है। अर्जुन के सारथी वासुदेव हैं। वह कांचन रथ अग्निप्रदत्त है, अच्छेद्य है। सारे घोड़े बड़े वेगशाली हैं, पताका विस्मयकर है। हे कुरुराज ! तुम दुःसहवीर्य मद्रराज को मेरा सारथी होने दो। तुम्हारी अवश्य जीत होगी। शकट मेरे सारे अस्त्र वहन करे और उत्कृष्ट अश्वों से युक्त सारे रथ मेरे पीछे चलें। ऐसा होने से मैं अर्जुन की अपेक्षा अधिक हो जाऊँगा। शल्य सा भुजवीर्य सम्पन्न और कोई नहीं। और मेरे जैसा अस्त्रयुद्ध पारंगत भी दूसरा नहीं। अतः शल्य यदि मेरे सारथी हों तो मेरा रथ अर्जुन के रथ से भी अधिक उत्कृष्ट होगा। मैं निःसन्देह अर्जुन को पराजित करूँगा।''

दुर्योधन ने कहा, ''हे राधेय ! तुमने जो कहा मैं वही संयोजन करूँगा।''

वह उन्होंने किया भी। यद्यपि शल्य पहले आपत्ति कर चुके थे। क्रुद्ध होकर कहा था, ''मुझ जैसा अद्वितीय योद्धा अन्ततः सूतपुत्र का सारथी बनेगा ?'' दुर्योधन ने विनीत वाणी से उन्हें तुष्ट कर कहा, ''महाराज ! मैं कर्ण को सूतकुलोत्पन्न नहीं मानता। मेरी राय में वे क्षत्रियकुल प्रसूत हैं, देवकुमार हैं, और बड़े गोत्र के हैं। वे हर्गिज़ सूतकुलोद्भूत नहीं। इसके अलावा आप तो जानते हैं, भगवान ब्रह्मा ने भी रुद्र का सारथी होना स्वीकारा था। फलतः रथी की अपेक्षा अधिक बली व्यक्ति को सारथी बनाना कर्त्तव्य है। हे मामाजी ! आप अस्त्रविद् लोगों में अग्रगण्य हैं, सर्वशास्त्रविशारद कर्ण की अवज्ञा न करें। जिसकी भीषण धनुषटंकार सुनकर पांडव सैनिक दसों दिशाओं में भागने लगते हैं, मायावी राक्षस घटोत्कच, आपकी आँखों के सामने, रात में जिसकी माया के प्रभाव से मारा गया है, महावीर अर्जुन नितान्त भयभीत होकर इतने दिन जिसके साथ युद्ध में नहीं प्रवृत्त हुए, महारथ महाबल पराक्रान्त वृकोदर को धनुष द्वारा संचालित कर बारम्बार मूर्ख और पेटू कहकर जिसने

भर्त्सना की है, जिन्होंने नकुल, सहदेव, युधिष्ठिर को पराजित कर पता नहीं किस गुप्त कारण से मार न डाला, पांडव कैसे उस महावीर कर्ण को पराजित कर सकेंगे ? और आप सारथी के रूप में वासुदेव से भी अधिक उत्कृष्ट हैं।''

इन सब वाक्यों से दुर्योधन ने शल्य को सन्तुष्ट कर कर्ण का सारथी बनाया। युद्ध में उतरते ही कर्ण ने पांडवों में भय का संचार किया था। अब और दुर्जय हुए। पांडव पक्षीय अनेक शत्रुओं का विनाश कर, धनुष हाथ में लेकर, कर्ण समरांगण में नृत्यमान घूमने लगे।

शल्यराज बोले, ''कर्ण, तुम वस्तुतः शास्त्रविशारद हो, युद्धदुर्मद हो, और यम के समान असह्य हो। तुम अनायास समर भूमि में शत्रुगण को पराजित करने में समर्थ होगे।'' शल्यराज की ये बातें सुनकर कर्ण आनन्दित हुए। उन्हें लगा, भीष्म और द्रोणाचार्य के बाद वे ही पांडवों को हराएँगे। उनके मन में आशा जगी।

दुर्योधन ने कहा, ''मैं तुम्हारे कथनानुसार पितामह और द्रोणाचार्य को ही अतिशय वीर मानता था। किन्तु भीष्म ने पितामह होने के नाते दस दिन पांडुपुत्रों की रक्षा की थी। द्रोणाचार्य भी शिष्य के नाते उन्हें मार न सके। हे कर्ण ! अब तुम-सा पराक्रमी योद्धा दूसरा कोई नहीं दीखता। मैं तुम्हारे बल और अपने प्रति सौहार्द के विषय में भली-भाँति अवगत हूँ। पहले भी तुम्हीं ने मेरा हित साधन किया है। कौरवों के सेनापति होकर, सैनिकों की रक्षा कर, दैत्यनिसूदन महेन्द्र के समान शत्रु निपात में प्रवृत्त होओ।''

कर्ण ने कहा, ''हे कुरुराज ! मैंने बराबर तुमसे कहा है, पांडवों को उनके पुत्रों तथा जनार्दन के साथ पराजित करूँगा। तुम प्रशान्तचित्त से पांडवों को पराजित हुआ मानो।''

कर्ण की बात सुनकर दुर्योधन अत्यन्त सन्तुष्ट हुए। उनके मन में पुनः विजय की आशा उत्पन्न हुई। बाद में युद्ध जिस रूप से तुमुल हुआ, कौन किसे मार रहा है, यह भी प्रायः न समझ में आया।

अन्त में कर्ण और अर्जुन आमने-सामने हुए। कर्ण को अति उद्वेल समुद्र-सा गर्जन करते आता देख कृष्ण बोले, ''बन्धु ! आज जिनके साथ तुम्हें युद्ध करना होगा, वह देखो, वे आ रहे हैं। तुम स्थिर होओ। सूतनन्दन दुर्योधन की हितैषिता में बाणवर्षा करते आ रहे हैं। मद्रराज उनके रथ पर स्थित होकर घोड़ों को संचालित कर रहे हैं। कर्ण के धनुष के शब्द से युद्ध के अन्य सब शब्द सुनाई नहीं पड़ रहे। सूतपुत्र को निरीक्षण कर, देखो पांचालगण कैसे भाग रहे हैं। तुम्हारे अलावा कर्ण का बाण सहने में कोई भी समर्थ नहीं।''

अर्जुन ने कहा, "हे सखे ! तुम रथ संचालन करो। अर्जुन कर्ण को जब तक समर में गिरा न दे तब तक निवृत्त न होगा।" यह सुनकर अर्जुन जैसे योद्धा के प्रति पुनर्वार पाठकों का विश्वास लौट आता है। लगता है, इस बार अर्जुन जो करेंगे, स्वयं करेंगे। प्रायः समयोद्धा दो वीर आमने-सामने होंगे, अब समझ में आएगा किसकी कितनी योग्यता है। इतने समय तक पांडवपक्षीय इस महायोद्धा को हमने युद्ध करते देखा ही नहीं। जो महारथी लोकान्तरित हुए, उनके साथ तो पांडवों ने युद्ध किया नहीं, गुप्तघातक बनकर अत्यन्त असत् ढंग से हत्या की है। अन्ततः एक बार तो वे ऐसा कुछ करें, जिससे समझा जाए कि वे भी युद्ध करना जानते हैं। अन्ततः अर्जुन।

अर्जुन ने स्पर्द्धापूर्वक कहा, "या तो मैं आज अपने बाण से कर्ण को निहत करूँगा, नहीं तो कर्ण के बाणों से क्षत-विक्षत होकर निहत होऊँगा। तुम शीघ्र घोड़े हाँको।"

उसी समय पुत्र की मृत्यु का समाचार सुन सन्तप्त कर्ण के आँसू ढुलक पड़े। इस अवसर पर अर्जुन को आया देख, शोक भूलकर, रोष-आविष्ट होकर उन्हें युद्ध के लिए ललकारा। अन्यान्य योद्धा इन दो वीरों को आमने-सामने देखकर सविस्मय देखते रह गए। कौरवगण कर्ण को उत्तेजित करने के लिए बाजे और शंख बजाने लगे। पांडव तूर्य और शंख द्वारा अर्जुन को उत्तेजित करने लगे।

युद्ध की वर्णना देने से लाभ नहीं। किसने कितने अस्त्रों द्वारा कितनी बार किसे विद्ध किया था उस विवरण में जाने का भी कुछ मतलब नहीं। फिर भी उस विवरण में यह स्पष्ट था कि कर्ण पराजित न होंगे, विजयी होकर कौरवों की रक्षा कर सकेंगे। किन्तु नियतिवश उनके रथ का एक पहिया सहसा मिट्टी में धँस गया। कर्ण ने कहा, "हे पार्थ ! तुम क्षण-भर युद्ध-विरत रहो, मैं पहिया निकाल लूँ। दैवात् मेरा दायाँ पहिया पृथ्वी में धँस गया है। इस समय तुम कापुरुषोचित दुरभिसन्धि त्यागो। तुम रणविद् विख्यात हो, इस समय असाधु कार्य करना तुम्हारे लिए उचित नहीं। मैं इस समय भूमि पर हूँ, असहाय, और तुम रथ पर बैठे हो। जब तक चक्का निकाल न लूँ, तब तक मेरा संहार तुम्हारे लिए उचित नहीं। क्षण-भर मुझे क्षमा करो। अन्ततः तुममें इतना पौरुष है, यह विश्वास है।"

इस जगह एक छोटी सी उपकथा कही गई है। उसका उल्लेख यहाँ अवान्तर न होगा। यद्यपि है उपकथा तथापि उसके द्वारा एक मनुष्य की चरित्रगत छवि परिस्फुट हो उठती है। इस बीच हमने देखा कि कर्ण ने भीम और युधिष्ठिर को परास्त करके भी मारा नहीं। केवल कामुक गर्भधारिणी, जिसने अपने सुनाम को बचाने के लिए कौमार्य की इस सन्तान को प्रसव कर नदी में बहा दिया था, जो

इस सन्तान को पहचान कर भी दुख-वेदना अपमान-असम्मान से इसे मुक्त करने के लिए आगे न आई, और निर्लज्ज होकर अपनी स्वार्थ रक्षा के लिए आई थी, उस महिला को दिए वचन को कर्ण भंग न कर सके और युद्ध में योग देकर महावीर कर्ण, महानुभव कर्ण, हर प्रलोभन से अजेय कर्ण ने समरांगण में अग्निगोलक की तरह फटकर शत्रुमर्दन में सबको त्रस्त किया था। इसी त्रास से त्रस्त होकर अति शठ कृष्ण रणस्थल से अर्जुन को हटा कर पलायन कर गए थे। उसके बाद जिस दिन दोनों आमने-सामने हुए, दो अति प्रियदर्शन भ्राता, जब युद्ध प्रायः शिखर पर है, उसी समय वेग से पाताल पार कर अन्तरिक्ष से कर्णार्जुन-संग्राम देखकर, वैर निर्यातन का इसे ही सर्वाधिक उचित समय विवेचित कर, सर्प अश्वसेन कर्ण के तूणीर के एक बाण में प्रविष्ट हुआ।

कर्ण कुछ न जान पाए। किन्तु कृष्ण ने जाना और अपना रथ चार अंगुल नीचे उतार दिया। यह कर्ण का अव्यर्थ बाण था। साँप न प्रविष्ट होता तो वे अनायास अर्जुन का सिर काट सकते थे। परन्तु यह न हुआ। शल्य ने कहा था, ''तुम यह बाण मत फेंको। यह अर्जुन की गर्दन काटने में समर्थ न होगा। अतएव, जिसके द्वारा अर्जुन का मस्तक छेदन हो सके ऐसा बाण खोजो।''

क्षत्रियजनोचित अहंकार में कर्ण ने शल्य की बात न सुनी। बोले, ''हे महाबाहो ! एक शर-सन्धान हाथ में लेकर फिर मैं उसे त्यागता नहीं। मुझे जैसा व्यक्ति कभी कूटयुद्ध में न लगेगा।''

फलतः अव्यर्थ बाण विफल हुआ। उस भीषण बाण ने अग्नि और सूर्य की तरह अन्तरिक्ष पार कर अग्नि कांड घटित किया। लेकिन अर्जुन का मस्तक काटने में सफल न हुआ। उनके सुवर्णखचित मणिहीरक मंडित नागास्त्र ने वेगपूर्वक केवल अर्जुन का दिव्य किरीट चूर्ण कर डाला। पुराकाल में इन्द्र ने असुर संहार के समय उन्हें वह किरीट दिया था। विपक्षी उसे देखकर भयभीत होते थे। साँप ने कर्ण के बाण में प्रविष्ट होकर वह किरीट चूरकर दिया।

इतने क्षणों बाद कर्ण ने इस अश्वसेन नामक साँप को देखा। वह बोला, ''अर्जुन ने मेरी माँ का वध किया था, मैं आज प्रतिशोध लूँगा। तब तुमने बिना जाने प्रयोग किया था, इसलिए अर्जुन का मस्तक न काट सके। अब तो मुझे देख लिया न तुमने ? अब प्रयोग करो, मैं निश्चय ही उसका संहार करूँगा। यदि स्वयं देवराज भी उसके रक्षक हों तो भी मैं उसे यमराज की राजधानी में भेज दूँगा।''

तब कर्ण बोले, ''हे नाग ! कर्ण कभी अन्य के बल वीर्य का अवलम्बन कर युद्धजयी नहीं होता, और सौ अर्जुनों को भी मारना हो तो भी वह एक बाण दो बार सन्धान नहीं करेगा।''

इसका ही नाम है क्षत्रिय। इसे कहते हैं योद्धा। इस समर में अर्जुन, भीम, युधिष्ठिर आदि ने जिन असत् उपायों से बड़े-बड़े योद्धाओं का वध किया है वह सब कृष्ण की दुर्बुद्धि से। नहीं तो अर्जुन सा योद्धा एक बार भी बिना छल के युद्ध क्यों न जीत सका ? जैसे विदुर की दुष्ट प्ररोचना से युधिष्ठिर की राज्यलिप्सा ने युधिष्ठिर को नष्ट किया है, वैसे ही इस समय कृष्ण की दुष्ट प्ररोचना से अर्जुन ने अपने व्यक्तित्व का विनाश कर लिया है। उसी दुष्टबुद्धि के वशीभूत अर्जुन ने, जब कर्ण झुककर अपने रथ का पहिया मिट्टी से निकालने की चेष्टा कर रहे थे और अस्त्रहीन थे तभी कृष्ण के कथन पर ('हे पार्थ ! कर्ण रथ पर न चढ़ पाएँ तभी तुम शीघ्र उनका मस्तक काट लो'), कापुरुष की तरह वही किया। यहाँ भी अर्जुन सम्मुख युद्ध में अवतीर्ण न हुए।

अर्जुन सा योद्धा विरल होता है। दुःख है, कृष्ण ने उन्हें युद्ध करने ही न दिया—अनेक मनुष्यों की, केवल अन्याय युद्ध में भी पीछे से छिपकर हत्या कराई। कर्ण जब निरथ थे, जब रथ से नीचे उतरकर, बैठकर धँसा पहिया निकाल रहे थे, अनुरोधा कर चुके थे, 'थोड़ी देर के लिए क्षमा करो, युद्ध का नियम भंग कर मुझे निरस्त्र दशा में, रथ पर न चढ़ने तक, मत मारना'—कृष्ण समझ गए, यही एक मात्र सुयोग है, बोले—'उसे इसी समय मारो, ताकि किसी प्रकार उठकर रथ पर न जा बैठे।' और महावीर अर्जुन ने वही किया। इतने दिनों इतने बड़े-बड़े योद्धाओं से कितने श्रमपूर्वक कितने प्रकार का युद्ध सीखा, महादेव से वर प्राप्त किया, सब विफल हुआ। अनेक लोग इन दो उच्च स्तर के वीरों का युद्ध देखने को इच्छुक थे। कृष्ण ने वहाँ भी हस्तक्षेप किया। किन्तु अर्जुन ? महाभारत के तीन सर्वोत्कृष्ट योद्धा और सर्वांग सुन्दर पुरुष भीष्म, कर्ण, अर्जुन। उसी अर्जुन ने अपने को इस तरह क्यों मिटा दिया ? उन्हें तो राज्य-लोभ न था। बड़े के आदेश पर चलने का नियम है, वही किए जा रहे हैं। प्रकृत्या वे शुभ बुद्धि के थे, ऐसा प्रतीत होता है। किन्तु कृष्ण की नीतिहीनता के सामने मन्त्रमुग्ध की तरह वे झुकना स्वीकार कर बैठे।

11

दुर्योधन के हृदय का बाँध टूट पड़ा। कर्ण केवल मित्र न थे। वे अवलंब, आश्रय, पिता-माता-भ्राता-मित्र-आत्मीय सब। सबकुछ के स्रोत। सबकुछ के समन्वय। दोनों गाल गीले हो गए। समस्त दुःख, क्रोध उत्तल हो उठे। सारथी से कहा, "हे सूत ! मैं आज अर्जुन का संहार करूँगा। अर्जुन आज मुझे अतिक्रम करने में किसी भी तरह समर्थ न होगा।"

दुर्योधन शत्रुगण की ओर तेजी से दौड़े। दुर्योधन के हिताभिलाषवश जिस कर्ण को पृथ्वी का अधीश्वर होना भी स्वीकार न था, उसका इस प्रकार निधन किया गया ? इसे युद्ध कहेंगे ? युद्ध करके क्या अर्जुन कर्ण से जीत पाते ? पीछे से छूरी मारकर हत्या करते समय उन लोगों के विवेक में एक बूँद भी द्विधा उद्रिक्त न हुई ? लज्जा, कुंठा, धर्म इनमें कुछ भी नहीं ? क्या ये मनुष्य हैं ? मनुष्य नामक जीवधारी क्या यह कर सकता है ? दुर्योधन ने 'हा कर्ण !' कहकर रोते-रोते पागल की तरह प्रचंड वेग से जिसे समीप पाया उसी को बाणों से बिद्ध करते हुए अपने योद्धाओं को बुलाने लगे।

मद्राधिपति शल्य ने अन्त में उन्हें किसी तरह रोका। कहा, "हे राजन ! तुम्हारा अद्‌भुत पौरुष देखकर मैं अभिभूत हूँ। तुम अकेले ही इस असंख्य शत्रु सैन्य को मार रहे हो। किन्तु हम लोगों के सैनिक इस समय चारों दिशाओं में भाग रहे हैं। कर्ण की मृत्यु से वे सब भीत हैं, व्यथित हैं। जो क्षात्रधर्म नहीं पालन करते, युद्धक्षेत्र में जो अनुचित हत्या करते हैं, उनके साथ एक क्षत्रिय योद्धा धर्मयुद्ध कैसे करेगा ? तुम शान्त हो जाओ। सूतपुत्र के निधन से सारी सेना विषादग्रस्त है, विपन्न है, परिश्रान्त है। आज के लिए सबको छुट्टी दो। तुम भी शिविर में चलो।" शोकाकुल चित्त मद्राधिपति यह सब कहकर चुप हो गए। तब दुर्योधन सजल नेत्रों से युद्ध शेष कर सैनिकों को छुट्टी देकर शिविर में चले गए।

कर्ण की बातें कहते-सुनते देर रात तक जगे सभी लोग अन्त में सो गए। किन्तु दुर्योधन को नींद न आई। रात बीतने पर आकाश रक्तवर्ण हुआ, लेकिन उनके दोनों गाल आँसुओं से भीगे रहे। एकमात्र मित्र कर्ण के लिए हृदय हाहाकार करने लगा।

कृपाचार्य ने कहा था, "हे राजन ! तुम अब उन लोगों के साथ सन्धि कर लो। मुझे लगता है कृष्ण धृतराष्ट्र की बात न काट सकेंगे। हे महाराज ! मैं दीनता या प्राणरक्षा के निमित्त यह नहीं कहता। यह तुम्हारे लिए हितकर है।"

दुर्योधन : "हे आचार्य ! आपने पांडवों के विरुद्ध प्राणपण युद्ध किया है, अब भी मित्रोचित बात कह रहे हैं, किन्तु मैं कैसे यह कर सकता हूँ ? मैं आपकी बात सश्रद्ध मानकर भी कहता हूँ, पांडवों से सन्धि करना उचित नहीं, युद्ध करना ही श्रेय है। देखिए, मैंने बहुविध यज्ञ अनुष्ठान, ब्राह्मणों को प्रभूत दक्षिणादान, वेदाध्ययन किया है और विपक्षियों का शीर्ष स्थानीय रहा हूँ। मैंने जो चाहा है वह सब पाया है। मेरे कर्मचारी अत्यन्त सुख में पले हैं। मैंने दुःख-ग्रस्तों का दुःख दूर किया है, स्वराज्य-प्रतिपालन, भोगद्रव्यों का उपयोग एवं धर्म, अर्थ, काम की सेवा की है।

क्षत्रिय धर्म और पितृ ऋण से भी मुझे मुक्ति लाभ हुआ है। इस पृथ्वी पर किसी वस्तु से सुख नहीं। केवल कीर्तिलाभ करना ही लोगों का कर्त्तव्य है। मैं क्षत्रिय हूँ। क्षत्रिय घर में रोग भोगकर नहीं मरना चाहते। युद्ध में मृत्यु ही हमारा काम्य है। इसके अलावा, मेरे लिए निहत पितामह भीष्म, आचार्य द्रोण, महावीर जयद्रथ एवं कर्ण, जिन्होंने मेरे लिए पृथ्वी का ऐश्वर्य और कृष्ण के प्रस्ताव का प्रत्याख्यान किया, उन सबकी बात मैं कैसे भूल सकता हूँ ? कितने ही राजाओं ने मेरे लिए युद्ध में प्राण दिये हैं, मैं उनका भी बहुत ऋणी हूँ। क्या अपना प्राण बचाकर उस कृतज्ञता का शोध उन्हें दे सकता हूँ ? युद्ध क्षेत्र में अपना प्राण देकर ही मैं क्षात्रधर्म पालन कर उनके साथ होना चाहता हूँ।''

कुरुराज दुर्योधन की यह बात सुन अन्यान्य क्षत्रियगण ने 'साधु-साधु' कहकर उनकी प्रशंसा की। तब पराजय से किसी के मन में कोई कष्ट न रह गया। अपना विक्रम दिखाने को उद्‌बुद्ध होकर सब युद्ध के लिए प्रस्तुत हुए। युद्ध के पक्ष में नरपतियों ने भी स्वमत व्यक्त किया। आचार्य पुत्र अश्वत्थामा ने प्राण त्याग के लिए उद्यत नगरपालों के इंगित से अवगत होकर, राजा दुर्योधन के नवोदित सूर्योपम सुन्दर मुख की ओर देखकर कहा, ''सुनिए, विद्वानों ने स्वामिभक्ति, देशकाल, सम्पत्ति, रणपटुता और नीति आदि को रण का साधन बताया है। हमारे जो देवतुल्य लोकप्रवीर महारथी नीतिज्ञ, रणदक्ष, प्रभुपरायण थे और नैतिक युद्ध में रत थे, वे कोई युद्ध द्वारा पराजित नहीं हुए। पांडवों ने पीछे से, छिपकर, उन लोगों की हत्या की है। उस कारण से जय की आशा त्यागना उचित नहीं। सुनीति-प्रयोग द्वारा दैव को भी अनुकूल किया जाता है। अब आप सब विश्राम करें। आप शान्त हों।''

भोर में पुनः सब एकत्र हुए। दुर्योधन को सम्बोधन कर बोले, ''हे महाराज ! आप सेनापति नियुक्त करें। हम उसके द्वारा रक्षित होकर सम्मुख समर में सारे शत्रुओं को पराजित करेंगे। तब राजा दुर्योधन अपने रथ में बैठे ही अश्वत्थामा के पास गए।

अश्वत्थामा का रूप अतुल्य था। वे वायुवेगशाली, तेज में सूर्य, बुद्धि में शुक्राचार्य से थे। दुर्योधन उन्हीं द्रोणपुत्र के पास गए और बोले, ''हे गुरुपुत्र ! आज आप ही अगति की गति हैं। आप बताएँ किसे सेनापति पद पर अभिषिक्त करूँ।'' अश्वत्थामा उनकी बात सुनकर तत्क्षण बोले, ''हे महाराज ! मद्राधिपति शल्य बलवीर्य में श्री और यश प्रभृति से सम्पन्न हैं, अशेष गुणयुक्त हैं, सत्कुल-सम्भूत हैं। उन महावीर को ही आप हमारा सेनापति पद दें। वे महात्मा अपने भांजों को छोड़कर हमारे पास आए हैं, उनकी मित्रता अतुलनीय है।''

तब दुर्योधन रथ से उतरकर भीष्म सरीखे महावीर मद्राधिपति से बोले, "हे मित्रवत्सल, आप हमारे मित्र हैं। असमय में ही मनुष्य जान पाते हैं कि कौन मित्र है, कौन नहीं। अतः आप हमारे सेनापति पद पर अभिषिक्त हों।"

शल्य बोले, "हे कुरुराज ! तुम मुझे जो कहोगे मैं वही करूँगा। मेरा राज्य, मन, प्राण जो भी है सब तुम्हारा है।"

दुर्योधन बोले, "हे मामा ! मैं आपको सेनापति पद पर वरण करता हूँ। आप हमारी रक्षा में प्रवृत्त हों।"

शल्यराज ने कहा, "हे महाराज ! मैं जो कह रहा हूँ उसे ध्यान से सुनो। धनंजय और कृष्ण को श्रेष्ठ मत समझो। समस्त पृथ्वी उद्यत हो जाए तब भी मैं क्रोधाविष्ट होकर अनायास उन्हें जीत सकता हूँ। अब मैं तुम्हारा सेनापति बनकर विपक्ष के लिए नितान्त दुर्भेद्य व्यूह रचना करूँगा और निःसन्देह सभी पांडवों को हराऊँगा।

वस्तुतः ही मद्राधिपति शल्य एक प्रकृत योद्धा हैं। अवश्य कुरुकुल में कुरुराज दुर्योधन तो हैं ही, उनके लिए जिन्होंने प्राण दिए उनमें से कोई योद्धा ऐसा न था जिससे युद्ध कर पांडव पक्ष का कोई व्यक्ति विजयी हो पाता। हुआ भी नहीं। कृष्ण के मिथ्याचार से ही अर्जुन जैसे वीर को एक बार भी रणक्षेत्र में अपनी पारदर्शिता का प्रमाण रखने का अवकाश न मिला। भीष्म, द्रोण, जयद्रथ, भूरिश्रवा, कर्ण—इनमें से किसी से वासुदेव ने उन्हें युद्ध न करने दिया। प्रत्येक को बिना युद्ध के, पीछे से, असतर्क स्थिति में, अथवा असत् रीति से, निहत कराया है। युद्ध के शेष दिन तक उनका यह अन्याय चलता रहा।

कर्ण याचकों के कल्पतरु स्वरूप थे। उन्हें वे कभी लौटाते न थे। साधु पुरुष उन्हें सत्पुरुष के रूप में अतीव श्रद्धा देते थे। कर्ण, कृष्ण के भी मित्र थे। किन्तु बहुत चेष्टा करके भी कृष्ण उन्हें धर्मच्युत न कर सके। दुर्योधन के साथ उनके सम्बन्ध में दरार न डाल सके। यह सतता कुरुपक्ष के सभी लोगों में विद्यमान थी। दुर्योधन स्वयं एक विशेष व्यक्ति थे। उनके पक्ष के राजागण एवं सैनिकगण इसीलिए उनके प्रति एकनिष्ठ थे। वे युधिष्ठिर की तरह युद्ध के बीच आराम से पलंग पर लेटे-बैठे समय न काटते थे। अविश्रान्त युद्ध क्षेत्र में उपस्थित रहते। पितृवत्सल, मित्रवत्सल, प्रजावत्सल—ये सब गुण उनमें प्रभूत परिमाण में थे। कभी एक भी झूठ वे बोले हों, यह घोषणा विदुर भी न कर सके।

जिस दिन कर्ण अन्याय युद्ध में असहाय अवस्था में मारे गए, उस दिन युधिष्ठिर अपनी सुवर्णमयी शैया पर लेटे आलस्य मिटा रहे थे। सहर्ष अर्जुन और कृष्ण ने प्रवेश किया। उनका मुख देखते ही युधिष्ठिर समझ गए कि वे कर्ण का वध कर सके हैं। उनके मुख पर उत्तेजना का भाव व्याप्त हुआ। वे उठे। शुभ संवाद जाना।

कृष्ण को आलिंगन करके वे कर्ण का मृत शरीर देखने को व्याकुल होकर समरक्षेत्र में आ खड़े हुए। आनन्द से उच्छ्वसित होकर बोले, "इसकी बात सोचकर मैं डर से तेरह वर्ष ठीक से सो न पाया। आज सुख से सोऊँगा।"

कर्ण की मृत्यु के बाद पांडव अपने को निरापद समझ रहे थे। अब शल्य युद्धक्षेत्र में अवतीर्ण होकर एकदम से उथल-पुथल मचा देंगे, यह उन्होंने न सोचा था। पांचाल सोमक और पांडवगण, सैन्यनिपात में यमतुल्य मद्रराज का पराक्रम देख अधीर हो गए। सात्यकि भीम, नकुल, सहदेव असाधारण बली मद्राधिपति को सहसा युधिष्ठिर के साथ युद्धोद्यत देखकर अत्यन्त तत्परता के साथ उन्हें घेर कर महावेगवाले बाणों से मद्राधिपति शल्य को बींधने लगे। शल्य वह सब अग्राह्य कर युधिष्ठिर की ओर दौड़े। समरभूमि मृतकों का स्तूप बन गई। इस युद्ध में कृष्ण उपस्थित न थे। इसी से युद्ध युद्ध की तरह ही हुआ। युधिष्ठिर को घेरे योद्धाओं के बाणों से विद्ध होते-होते एक बार युधिष्ठिर के बाण से वे विनष्ट हुए। शल्य ने युधिष्ठिर की ओर एकान्त मनोयोग किया था। यह देखते हुए अर्जुन, भीम, नकुल, सहदेव, सात्यकि, धृष्टद्युम्न, शिखंडी, द्रौपदी के पाँच पुत्र पांचाल और सोमक दल ने उन्हें चार दिशाओं से घेर रक्खा था। उन सबकी सहायता से अन्त में युधिष्ठिर अपने जीवन की प्रथम कीर्ति स्थापन कर पाए। महाभारत नामक प्रसिद्ध ग्रन्थ में युधिष्ठिर के वीरत्व की यह एकमात्र कहानी मोटी रेखाओं से अंकित हुई। महाराजा शल्य उनके द्वारा विनष्ट हुए हैं, यह श्रेय किसी और घेरनेवाले को न जाए तदर्थ यह बात बार-बार उल्लिखित हुई।

उस समय दुर्योधन का दुर्जय युद्ध देखकर शत्रुगण भीत हुए। वे किसी तरह दुर्योधन को रोकने में सफल न हुए। असंख्य सैनिक मारे गए। शल्य को मारने पर उधर आनन्द कोलाहल शुरू हुआ। कुरु सेना भागने लगी। महाराजा दुर्योधन सारी सेना को भागते देख अकेले ही युद्धक्षेत्र में रहकर सरोष नेत्रों से प्रत्येक के साथ युद्ध करने लगे। धृष्टद्युम्न, शिखंडी, द्रौपदी के पाँच पुत्र एवं पांडव पांचाल कैकय, सोमक और संजयगण को रोककर वे मन्त्रपूत यज्ञाग्नि के समान विचरण करने लगे। शत्रुगण उस भयंकर क्रुद्ध महावीर का सामना करने में समर्थ न हुए।

एक बार दुर्योधन रणस्थल छोड़कर बाहर निकल गए। उनके क्षत-विक्षत शरीर से रक्त बहा जा रहा था, दो नेत्र आँसुओं में डूबे थे, शोकाकुल हृदय से तालाब की ओर जाकर, वहाँ प्रवेश कर, माया द्वारा उसका पानी उन्होंने स्तम्भित कर दिया। जलस्तम्भन के विषय में शल्य पर्व में लिखा है, "जल के उच्छ्वास-कम्पन आदि का हर प्रकार से गतिरोध।" आधुनिक यूरोपीय सबमेरीन में सभी लोग जैसे अनायास श्वास प्रक्रिया का निर्वाह करते हैं यह जलस्तम्भन उसी का सूक्ष्म प्रतिरूप है।

दुर्योधन जब तालाब में प्रविष्ट हुए, कृपाचार्य अश्वत्थामा कृतवर्मा ये तीन महावीर, घायल और थके, इस प्रदेश के आसपास आकर संजय को देख पाए। बोले, "नितान्त भाग्यवश तुम मिले। हमारे राजा दुर्योधन जीवित हैं कि नहीं क्या तुम जानते हो ?"

संजय ने कहा, "मैं उसने मिला हूँ। उन्होंने मुझसे कहा कि सरोवर के जल में वे विश्राम करने जा रहे हैं।" संजय ने उन्हें तालाब भी दिखा दिया। अश्वत्थामा वेदनार्त स्वर में बोले, "हाय ! राजा दुर्योधन को निश्चित ही यह पता नहीं कि हम लोग जीवित हैं। यह कष्टकर है। हम उनके साथ अनायास ही युद्ध में शत्रु-दमन कर सकते थे।"

शीघ्र वे दुर्योधन से जाकर मिले। अत्यन्त कोमल वाणी में कहा, "महाराज, आप सरोवर से निकल आएँ, हम सबके साथ युधिष्ठिर से युद्ध करें। या तो पांडुपुत्र को मार कर पृथ्वी भोगें, नहीं तो स्वयं निहत होकर देवलोक प्राप्त करें। हे दुर्योधन! तुमने अकेले ही पांडव सेना समग्र को प्रायः विनष्ट कर दिया है, जो बची है वह भी तुम्हारे बाणों से घायल हुई है। हम लोग आपकी रक्षा करेंगे। पांडव आपका वेग न सह पाएँगे, हमारा विश्वास है।"

अश्वत्थामा ने कहा, "हे वीर ! कल प्रभात यदि मैं शत्रुओं का विनाश न कर सकूँ तो मेरा दानध्यान यागयज्ञ सब विफल हुआ। मैं निश्चय से कह सकता हूँ कि यदि वे लोग युद्ध किसे कहते हैं यह समझकर अवतीर्ण हों तो पांचालगण को समाप्त किए बिना कवच न खोलूँगा। आप बिलकुल चिन्ता न करें, शान्त मन से विश्राम करें। शठता न करने से अवश्य ही हमारी जीत होगी।"

किन्तु यहाँ भी विधि वाम हुआ।

कई बहेलियों ने, जो भीम के लिए मांस इकट्ठा करते थे, जिनसे कुछ समय पूर्व ही युधिष्ठिर ने पूछा था कि क्या उन्होंने दुर्योधन को देखा है, आड़ से यह सब सुन लिया। सब समझकर उन्होंने एक-दूसरे की ओर अर्थपूर्ण भाव से देखा।

सबने सबके मन की वासना जानकर अस्फुट स्वर में कहा, "इसके पूर्व युधिष्ठिर ने हम लोगों से दुर्योधन के बारे में पूछा था। चलो हम जाकर उन्हें यह वृत्तान्त दें। इससे हमें उनसे विपुल अर्थ प्राप्त होगा। फिर हमें प्रतिदिन इस प्रकार शुष्क मांस न ढोना पड़ेगा।" यह कहकर वे शीघ्र पांडवों के शिविर की ओर रवाना हो गए।

उनसे दुर्योधन की खबर पाकर पांडव बन्धु और कृष्ण उसी समय रथ पर चढ़कर सागरोपम द्वैपायन सरोवर के तट पर आ पहुँचे। शंखनाद, रथ के शब्द, और सैन्य-कोलाहल से शान्त सरोवर का तट कम्पित हो उठा।

कृपाचार्य, अश्वत्थामा और कृतवर्मा ने दुर्योधन से धीरे से कहा, "राजा, पांडवगण आ रहे हैं, हमें जाने की अनुमति दीजिए, हम जाते हैं।"

दुर्योधन बोले, "वे इस स्थल पर आए क्यों ? किसी ने उन्हें पता दिया है ?"

वे बोले, "शायद नहीं। जो भी हो, हम खिसक जाते हैं, नहीं तो वे जान जाएँगे।" यह कहकर अत्यन्त दुखी मन से वे चले गए। लेकिन शिविर में न गए। कुछ दूर पर एक पेड़ के नीचे जा बैठे।

युधिष्ठिर के साथ सभी आए हैं। कृष्ण, अर्जुन, भीम, नकुल, सहदेव, धृष्टद्युम्न शिखंडी, सात्यकि, द्रौपदी के पाँच पुत्र सभी द्वैपायन सरोवर के तट पर आ पहुँचे। युधिष्ठिर ने कहा, "कृष्ण, वह देखो, माया के बल से दुर्योधन जल स्तम्भन कर तालाब में स्थित है। मैं उस मायावी को कभी जीता न छोड़ूँगा। यदि स्वयं इन्द्र उसकी सहायता करें, तब भी लोग उसे संग्राम में निहत देखेंगे।"

कृष्ण बोले, "आप माया के बल से ही उस मायावी की माया नष्ट करें। माया के प्रभाव से माया को विनष्ट करना कर्त्तव्य है। हे महाराज ! कौशल ही सबसे अधिक बलवान है। कौशल से ही सब राजे मारे गए हैं। अतएव आप उपाय का सहारा लेकर अपना विक्रम दिखाएँ।"

युधिष्ठिर जल में स्थित महाबली पराक्रान्त दुर्योधन से बोले, "तुम सभी क्षत्रियों को विनष्ट कर अब अपना प्राण बचाने के लिए जलाशय में चले गए हो। इसी क्षण पानी से निकलो। हमारे साथ युद्ध करो। तुम्हारे दर्प की तो कोई सीमा न थी, अब तुम्हारा वह दर्प कहाँ गया ? सभा में सभी तुम्हें वीर पुरुष कहते हैं, अब वे कहाँ गए ? निर्लज्ज ! अब तुम प्राणभय से पानी में छिपे हो। मत समझो कि इस पानी में छिपे रहकर तुम निस्तार पाओगे। तुमने कुरुवंश में जन्म लिया है, युद्ध से डरकर जल में पलायन यह तुम्हारा बड़ा अन्याय है। समर से पराङ्मुख होकर रहना क्षत्रिय धर्म नहीं (जो युधिष्ठिर ने हमेशा किया है)। हे दुरात्मा ! तुम लोगों के सामने स्वयं को वीर कहकर जो परिचय देते हो वह एकदम निरर्थक है। वीर पुरुष प्राणान्त होने पर भी शत्रु देखकर भागते नहीं। तुम अब जल से उठकर युद्ध करो। तुमने मोहवश कर्ण और शकुनि को आश्रय देकर स्वयं को अमर समझकर जो पापाचार किया है अब उसका फल भोगो। तुम जैसे वीर पुरुष कभी समरत्यागपूर्वक पलायन नहीं करते। तुम अब किसकी आशा में पानी में लेटे हो ? उठो, निकलो, युद्ध में उतरो। हम लोगों को हराकर यह पृथ्वी भोगो।"

दुर्योधन पानी में से ही बोले, "प्राणीमात्र के अन्तःकरण में भयसंचार होना विचित्र नहीं। किन्तु मैंने प्राणभय से पलायन नहीं किया है। संग्राम में मेरा रथ और तूणीर दोनों नष्ट हो गए हैं। मेरी सेना, सामन्त, समर्थक सभी मारे गए हैं। मैं अत्यन्त

थककर ही पानी में प्रवेश कर विश्राम पाने की चेष्टा कर रहा हूँ। प्राणभय से या विषादयुक्त होकर यहाँ छिपने नहीं आया। अनुचर गण के साथ तुम भी कुछ समय विश्राम करो। मैं अविलम्ब पानी से उठकर संग्राम करूँगा।''

युधिष्ठिर बोले, ''हम लोगों को किसी विश्राम की आवश्यकता नहीं। तुम अविलम्ब सरोवर से उठकर हम लोगों के साथ युद्ध में प्रवृत्त होओ। हम लोगों के हाथ से निहत होकर वीरलोक प्राप्त करो।''

दुर्योधन : ''मैंने जिनके लिए राज्यलाभ का अभिलाष किया था, मेरे वे सब भाई परलोक चले गए। पृथ्वी भी रत्नहीन हो गई, क्षत्रिय स्वरूप भी और कुछ न रहा। इस पृथ्वी को भोगने की मेरी कोई स्पृहा नहीं। हे युधिष्ठिर ! मैं अब भी पांडवों को भग्नोत्साह कर तुम्हें पराजित कर सकता हूँ। किन्तु पितामह भीष्म, द्रोण और कर्ण को खोकर मेरे मन में अब युद्ध की कोई इच्छा नहीं। तुम्हीं इस समय सबको लेकर पृथ्वी भोगो। मुझे जीने की भी इच्छा नहीं। मैं मृगचर्म पहनकर वनगमन करूँगा। भोग की रंचमात्र भी स्पृहा मैं अनुभव नहीं करता।''

युधिष्ठिर, ''अब परिताप करने से क्या होगा ? तुम्हारे आर्त प्रलाप से मेरे मन में अणुमात्र दया का संचार नहीं हो रहा। तुम पृथ्वी दान दो तो मैं लूँगा क्यों ? और अब तुम पृथ्वी देनेवाले हो कौन ? इस समय यह राज्य बलपूर्वक लेने या दान करने की क्षमता क्या तुममें है ? दुर्योधन, तुम राज्यदान के अभिलाषी हो तथापि मैं तुम्हारा प्राण न छोड़ूँगा। अब तुम्हारा जीवन मेरे अधीन है। मैं चाहूँ तो तुम्हारा प्राण बच सकता है, लेकिन तुम अपना बचाव करने में कभी समर्थ न होगे। अब तुम जल से उठकर संग्राम करो।

इस बार जल आलोड़ित कर दुर्योधन उठ आए। युद्ध के निश्चयपूर्वक बोले, ''तुम लोगों के पास रथ और वाहन, बन्धु-बांधव सभी हैं। किन्तु मैं अकेला हूँ। विरथ हूँ, अत्यन्त परिश्रान्त हूँ। इस समय तुम लोग रथारूढ़ होकर अस्त्र-शस्त्र लेकर मुझे चारों ओर से घेरे हो, अतः मैं कैसे तुम लोगों से युद्ध करूँगा ? अतः तुम एक-एक कर मुझसे संग्राम करो। तुम लोगों में से किसी को देखकर मेरे मन में भय का संचार नहीं हो रहा। मैं अकेले तुम सबको निवारण करूँगा। हे युधिष्ठिर ! मैं तुम्हें तुम्हारे भाइयों के साथ मारकर वाह्लीक, भीष्म, द्रोण, कर्ण, जयद्रथ, शल्य, भूरिश्रवा, शकुनि और अपने भाइयों, पुत्रों, मित्रों, कुटुम्बियों सबका ऋणशोध करूँगा।''

युधिष्ठिर ने कहा, ''अपना अभीष्ट आयुध (अस्त्र-शस्त्र) लेकर हममें से किसी भी वीर के साथ युद्ध करो। हम सब रणस्थल में रहकर युद्ध कांड देखेंगे। इस समय मैं कहता हूँ, हममें से एक का वध कर पाने पर पूरा राज्य तुम्हारा हो जाएगा।''

दुर्योधन ने कहा, ''यदि मुझे एक व्यक्ति से युद्ध करना है तो तुममें जो सबसे बली हो उससे युद्ध करूँगा। तुमने कहा जो आयुध चाहूँ ले लूँ, तो मैंने गदा चुना। अब तुममें जो मेरा बल सह सके, वही आए।''

युधिष्ठिर ने कहा, ''तुम किसी भी व्यक्ति के साथ गदायुद्ध में लग जाओ।''

दुर्योधन अपनी सुदृढ़ लौह गदा कन्धे पर लिए प्रचंड मार्तंड के समान आ गए। बोले, ''हे पांडवगण ! मैं शीघ्र तुम्हें यमालय भेजूँगा।''

युधिष्ठिर ने कहा, ''इस समय तुम कवच परिधान, केश, कलापबन्धन और जो भी द्रव्य चाहिए, सब ले लो। अब भी कहता हूँ, तुम पांडवों में से जिससे चाहो उसके साथ युद्ध करो। या तो उसका विनाश कर राज्यलाभ करो, अन्यथा उसके हाथ से निहत होकर स्वर्गसुख प्राप्त करो।''

दुर्योधन सुवर्णमय कवच और स्वर्णमंडित विचित्र शिरस्त्राण लेकर गदा समुद्यत कर पांडवों से बोले, ''हे वीरो, अब तुममें से कौन आएगा ? आओ। मैं क्रम से सबका विनाशकर वैरानल बुझा दूँगा।''

जब दुर्योधन इस प्रकार गर्जन-तर्जन कर रहे थे, कृष्ण परम क्रोधान्वित होकर युधिष्ठिर से बोले, ''आप किस साहस से कह रहे हैं कि हमारे बीच में से जिसे चाहो चुन लो। आप दुर्योधन से लड़ सकेंगे ? वह यदि इस समय आपको चाहे तो ? आप क्या, अर्जुन, नकुल, सहदेव कोई भी क्या उसके सामने ठहरेंगे ? तो ? तब आपका क्या होगा, सोचकर समझा है ? गदायुद्ध में दुर्योधन अतिशय पारदर्शी हैं। भीम भी उनसे मुकाबला कर सकेंगे या नहीं, संदिग्ध है। पहले जुआ खेलकर जो सर्वनाश किया है, फिर वही होगा। दुर्योधन गदायुद्ध में कृती हैं, यदि वे भीमसेन को चाहें तो भी त्राण है। भीम पराक्रमशाली हैं, भाग्य बल से भीम को चुनने पर फिर भी कुछ आशा की जा सकती है। नहीं तो पाँसे का खेल फिर शुरू होगा, यह समझ लीजिए। जहाँ भीम बराबरी कर पाएँगे कि नहीं, इसमें भी सन्देह है, आप यह प्रतिज्ञा कर बैठे कि हममें से जिससे चाहो गदायुद्ध में उतर पड़ो।''

कृष्ण की बात सुन भीम ने कहा, ''यदुनन्दन ! तुम विषण्ण मत होओ। मैं निश्चय ही दुर्योधन का विनाश करूँगा।''

यह सुनकर कृष्ण आश्वस्त होकर बोले, ''हे वीर ! युधिष्ठर आज तुम्हारे बल पर ही शत्रुहीन होकर राज्यलक्ष्मी लाभ करने चले हैं। इस समय तुम दुर्योधन को भी मारकर जैसे विष्णु ने इन्द्र को स्वर्ग राज्य प्रदान किया था उसी तरह धर्मराज को पृथ्वी प्रदान करो।'' तब सभी लोग भीम की प्रशंसा करने लगे।

भीमसेन बोले, ''यह पुरुषाधम मुझे कभी पराजित न कर सकेगा। आज गदा के आघात से उस पापात्मा के प्राणसंहारपूर्वक उसके प्रति हृदय में छिपे क्रोधानल

को निकालूँगा।'' यह कहकर गदा उठाकर भीम खड़े हो गए।

दुर्योधन भी जैसे उत्तम हाथी मत्त हाथी की ओर दौड़ता है, उस प्रकार भीम की ओर दौड़े। निर्भय शरीर असंकुचित चित्त से समर क्षेत्र देखने लगे। और बोले, ''वागाडम्बर करने की जरूरत नहीं। अविलम्ब मेरे साथ संग्राम में लगो। मैं अपना गीला शरीर उसी से सुखा लूँगा। सुनो, न्यायानुसार गदायुद्ध में सुरराज इन्द्र भी मुझे हराने में सक्षम नहीं। किन्तु कृष्ण के परामर्श पर अन्याय युद्ध में मत प्रवृत्त होना। वह व्रात्य का धर्म हो सकता है, क्षत्रिय का धर्म नहीं।''

दो वीरों का गदायुद्ध आरम्भ होने पर सारे पांडवगण बैठ गए। उस समय अपने दो शिष्यों का संग्राम वृत्तान्त पाकर बलदेव भी वहाँ आए। उन्हें देखकर सबको प्रसन्नता हुई। वे अपने दो शिष्यों का युद्ध देखने बैठे। बलदेव कृष्ण को बोले थे, ''तुम कौरव पक्ष से युद्ध करो, किन्तु कृष्ण ने अनसुनी करके पांडवों का साथ दिया। तब बलदेव क्रोधवश किसी का पक्ष न लेकर तीर्थयात्रा पर निकल पड़े थे। लौटते समय रास्ते में दो शिष्यों के गदायुद्ध की खबर पाकर यहाँ आए हैं। सभी ने उन्हें सम्बन्ध के अनुसार आलिंगन, अभिवादन, नमस्कारपूर्वक स्वागत और कुशल प्रश्न किया। राजा दुर्योधन और भीम ने भी आकर अत्यन्त प्रीत मन से नमस्कारपूर्वक उनका स्वागत किया, उनसे कुशल प्रश्न पूछा। इसके बाद, वे भी अत्यन्त प्रसन्न चित्त से गदायुद्ध देखने के लिए बैठ गए।

भीम चीत्कार कर दुर्योधन को अनेक वाक्य शल्यों से विद्ध कर रहे थे। दुर्योधन बोले, ''क्यों वृथा वाग्जाल फैलाते हो, आज निश्चित ही तुम्हारी युद्ध करने की उत्सुकता समाप्त कर दूँगा। दुर्योधन साधारण व्यक्ति की तरह उस तरह की प्राकृत बातों से डरनेवाला पात्र नहीं। मेरी बहुत दिनों की इच्छा थी तुम्हारे साथ गदायुद्ध करूँ। आज दैव अनुकूल हैं। अब व्यर्थ शब्द व्यय न करके शीघ्र उसे कार्य में परिणत करो।'' यह कहकर वे बड़ी शीघ्रता से भीम की ओर दौड़े।

फिर, एक-दूसरे को, विजय कामना के वशीभूत होकर, आक्रमणपूर्वक तुमुल युद्ध में व्यापृत होकर उन्होंने रणस्थल में घोरतर शब्द-निनाद किया। गदा के टकराने से अग्नि स्फुलिंग बिजली की तरह चमकने लगे। कुछ क्षणों पर दोनों श्रम कातर होकर थोड़ा विश्राम कर फिर युद्ध करने लगे। उन दो वीरों का यह युद्ध देख सभी विस्मयाविष्ट हुए और किसकी विजय होगी यह न तय कर पाए। दोनों योद्धा एक-दूसरे को विविध कौशल दिखाकर समय सुयोग के अनुसार प्रहार करने लगे।

एक बार अर्जुन ने इन वीरों का यह घोर युद्ध देखते हुए कौतूहलवश कृष्ण से पूछा, ''ये समान युद्ध कर रहे हैं। तुम्हारे मत से इनमें कौन अपेक्षाकृत युद्धकुशल

है एवं किसका कौन गुण अधिक है, बताओ।''

कृष्ण बोले, ''दोनों ने समान दीक्षा पाई है। फिर भी भीमसेन बलवान अवश्य हैं, लेकिन दुर्योधन उनकी अपेक्षा अधिक शिक्षित हैं और युद्ध-निपुणता में अधिक पटु हैं। भीम न्याय युद्ध में दुर्योधन को कभी न हरा सकेंगे। अन्याय युद्ध करके ही दुर्योधन को विनष्ट करना होगा। यदि भीम, दुर्योधन से न्यायुद्ध करेंगे तो राजा युधिष्ठर महासंकट में पड़ेंगे। पुनः धर्मराज के अपराध से ही हम लोगों का महत् भय आया है। भीष्म प्रभृति महावीरों के मरने से ही हमने जयलाभ किया था। फिर धर्मराज के कारण घोर विपद उपस्थित है। फिर भी अच्छा यह हुआ कि दुर्योधन ने युद्ध करने के लिए उन्हें नही बुलाया।'' वीर अवश्य वैसा कभी नहीं करते। इसके अलावा, दुर्योधन, युधिष्ठिर की तरह लेटे-बैठे अन्यों के विक्रम से युद्ध नहीं करते। अपना राजत्व भी वे अपनी अकेले की योग्यता से ही अत्यन्त सुशृंखल भाव से चला रहे हैं।

कृष्ण की बात सुनकर अर्जुन डर गए। बोले, ''तब क्या होगा ?''

कृष्ण बोले, ''अन्याय युद्ध में ही जयी होना होगा।''

अर्थात् अब तक जो करते आए हैं, जो परामर्श देते आए हैं, पुनराय वही कार्य उन्होंने किया। युद्ध के चरम मुहूर्त में अर्जुन ने संकेत से तब भीम को अपनी जंघा दिखा दी। अर्थात् याद दिला दिया कि उन्होंने दुर्योधन की जाँघ तोड़ने की प्रतिज्ञा की थी।

वृकोदर भीम यह देखकर, अभिप्राय समझकर, हाथ से गदा के अनेक प्रदर्शन कर, परिभ्रमण कर, दुर्योधन को चौंकाने लगे। और कुछ क्षण अविराम युद्ध कर संग्राम में दोनों थककर चूर हो गए। थोड़ी देर विश्राम कर पुनः क्रुद्ध चित्त से दोनों गदा लेकर संग्राम करने लगे। एक-दूसरे को आहत कर रक्ताक्त शरीर होकर दोनों दुर्जय हो उठे। एक बार भीम ने नकली दुर्बलता दिखाकर, दुर्योधन को कुछ गर्वित कर, अपनी ओर दौड़ने के लिए उन्हें प्रलुब्ध किया। जैसे ही दुर्योधन सामने आए वैसे ही भीम ने अत्यन्त वेग से गदा मारी। दुर्योधन उस जगह से बहुत दूर हट गए। अतः भीम का वह सुयोग व्यर्थ हुआ। दुर्योधन ने तब अपनी गदा से भीम पर इतनी ज़ोर से आघात किया कि वे प्रायः मूर्च्छित हो गए। भीम को इस दशा में देखकर दुर्योधन उन पर और प्रहार न कर सके। मानविक धर्मवश भीम को स्वस्थ होने का अवकाश दिया। वे कुरुकुल के राजा दुर्योधन हैं ! वीरता के प्रयोग में भी नियमों के अधीन हैं। कृष्ण के मिथ्याचार से आच्छन्न पांडवों की प्रवंचना वे नहीं जानते। जैसे ही दुर्योधन थोड़ा स्थिर हुए वैसे ही भीम उन पर दौड़े। भीम को सक्रोध आता देख, भीम के गदाघात का प्रहार व्यर्थ करने के लिए दुर्योधन ऊपर उठने

की चेष्टा करने लगे और कूदकर उछले। वैसे ही भीम ने अपने चिर आचारित मिथ्या कौशल से, युद्ध का नियम तोड़कर, अपनी वज्रतुल्य भीषण गदा उनकी ओर वेगपूर्वक फेंककर उनके घुटने तोड़कर उन्हें जमीन पर गिरा दिया। फिर अपने पाँव से उनका मस्तक कुचल दिया।

यह अन्याय युद्ध देख बलराम को बड़ा क्रोध आया। हाथ उठाकर भीषण आर्तनाद कर भीम को बारम्बार धिक्कृत कर वे बोले, "धर्मयुद्ध में नाभि के नीचे गदाघात करना नितान्त अन्याय है। गदायुद्ध में भीम ने जैसा कुकर्म किया, वैसा कभी न देखा था। नाभि के नीचे कभी आघात न करो, यह शास्त्र का नियम है, स्थिर सिद्धान्त है। किन्तु महामूर्ख भीम शास्त्र-सम्मत व्यवहार त्याग कर स्वेच्छाचार में प्रवृत्त हुआ है।" कहते-कहते क्रोध में एकदम अधीर होकर हल उठाए वेग से भीम की ओर दौड़ पड़े। बहुत कष्ट से वासुदेव ने उन्हें शान्त किया।

हलधर बोले, "साधुजन धर्म का अनुष्ठान करते हैं। किन्तु वह धर्म अर्थ एवं काम द्वारा नष्ट हो जाता है। अतएव, जो व्यक्ति धर्म, अर्थ, काम के प्रति समदृष्टि सम्पन्न होकर कालयापन कर सकता है, वही यथार्थ सुखभोग में समर्थ होता है। हे हृषीकेश ! इस समय तुम चाहे जितनी चेष्टा करो, भीम ने जो अधर्माचरण किया है, उसे वह मेरे मन से कभी न दूर कर सकेगा। भीम ने धर्मपरायण दुर्योधन को अधर्मानुसार विनष्ट किया है। इस कूट योद्धा को मैं कभी क्षमा न कर पाऊँगा। और न्याययुद्ध करने के लिए दुर्योधन शाश्वत स्वर्ग पाएँगे।" यह कहकर वे वहाँ से नितान्त असन्तुष्ट चित्त से चले गए।

इसके बाद कृष्ण जब दुर्योधन के विरुद्ध अनेके कूट वाक्य बोल रहे थे, तब दुर्योधन कृष्ण के मुख से उस तरह के शब्द सुनकर हाथ के बल उठ बैठे। बोले, "हे कंसदास पुत्र ! अर्जुन ने तुम्हारे निर्देश पर भीम को मेरे उरुभंग का संकेत दिया था। है निर्लज्ज ! प्रतिदिन तुम्हारे कूट उपायों से युद्धरत हजारों नृपति निहत हुए हैं। तुमने शिखंडी को आगे कर पितामह को गिरा दिया। युधिष्ठिर ने तुम्हारी प्ररोचना पर झूठ बोलकर आचार्य द्रोण को अस्त्र-शस्त्रहीन किया था और उसी अवसर पर दुरात्मा धृष्टद्युम्न ने तुम्हारे ही सामने आचार्य को मार डाला। कर्ण ने अर्जुन के विनाश के लिए बहुत दिनों से यत्नपूर्वक जो शक्ति रखी थी तुमने उसे अपनी कुटिलता से घटोत्कच पर प्रयुक्त कराके व्यर्थ कर दिया। सात्यकि ने तुम्हारी मन्त्रणावश छिन्नहस्त प्रायोपविष्ट भूरिश्रवा को मारा। महावीर कर्ण अर्जुन के वध के लिए जब समुद्यत हुए तब तुमने स्वयं उनका सर्प बाण व्यर्थ कर दिया। किन्तु तुम्हारी प्रतिज्ञा थी तुम युद्ध न करोगे। इसके अलावा, एक के साथ दो व्यक्तियों का युद्ध अधर्म है। तदुपरान्त किस प्रकार उसे मारा ! रथ से उतरकर मिट्टी में

धँसे रथ के पहिए को जब वे उठा रहे थे और कह दिया था कि मैं अभी पहिया उठाकर रथ पर जाता हूँ, तुम लोग मुझे उस निरस्त्र दशा में मारकर अधर्म न करना, वह धर्म या युद्ध की नीति नहीं, तुमने उसी समय अर्जुन से कहा, उसे रथ पर जाने का समय मत दो, इसी दशा में मारो। तुम्हें लज्जा नहीं होती ? अनार्य ! तुमने मुझे किस प्रकार अन्याय आघात से भीम द्वारा गिराया !''

यह सब सुनते हुए पांडवगण और अन्य लोग अपने अधर्माचरण को स्मरण कर विषण्ण हुए। कृष्ण ने कहा, ''हे पांडवो ! राजा दुर्योधन असाधारण समर विशारद और क्षिप्रहस्त हैं। तुम किसी प्रकार उन्हें धर्मयुद्ध में न पराजित कर सकते थे। तुम्हारे हित के लिए ही मैंने यह उपाय अन्वेषित किया। और जिन महारथियों को कूट कौशल से मारा गया है, धर्मयुद्ध करने पर क्या तुम लोग कभी उन्हें जीत पाते ? इसीलिए छल की आवश्यकता थी।''

इसके बाद धीरे-धीरे वहाँ से सब चले गए।

तदन्तर संजय आए। उन्हें देख दुर्योधन ने कहा, ''हे संजय ! मेरे माता-पिता को युद्धधर्म अवगत है। उनसे कहो, मैंने विविध यज्ञानुष्ठान, भृत्यपालन, धर्मानुसार ससागरा पृथ्वी-शासन, याचकों को अर्थदान, अध्ययन, और मित्रों का प्रिय कार्य-साधन किया है। सौभाग्य से, स्वधर्मानिरत क्षत्रिय जैसी मृत्यु चाहते हैं, मैंने वैसी ही मृत्यु का दर्शन किया है। हे संजय ! तुम मेरे वचनानुसार अश्वत्थामा, कृतवर्मा, कृपाचार्य से कहना, पांडव नियमभंग और सतत अधर्म करते रहे हैं, अतः उन लोगों का आप विश्वास न कीजिएगा।''

इधर बचे हुए अश्वत्थामा, कृपाचार्य, कृतवर्मा दूतों से दुर्योधन के उरुभंग का संवाद पा गए। साथ ही अति वेगवान रथ से वहाँ आ गए। दुर्योधन की दशा देखकर सजलनयन और मूक वे उन्हें देखते रह गए। उनके अतिप्रिय राजा, आज रुधिराक्त शरीर से, महाराजा की तरह, सहसा गिरे सूर्यमंडल की तरह, सूखे समुद्र की तरह, पूर्णचन्द्र की तरह भूतल पर पड़े हैं। शोक और दुख से वे अभिभूत हो गए।

द्रोणपुत्र अश्वत्थामा दीर्घ निश्वास छोड़कर क्रन्दनरत कंठ से बोले, ''हाय, तुम पहले पृथ्वी पर शासन करते थे, आज तुम इस निर्जन अरण्य में इस दशा में हो ? यम की गति अति दुर्जय है। महाराज ! मैं आपकी यह दशा नहीं सह पा रहा हूँ। तुम सबके माननीय, सबके प्रिय, इन्द्र तुल्य वैभववान होकर भी इस दशा को प्राप्त हुए।''

अश्वत्थामा की बात सुन दुर्योधन ने दो हाथों से अपने नेत्रों के आँसू पोंछकर कहा, ''हे वीरगण ! तुम्हें तो पता है, कालक्रम से सभी प्राणियों का विनाश होता

है। भाग्य से, मैं किसी विपद में समर से पराङ्मुख न हुआ, पापियों ने छल से मेरी यह दशा की है। अच्छा यह हुआ कि आज मैं समरभूमि में सजातियों एवं बन्धु-बांधवों के साथ मारा गया। और आज जो मैं तुम लोगों को इस भीषण जन-क्षय से विमुक्त देख रहा हूँ यह मेरा परम सौभाग्य है।'' दुर्योधन के आँसुओं में बात यहीं रुक गई।

क्रोध से प्रज्वलित होकर अश्वत्थामा ने दुर्योधन के हाथ में हाथ रखकर कहा, ''हे महाराज ! नीचाशय पांडवों ने एक मात्र तुम्हें ही नृशंस व्यवहार से आहत न किया, मेरे पिता का भी तो वध किया है। वह भी मैं नहीं भूला हूँ, भूलूँगा नहीं। लेकिन आज तुम्हारे लिए जो कष्ट मेरा हृदय मथ रहा है, ऐसा कभी न हुआ था। मैं शपथ लेता हूँ, जैसे भी हो, वासुदेव के सामने ही समस्त पांचालगण को यमालय भेजूँगा। तुम अनुज्ञा दो।''

दुर्योधन प्रसन्न होकर तभी कृपाचार्य से बोले, ''आचार्य ! समस्त नियम-कानून मान्य करके मेरे सामने ही अब अश्वत्थामा को सेनापति पद पर वरण करें।''

महावीर कृपाचार्य ने वह आदेश शिरोधार्य कर अश्वत्थामा को सेनापति पद पर अभिषिक्त किया। दुर्योधन को आलिंगन कर सब विदा हुए।

वहाँ से जाकर वे शिविर के समीप प्रच्छन्न रूप से रुककर लम्बी साँस लेने लगे। रात गहरी होने पर कृप और कृपाचार्य सो गए किन्तु अश्वत्थामा बैठे रहे। वे किसी प्रकार निद्राच्छन्न न हो सके। दुर्योधन को मारकर पांडवों ने दुर्योधनादि के सभी शिविर दखल कर लिए थे। अश्वत्थामा कृप एवं कृपाचार्य को जगाकर बोले, ''मैं इस कूट युद्ध का बदला लूँगा। अपने पितृहन्ता को, धृष्टद्युम्न को, पहले मारकर समस्त पांचालों एवं पांडवों का वध करूँगा। नीच भीम ने महाबली पराक्रान्त अद्वितीय वीर कुरुराज को अन्याय से आहत कर, मस्तक पर ठोकर मारकर, जो निष्ठुर कार्य किया है, उसे भूल पाना मेरे लिए सम्भव नहीं। अन्याय का दंड मैं अन्याय से ही दूँगा। कैसे विनाश किया ! हा कर्ण ! तुम्हें कैसे बाणविद्ध किया।''

प्रकृत अर्थ में पांडव एक भी महारथी के साथ सम्मुख युद्ध में न उतरे। आज अश्वत्थामा दुर्योधन के पास प्रतिज्ञा कर आए हैं, वे पांडवों का अवश्य विनाश करेंगे। जैसे भी हो, इस समय वे विजयी हैं, अस्त्र-शस्त्र और उत्साह शक्ति-सम्पन्न। उन्हें सम्मुख युद्ध में किसी प्रकार विनष्ट करना सम्भव नहीं। उन लोगों ने कभी धर्मानुसार संग्राम किया ही नहीं। कृष्ण की कुबुद्धि से अन्याय के सिवा किसी भी बड़े योद्धा को धर्म-संगत रूप से मारने में वे सक्षम न हुए। यह क्षमता उनमें न थी। नीच पांडवगण ने पद-पद पर शठता परिपूर्ण अत्यन्त कुत्सित कार्य किए हैं। श्रान्त-क्लान्त

शस्त्रदीर्ण दुर्योधन को जिस प्रकार मिथ्या आक्रमण में घायल कर, विजय गर्व से उनका शिविर लूटकर, पांडव सुखपूर्वक सो रहे हैं, उसे समाप्त करने के लिए अश्वत्थामा उतावले हो उठे।

अश्वत्थामा से कृपाचार्य ने कहा, ''मुझे सब मालूम है। तुम अत्यन्त उत्तेजित हो। किन्तु वत्स, मेरी बात मनोयोगपूर्वक सुनो। दैव और पुरुषार्थ की अपेक्षा कुछ भी बलवान नहीं। उन दोनों का एकत्र समावेश न होने से सिद्धि पाना नितान्त कठिन है। बादल, पर्वत पर पानी बरसे तो फल न पैदा होगा। किन्तु खेत में पानी बरसे तो प्रचुर फल उत्पन्न होता है। मनुष्य के सारे काम दैव और पुरुषार्थ के संयोग सापेक्ष हैं।''

कृपाचार्य ने उन्हें उत्साहित न किया, उन्हें विरत करने का ही बहुत प्रयत्न किया। किन्तु अश्वत्थामा को किसी तरह शान्त न किया जा सका। उनका मन तब शोकानल से दग्ध हो रहा था। विषम दुख के प्रभाव से वे स्थिर न रह पा रहे थे। उन्होंने जो स्थिर किया है, उन्हें लगा, उसे कर सकने पर ही उनका शोक शान्त होगा। अतः अपना संकल्प त्यागने में वे असमर्थ हुए। उसी समय अपने पिता और राजा दुर्योधन के लिए उनकी प्रतिहिंसा प्रवृत्ति प्रज्वलित हो उठी। आज पांडव जयलाभ से प्रफुल्ल होकर निश्चय ही कवच त्याग कर शान्ति से सोए हैं। आज ही सुयोग है। पांडवों ने क्या किया ? शठता, प्रवंचना एवं सुयोग द्वारा लाखों मनुष्यों की मृत्यु का कारण संघटित किया। इसके बावजूद यदि वे निन्दनीय न हुए तो अश्वत्थामा ही क्यों होंगे ? पितृहन्ता को मारे बिना क्षण-भर भी जीवित रहने की इच्छा नहीं। राजा दुर्योधन अत्यन्त अन्याय पूर्वक टूटी जाँघ लिए समरांगण में पड़े हैं। उस वेदना से भी बार-बार आँखें आँसुओं से भर उठती हैं।

कृपाचार्य और कृप का कोई प्रबोध वचन उनका क्रोध उपशमित न कर सका। अश्वत्थामा चले गए शिविर के निकट। उसके बाद अनेक अलौकिक घटनाओं की व्याख्या है। उन अप्राकृत व्याख्याओं में जाना ज़रूरी नहीं। मोटी बात, ईश्वर के चरणों में आत्मसमर्पण कर अश्वत्थामा ने शिविर में प्रवेश किया। कृतवर्मा और कृपाचार्य दरवाज़े पर अवस्थित हो गए। उन्हें देखकर द्रोणपुत्र अत्यन्त आनन्दित हुए। उनका मन ख़ूब सबल हो गया।

शिविर में प्रवेश कर अश्वत्थामा निश्शब्द पाँव धृष्टद्युम्न के शयनागार में पहुँच गए। उस समय रण क्लान्त पांचालगण गाढ़ निद्रा में लीन थे। अश्वत्थामा ने द्रुपद पुत्र के शयनगृह में प्रवेश कर उन्हें निर्भय निद्रा में मग्न देखकर प्रचंड ठोकर की शक्ति से जगाया। दो हाथों से उनका बाल पकड़कर भूमि पर उतारकर उन्हें मारने लगे। धृष्टद्युम्न निद्रा एवं भय के कारण रोकने की कोई चेष्टा ही न कर पा रहे

थे। अश्वत्थामा अपने पाँवों की समस्त शक्ति लगा कर धृष्टद्युम्न के वक्षःस्थल और कंठ पर प्रहार कर पशु के समान हत्या करने चले। तब धृष्टद्युम्न ने दो हाथों के नाखूनों से प्रहार कर उन्हें घायल करके रुँधे कंठ से कहा, ''आचार्य पुत्र ! तुम मुझे अस्त्र प्रहार से मारो। उसके प्रसाद से मैं पवित्र लोक में जा सकूँगा।'' अश्वत्थामा द्रुपद पुत्र का यह वक्तव्य सुनकर बोले, ''कुलांगार ! आचार्य की तुमने कैसे हत्या की वह तुम्हें याद नहीं ? आचार्य-हन्ता होकर तुम किसी लोक में स्थान न पाओगे। अतः तुम्हारे ऊपर मैं कोई अस्त्र न फेकूँगा।'' यह कहकर सिंह जैसे मदमत्त हाथी को मारे उसी प्रकार पदाघात से धृष्टद्युम्न की छाती पर अश्वत्थामा चोट करने लगे। इसके पूर्व कि कुछ समझा जा सके अश्वत्थामा धृष्टद्युम्न को समाप्त कर रथ पर आ बैठे।

धृष्टद्युम्न के घर से निकलते ही शिविर के प्रधान-प्रधान लोगों ने जगकर उन्हें घेर लिया। द्रोणपुत्र ने रुद्रास्त्र से उन्हें मारकर समीप ही सोए उत्तमौजा को देखकर उन्हें भी दो पाँवों की शक्ति से कंठ और वक्ष पर प्रहार कर शमनसदन भेज दिया। मोटी बात, अश्वत्थामा शिविर में सोए महावीरों का वध कर अपना रुधिराक्त शरीर, कालान्तक का सा चेहरा लिए, साक्षात् यम की तरह, द्रौपदी के पाँच पुत्रों और शिखंडी के साथ और भी महारथियों को मार कर, पांडव शिविर प्रायः शून्य कर, निकल गए। द्रोणपुत्र का रक्तसना भयंकर चेहरा देखकर किसी ने सोचा भूत, किसी ने सोचा राक्षस है। कोई युद्ध का प्रयत्न करने पर विफल हुआ, कोई भाग गया। लेकिन उन्हें कोई पहचान न सका। कृप और कृपाचार्य ने भी दरवाज़े पर खड़े होकर अनेक भगोड़े सिपाहियों का वध किया। तदनन्तर उन्होंने शिविर के तीन स्थलों पर आग लगा दी। अग्नि प्रज्वलित होने से शिविर आलोकित हो उठा। उसी प्रकाश में अश्वत्थामा हाथ में तलवार लिए घूमने लगे और जो उनकी ओर आ रहा था अथवा भाग रहा था, उन्होंने सबका वध किया।

द्रोणपुत्र ने इस प्रकार अर्द्धरात्रि में पांडवों की पूरी सेना मौत के घाट उतार दी। कुरुक्षेत्र की तरह वहाँ भी मृत देहों का स्तूप खड़ा हो गया। शिविर के सब निद्रालु मनुष्य पुनर्वार चिरनिद्रा में लीन हो गए। अश्व गज प्रभृति ने भी साथ ही मृत्यु के स्तूप में परिणत होकर भीषण आकार धारण किया। इसके बाद कृप, कृपाचार्य और अश्वत्थामा तीनों आनन्द से ताली बजाकर हर्ष ध्वनि करने लगे। आनन्द के अतिरेक में तीनों परस्पर आलिंगन कर अति शीघ्र कुरुराज दुर्योधन के पास गए।

आकर देखा वे अभी जीवित हैं किन्तु शरीर की दुर्जय यन्त्रणा से प्रायः अचेत। यह दशा देखकर तीनों ने अति शोकाकुल होकर बार-बार लम्बी साँस छोड़कर उन्हें

स्पर्श किया। दुर्योधन ने अत्यन्त कष्ट से आँखें खोलकर उनकी ओर देखा। उन्हें अपनी ओर ताकते देख दुर्विषह दुख से वे अपने आँसू न रोक सके। अपने हाथों से दुर्योधन के मुख से रक्तधारा पोंछ दिया। अश्वत्थामा कुरुराज को सम्बोधन कर विलाप और परिताप करते हुए बोले, ''हे महाराज ! तुम्हें हम सभी धनुर्धरों में अग्रगण्य कहते थे। बलदेव आपके गुरु हैं, युद्ध में सर्वाग्रगण्य हैं। दुरात्मा भीम ने किस प्रकार आपकी ऐसी दशा कर डाली ? धर्मयुद्ध में बुलाकार जो इस प्रकार कूट युद्ध में परास्त करते हैं उन्हें नरक में स्थान मिलता है। तदुपरि, उसने आपके मस्तक पर पाँव रखा है, और युधिष्ठिर बैठे-बैठे वह सब देखता रहा। युधिष्ठिर को धिक्कार देने की भाषा नहीं। हे महाराज ! तुमने कभी अन्याय युद्ध न किया, तुम हमेशा सत् रहे, महर्षिगण ने क्षत्रियों की जो प्रशस्त गति कीर्तित की है तुम वही पाओगे। कृष्ण और अर्जुन को धिक्कार है। ये अपने को धार्मिक कहकर प्रचारित करते हैं।'' द्रोणपुत्र यह सब कहकर परिताप करने लगे। वे लोग अपने ऐसे प्रिय राजा की अपनी शक्ति से रक्षा न कर सके, इस पर वे रोने लगे। अन्त में कहा, ''हे राजन् ! आपके कानों को सुखद कुछ समाचार दूँ। द्रौपदी के पाँच पुत्र, सपुत्रक धृष्टद्युम्न और अवशिष्ट सभी को हम लोगों ने पशु की तरह संहार कर, पांडवों के सारे वाहन, सैन्य और पुत्रगण को विनष्ट कर इसका प्रतिशोध लिया है।''

दुर्योधन द्रोणपुत्र से यह संवाद पाकर प्रसन्न होकर बोले, ''पितामह भीष्म, आचार्य द्रोण एवं कर्ण जो न कर सके, तुम लोगों ने कर दिखाया।'' दोनों बाँहें उन्होंने बढ़ा दीं तीनों की ओर, गम्भीर भाव से आलिंगन किया। बोले, ''तुम लोगों का मंगल हो। पुनः स्वर्ग में भेंट होगी।'' यह कहकर उन्होंने प्राण त्याग दिए।

दुर्योधन की मृत्यु की नायिका सत्यवती का समस्त संकल्प पूर्ण हुआ। और वह एक बूँद रक्त भी न रहा जो उनका अपना रक्त न था। जो रह गए उनमें से एक थे सत्यवती के अवैध पुत्र अनार्य कृष्ण द्वैपायन, कृष्ण द्वैपायन के अवैध पुत्र विदुर, और विदुर के अवैध पुत्र युधिष्ठिर। जिस युधिष्ठिर को शान्तनु- सिंहासन दिलाने की अभिलाषा से उनके पिता विदुर एवं पितामह द्वैपायन के इतने कांड हुए, वही युधिष्ठिर ठीक उस स्थान पर अधिरूढ़ हुए। लेकिन शासन किस पर करेंगे, प्रजा कहाँ ?

कर्ण से जब कृष्ण ने कहा था, ''तुमने वेदज्ञ ब्राह्मणों की सेवा की है, धर्मशास्त्र के सभी सूक्ष्म तत्त्व सीखे हो, तुम धर्मानुसार पांडु के ही पुत्र हो। अतएव तुम राजा होओ। तुम्हारे पितृपक्षीय पांडवगण हैं और मातृपक्षीय वृष्णिगण, दोनों को अपना

सहायक समझो। तुम आज मेरे साथ चलो। पांडव जानें कि तुम युधिष्ठिर के अग्रज हो। तुम्हारे पाँच भाई, द्रौपदी के पाँच पुत्र एवं अभिमन्यु, तुम्हारा चरणस्पर्श करेंगे। द्रौपदी भी षष्ठकाल में तुमसे मिलेंगी। हम लोग तुम्हें पृथ्वी के राजपद पर प्रतिष्ठित करेंगे। कुन्ती-पुत्र, तुम भाइयों से घिरकर राज्यशासन करो। पांडव भाइयों से तुम्हारा सौहार्द हो।''

कर्ण ने जवाब दिया था, ''गोविन्द ! सारी पृथ्वी एवं राशि-राशि स्वर्ण पाकर भी मैं अपने पुराने सम्बन्ध कभी अस्वीकार न कर सकूँगा।'' तदनन्तर और बातों के अन्त में बोले थे, ''मैंने एक स्वप्न देखा है, जैसे तुम एक रक्तरंजित पृथ्वी को हाथ से पकड़कर फेंक रहे हो और उस अग्निस्तूप के ऊपर खड़े युधिष्ठिर स्वर्णपात्र में घृतपायस खा रहे हैं।''

अन्त में वही स्वप्न चरितार्थ हुआ।

किन्तु पार्थिव लीला समाप्त होने पर युधिष्ठिर ने स्वर्ग जाकर देखा दुर्योधन वहाँ अति सम्मानपूर्वक बैठे हैं। और युधिष्ठिर के परम आत्मीयगण नरक में हैं। स्वयं उन्हें भी कुछ समय तक नरकवास करना पड़ा था। असल में स्वर्ग कहाँ है, कोई नहीं जानता। नरक कहाँ है, यह भी कोई नहीं जानता। स्वर्ग-नरक की धारणा एवं अस्तित्व मनुष्य के मन में है। मनुष्य के मन ने ही अपने अव्यर्थ विचार से दुर्योधनादि को शाश्वत स्वर्गवास की गरिमा देकर पांडवों को नरक दिखाया था।

●●●